Kristina Jonas
Marten Fütterer

My Video Game.

Konstruktionistisches Erfahrungslernen in der Schule.
Die Entwicklung von Computerspielen als Projektpraxis.

Magdeburger Schriftenreihe zur Medienbildung

Film – Internet – Computerspiele

Herausgeber: Johannes Fromme, Winfried Marotzki

ISSN 2194-1130

1 *Wolfgang Ruge*
 Roboter im Film
 Audiovisuelle Artikulationen des Verhältnisses zwischen Mensch und Technik
 ISBN 978-3-8382-0338-6

2 *Kristina Jonas, Marten Fütterer*
 My Video Game
 Konstruktionistisches Erfahrungslernen in der Schule
 Die Entwicklung von Computerspielen als Projektpraxis
 ISBN 978-3-8382-0373-7

Kristina Jonas, Marten Fütterer

MY VIDEO GAME

Konstruktionistisches Erfahrungslernen in der Schule

Die Entwicklung von Computerspielen als Projektpraxis

ibidem-Verlag
Stuttgart

Bibliografische Information der Deutschen Nationalbibliothek
Die Deutsche Nationalbibliothek verzeichnet diese Publikation in der Deutschen Nationalbibliografie; detaillierte bibliografische Daten sind im Internet über http://dnb.d-nb.de abrufbar.

Bibliographic information published by the Deutsche Nationalbibliothek
Die Deutsche Nationalbibliothek lists this publication in the Deutsche Nationalbibliografie; detailed bibliographic data are available in the Internet at http://dnb.d-nb.de.

∞

Gedruckt auf alterungsbeständigem, säurefreien Papier
Printed on acid-free paper

ISSN: 2194-1130

ISBN-13: 978-3-8382-0373-7

© *ibidem*-Verlag
Stuttgart 2012

Alle Rechte vorbehalten

Das Werk einschließlich aller seiner Teile ist urheberrechtlich geschützt. Jede Verwertung außerhalb der engen Grenzen des Urheberrechtsgesetzes ist ohne Zustimmung des Verlages unzulässig und strafbar. Dies gilt insbesondere für Vervielfältigungen, Übersetzungen, Mikroverfilmungen und elektronische Speicherformen sowie die Einspeicherung und Verarbeitung in elektronischen Systemen.

All rights reserved. No part of this publication may be reproduced, stored in or introduced into a retrieval system, or transmitted, in any form, or by any means (electronical, mechanical, photocopying, recording or otherwise) without the prior written permission of the publisher. Any person who does any unauthorized act in relation to this publication may be liable to criminal prosecution and civil claims for damages.

Printed in Germany

Inhaltsverzeichnis

1 Einleitung 7

2 Elitärer Status von Medien und der Wandel zur partizipativen Medienkultur 9
   2.1 Frühe Überlegungen 9
   2.2 Der Schritt zur partizipativen Medienkultur 16
   2.3 Zusammenfassung der Entwicklungen 31

3 Formelle Lern- und Bildungssettings – Theoretische Einblicke und methodische Ausblicke 35
   3.1 Aktuelle Entwicklungen, Tendenzen und Einstellungen im deutschen Schulsystem 35
   3.2 Bildung, Erfahrung, Handeln – Pädagogische Konzepte und Grundlagen für aussichtsreiche Lern- und Bildungsprozesse 49

4 Digital Game Development und formelle Lern- und Bildungssettings 77
   4.1 (Formelle) Bildung und Medien 78
   4.2 Digitale Spiele in Alltag, Schule und der partizipativen Kultur 83
   4.3 Grundzüge des Digital Game Development 103
   4.4 Befunde exemplarischer Projekte von Digital Game Development in formellen Lern- und Bildungskontexten 118
   4.5 Zusammenfassung der Betrachtungen 125

5 Anlage der Studie und Methodenwahl 127
   5.1 Die Erhebungsmethoden: Experteninterview und Gruppendiskussion 127
   5.2 Zugang zum Feld und Sampleauswahl 131
   5.3 Zum Auswertungsverfahren 135

6 Ergebnisse der Erhebung ... 143

6.1 Wünsche und Horizonte der Heranwachsenden ... 143
6.2 Erfahrungen und Einstellungen der Lehrkräfte ... 162

7 Zusammenfassung und Herausstellung der Ansätze zur Implementierung ... 177

7.1 Konstruktionistisches Erfahrungslernen als methodische Perspektive in unserer Zeit ... 177
7.2 Digital Game Development als Handlungsrahmen ... 178
7.3 Berücksichtigung der Wünsche und Horizonte der Heranwachsenden ... 180
7.4 Berücksichtigung der Erfahrungen und Auffassungen der Lehrkräfte ... 182
7.5 Struktur einer möglichen Praxisimplementierung ... 183

8 Schlussbemerkungen ... 191

I Literaturverzeichnis ... 193

II Anhang ... 203

Anhang A: Transkriptionsglossar und Transkriptionsabruf ... 203
Anhang B: Exemplarisches Vorgehen bei der Auswertung ... 204
Anhang C: Leitfaden der Experteninterviews ... 209

1 Einleitung

> „Das Lernen findet nach Lehrplänen statt.
> Lernerfolg ist, wenn die Lehrpläne abgearbeitet sind.
> Wer nicht hinterherkommt, bleibt sitzen oder fliegt raus.
> 4403 Lehrpläne aus den deutschen Ländern verwaltete
> zeitweise die KMK in ihren Schubladen, jedes Land machte seine eigenen.
> Was in den Köpfen der Kinder ankam,
> wie kompatibel es war mit dem Inhalt der Köpfe anderer Kinder,
> mit den Erwartungen der Universitäten, der Unternehmen,
> ging niemanden etwas an"
>
> (Darnstädt 2010, S. 61).

Bildung ist gerade im föderalistischen Deutschland kein einfaches Thema. Unzählige Strukturreformen auf Länderebene wurden in den letzten Jahren durchgeführt, damit sich ein Erlebnis wie der „PISA-Schock" möglichst nicht wiederholt. Jörges (2011) formulierte in einem Radiobeitrag recht lax ein treffendes Beispiel: „Nebenbei bemerkt in Berlin ist in acht Jahren 23 Mal am Schulsystem herumgefummelt worden" (00:02:37). Gründe dafür gibt es viele, zum Beispiel die Abkehr von der lehrplanbasierten Input-Steuerung, die Berücksichtigung gesellschaftlicher Veränderungen und die vollständige mediale Durchsetzung aller Lebensbereiche. Das Ziel ist immer eine qualitative Verbesserung von Bildung. Im Fokus stehen dabei auf bildungspolitischer Ebene vor allem die institutionellen Strukturen von Schule und die Frage nach den Lehrinhalten. Die konkrete Methodik in der Bildungspraxis wird jedoch nur als marginale Randerscheinung thematisiert. Diesem Feld wollen wir uns unter besonderer Berücksichtigung produktionsorientierter Tendenzen in der medialen Jugendkultur widmen.

Als wichtiges Medium der Jugendkultur knüpfen Digitale Spiele[1] zum einen an der Lebenswirklichkeit von Heranwachsenden an, zum anderen spricht Digital Game Development durch seine Komplexität viele der klassisch kanonisierten Inhalte in ganz-

---

[1] Wir verwenden die Begriffe „Digitale Medien" und „Digitale Spiele" als Eigennamen und schreiben sie daher groß. Bei Digitalen Spielen wollen wir es dadurch weiterhin vermeiden durch die Verwendung einer Begrifflichkeit wie „Computerspiele" versehentlich auf eine technische Plattform zu verweisen und damit andere auszugrenzen.

heitlicher, cross-curricularer und sinnhafter Weise an und unterscheidet sich somit in signifikanter Weise vom in Deutschland vorherrschenden fachspezifischen, monodirektionalen Frontalunterricht im 45-Minuten-Rhythmus.

Diese Vermutung hatten schon andere Wissenschaftler, wie etwa Kafai oder Robertson und Howells, die in ihren Auswertungen zu eigens durchgeführten Projekten beachtliche Befunde lieferten. Doch mangelt es diesen Artikeln, Monographien und Projektdokumentationen aus unserer Sicht erstens an der systematischen Betrachtung von Digital Game Development selbst sowie den sich daraus ergebenden Implikationen zum methodischen Vorgehen, zweitens an der Orientierung an den Bedürfnissen, Wünschen und Forderungen der Heranwachsenden und drittens an einem didaktisch-methodischen Rahmen, der die Vorgehensweisen plausibilisiert. Die leitende Frage möchten wir demnach wie folgt formulieren:

Wie lässt sich Digital Game Development in Bezug auf Bildung denken und welche Ansatzpunkte müssen für eine Implementierung in ein formelles Lern- und Bildungssetting in Deutschland berücksichtigt werden?

In dieser Fragestellung zeigen sich verschiedene Bezüge, die wir zu deren Beantwortung betrachten müssen. Wenn wir etwas in Bezug auf Bildung denken wollen, so ist deutlich, dass wir uns dazu der Bildung selbst widmen müssen. Der Fokus des Digital Game Development wirft andererseits Fragen zu Produktion und produktionsorientierten Tendenzen, (Digitalen) Medien und insbesondere Digitalen Spielen sowie Entwicklungsprozessen auf. Um Ansatzpunkte für die Implementierung in ein formelles Lern- und Bildungssetting in Deutschland auszuloten, ist es weiterhin notwendig sich zum einem dem Ist-Stand, den aktuellen Entwicklungen im deutschen Schulsystem, zu widmen, zum anderen müssen eben auch die Perspektiven der Beteiligten, also SchülerInnen und LehrerInnen, in den Blick genommen werden. So ergibt sich ein komplexes Netz aus Überlegungen, die zur Beantwortung unserer Frage relevant sind.

2 Elitärer Status von Medien und der Wandel zur partizipativen Medienkultur

Überlegungen zu den Grundlagen der Teilhabe am breiten Medienangebot, an der eigenen Produktion von und mit Medien, sowie der Kommunikation über Medien finden sich schon sehr früh im 20. Jahrhundert. Ausgangspunkt war der elitäre Status der Medien, der durch ein stark ungleiches Verhältnis von einer geringen Anzahl an Produzenten und einer großen Masse von Rezipienten wesentlich charakterisiert war. Nur wenige Personen, beispielsweise der Redakteur einer Lokalzeitung, ein Schriftsteller oder ein Fotograf, verfügten über das notwendige Wissen, Zugang zu den relevanten technischen Mitteln und die Position, Medien zu erstellen und/oder diese zu publizieren. Dieser exklusive Status brachte früh Überlegungen hervor, wie der professionellen medialen Öffentlichkeit, als Summe aller veröffentlichten Werke, zum Beispiel Zeitungen, Bücher und Kunstwerke, aber später auch anderen Massenmedien wie Rundfunk und Fernsehen, eine angemessene Gegenöffentlichkeit zukommen kann.

2.1 Frühe Überlegungen

Erste Überlegungen, den Medien ihren elitären Status zu nehmen, formulierte bereits der sowjetische Schriftsteller, Film- und Kulturtheoretiker Tretjakow in den 1920er Jahren (vgl. Benjamin 1977, zit. n. Schorb 2008, S. 77). Grundlegend sei es, dass Medien der breiten Gesellschaft nicht nur rein rezeptiv zur Verfügung stünden, sondern auch produktiv genutzt werden könnten. Der Ursprung dieser Überlegung entwickelte sich aus Tretjakows Bestreben, immer so nah wie möglich an seinem aktuellen Thema zu agieren und so im Rahmen seiner Berufsausübung lebensweltnahe Texte zu verfassen. In seiner Idee der kontinuierlichen filmischen[2] Dokumentation als Hilfe zur (literarischen) Formulierung gesellschaftlicher Prozesse findet sich der Ausgangspunkt zum Versuch Tretjakows in Zusammenarbeit mit dem sowjetrus-

---

[2] Film meint in diesem Kontext die Dokumentation per Fotokamera auf einen Negativfilm. Zur benötigten Differenzierung wird in diesem Kapitel der Begriff „Film" für alle Thematisierungen von Fotografien und der Begriff „Videofilm" für Bewegtbildaufnahmen genutzt.

sischen Filmemacher Vertow, „Menschen durch die Kamera hindurch zur Beobachtung und Reflexion ihres Alltagshandelns anzuregen, und sie so zur aktiven Mitgestaltung der Gesellschaft zu bewegen" (Schorb 2008, S. 77). Dieses operative Medienkonzept sollte darüber hinaus verhindern, dass Menschen weiterhin Kenntnisse im Umgang mit Medien fehlten und sie zu Analphabeten[3] dieser würden. Ein sinnvoller Vergleich lässt sich hier zu der Formulierung des Malers und Fotografen Moholy-Nagy aus dem Jahr 1932 herstellen:

> „The illiterate of the future will be the person ignorant of the use of the camera as well as the pen" (zit. n. Stuart 2007, S. 212).

Moholy-Nagy pointiert hier die Unwissenheit, den Analphabetismus und den Unwillen der Bevölkerung, die Medien selbst zu nutzen.

Der deutsche Philosoph Benjamin bezog sich in seinem 1934 erschienenen Aufsatz „Der Autor als Produzent" sowie auch in dem heute noch bedeutenden Werk „Das Kunstwerk im Zeitalter seiner technischen Reproduzierbarkeit" auf Tretjakows Prinzip des „operierenden" Schriftstellers (vgl. Benjamin 2002b [1934], S. 233 sowie Benjamin 2002a [1939], S. 369f). Er manifestiert, dass „die Unterscheidung zwischen Autor und Publikum im Begriff [ist], ihren grundsätzlichen Charakter zu verlieren [...] [, sie] [...] eine funktionelle, von Fall zu Fall so oder anders verlaufende [wird]" (ebd.) und fasst die gesamte Problemstellung wie folgt zusammen:

> „Und zwar ist dieser [Produktions-, die Verf.] Apparat um so [sic!] besser, je mehr er Konsumenten der Produktion zuführt, kurz aus Lesern oder aus Zuschauern Mitwirkende zu machen imstande ist" (Benjamin 2002b [1934], S. 243).

Demnach sei eine breite aktive Beteiligung der Bevölkerung in der Gestaltung der und mit den verfügbaren Medien – in Zusammenhang einer „[...] Befreiung der Produktionsmittel [...]" (ders., S. 238) – förderlich, wie auch Brecht unter dem Schlag-

---

[3] In Deutschland wurde der Begriff „Alphabetisierung" überwiegend im Bereich der Erlangung von Computerkenntnissen zu Beginn der 1990er Jahre verwendet. Die Gegebenheiten zu dieser Zeit ließen vermuten, dass jeder seinen eigenen Computer für die Verwendung einrichten sowie programmieren muss und dafür spezielle (Programmier-) Kenntnisse erforderlich sind. Durch aufkommende benutzerfreundlichere Computer und deren Betriebssysteme gelangte der Begriff der Alphabetisierung in den Hintergrund medienpädagogischer Überlegungen (vgl. Luca/Aufenanger 2007, S. 29; siehe auch Abschnitt 2.2.4).

wort „Umfunktionierung"[4] in seiner Veröffentlichung „Der Rundfunk als Kommunikationsapparat – Rede über die Funktion des Rundfunks" von 1932 postuliert. Der Dramatiker Brecht, im Übrigen zur Zeit der Entstehung seiner Radiotheorie langjähriger Freund von und im regen Austausch mit Tretjakow (vgl. Mierau 1972, S. 450), fordert mit seinem oben genannten Text eine klare Funktion des Rundfunks. Er kritisiert die alleinige Nutzung des Rundfunks als reinen Distributionsapparat, der lediglich Informationen zuteile (vgl. Brecht 2008 [1932], S. 260). Ihm zufolge sei durch Umfunktionierung zwingend eine zweite Seite hinzuzufügen und damit eine Wandlung des „Distributionsapparat[s] in einen Kommunikationsapparat zu [...] [vollziehen]" (ebd.), die auf eine Auflösung der zugeteilten Rollen von Kommunikator und Rezipient ziele. Der Zuhörer solle sich, nach Brechts Vorstellungen, beteiligen und somit aus seiner isolierten Rezipientenrolle in eine aktive Rolle wechseln. Wenn dann die Zugänglichkeit für alle Bürger gewährleistet sei, hätte der Rundfunk die Aufgabe, diese zu organisieren (vgl. ebd.) und infolgedessen „den Austausch [zu] ermöglichen" (ders., S. 261) sowie zum „Kommunikationsapparat öffentlichen Lebens [...] [zu werden]" (ders., S. 263).

Anlehnend an das vorhergehend betrachtete Werk Brechts stellte Benjamin in „Das Kunstwerk im Zeitalter seiner technischen Reproduzierbarkeit" noch tiefergehende Überlegungen an. Die Verhältnisse von Schriftsteller und Rezipient im Gebiet der Literatur, die sowohl Tretjakow als auch Benjamin thematisierten, haben sich über Jahrhunderte hin verändert (vgl. Benjamin 2002a [1939], S. 370). Bei dem seinerzeit (1930) jungen Medium Videofilm hätten sich diese, laut Benjamin wieder am Beispiel des Sowjetrussen Tretjakow, nahezu sofort nach der technischen Möglichkeit – im Zeitraum eines Jahrzehnts – zu wandeln begonnen.

---

[4] Benjamin bezieht sich in „Der Autor als Produzent" mehrfach auf Brechts Ideen zur „Umfunktionierung" der Produktionsformen und -instrumente (vgl. z. B. Benjamin 2002b [1934], S. 238 und S. 243). Dort verweist er jedoch lediglich auf Brechts Überlegungen zum epischen Theater und nicht auf „Der Rundfunk als Kommunikationsapparat", was vermuten lässt, dass für Benjamin zur Zeit der Entstehung des Artikels „Der Autor als Produzent" Brechts Aufsatz noch nicht zugänglich war.

An dieser Stelle beginnt Benjamins Adaption auf den Videofilm:

> „Alles das läßt sich ohne weiteres auf den Film übertragen, wo Verschiebungen [...] sich im Laufe eines Jahrzehnts vollzogen. Denn in der Praxis des Films [...] ist diese Verschiebung stellenweise bereits verwirklicht worden" (ders., S. 370f).

Zusammengefasst scheint das Verhältnis von Produzierenden und Rezipierenden bei jedem Medium individuell zu sein und sich auch zeitlich anders zu entwickeln. Denken wir heute beispielsweise an Digitale Spiele, so steht einer relativ geringen Anzahl an Produzenten eine enorme Masse an Rezipienten gegenüber. Festzuhalten ist an dieser Stelle jedoch, dass Benjamin bereits Vermutungen zur Teilhabe an der öffentlichen Kommunikation anstellte:

> „Die Dinge sich räumlich und menschlich »näherzubringen« ist ein genau so leidenschaftliches Anliegen der gegenwärtigen Massen wie es ihre Tendenz einer Überwindung des Einmaligen jeder Gegebenheit durch die Aufnahme von deren Reproduktion ist" (ders., S. 357, Hervorh. im Orig.).

Laut Benjamin sei das Bestreben zum Verbreiten von Meinung, Stimmung und Missständen bei jedem vorhanden. Jedoch sei diese Kommunikation erst durch Möglichkeit der (Re-) Produktion denkbar, welche durch eine geringe und damit leicht zu überwindende Hürde zur aktiven Medienteilhabe charakterisiert wäre. Diese sei wiederum nur durch den Wandel des Verhältnisses von Produktion und Rezeption möglich. Hier lässt sich bereits ein erster Gedanke an emanzipierenden Mediengebrauch erahnen, der allerdings durch den Zweiten Weltkrieg und die anschließende Restaurationsphase begründet erst etwa dreißig Jahre später konkret ausformuliert wurde.

Im Rahmen der 1968er Bewegung war es der Schriftsteller Enzensberger, der mit Bezug auf Brecht und Benjamin seine sozialistische Medientheorie[5] „Baukasten zu einer Theorie der Medien" 1970 veröffentlichte (vgl. Schorb 2008, S. 77). Durch die

---

[5] Enzensberger verarbeitet mit seiner hier betrachteten Medientheorie nicht nur die emanzipatorische Tradition der Radiokultur Brechts, sondern auch seinen Einfluss der kulturkritischen Frankfurter Schule. Die dort verwendete und von ihm abgelehnte Begrifflichkeit „Kulturindustrie" nutzt er mit einem anderen Verständnis als „Bewußtseins-Industrie" (vgl. dazu bspw. Dietschreit, Frank/Heinze-Dietschreit, Barbara (1986): Hans Magnus Enzensberger, S. 49. Stuttgart: Metzler.).

neuen technischen Bedingungen, beispielsweise der einfacheren Möglichkeit Bewegtbilder auf Videofilm aufzunehmen, sei es Enzensberger zufolge möglich, die Medien für sich zu nutzen (vgl. Enzensberger 2008 [1970], S. 264). Hierauf basiert auch die Forderung, aus „Medien-Manipulierten" „Medien-Manipulateure" werden zu lassen. Interessant ist für uns insbesondere folgender Gedanke, da sich Enzensberger von einer professionellen Produktion durch isolierte Einzelne distanziert und dieser einen amateurhaften Charakter zuschreibt:

> „Denn die Aussicht darauf, daß mit Hilfe der Medien in Zukunft jeder zum Produzenten werden kann, bliebe unpolitisch und borniert, sofern diese Produktion auf individuelle Bastelei hinausliefe" (ders., S. 273).

In kollektiven Prozessen jedoch sieht er weitaus größeres Potential für professionelle Produktionen, die jedoch auch strukturiert werden müssten, denn „der richtige Gebrauch der Medien [erfordert und ermöglicht zugleich] Organisation" (ders., S. 275). Eine erfolgreiche kollaborative Produktion scheint demzufolge ohne Selbstorganisation der Beteiligten unmöglich. Genau wie Benjamin in seinen zuvor betrachteten Arbeiten, setzt auch Enzensberger auf das Bedürfnis jedes Einzelnen zur Teilnahme am gesellschaftlichen Prozess. Ferner fügt er dem hinzu, dass auch ein „Bedürfnis nach neuen Formen der Interaktion, Befreiung von Ignoranz und Unmündigkeit, das Bedürfnis nach Selbstbestimmung" (ders., S. 277) entstehe.

Aus der Kritik des laut Enzensberger vorherrschenden repressiven Mediengebrauchs entwickelte er die Idee eines emanzipatorischen Mediengebrauchs (siehe Tabelle 1 auf der folgenden Seite).

My Video Game.

Tab.1: Unterschiede von repressivem und emanzipatorischem Mediengebrauch

Repressiver Mediengebrauch	Emanzipatorischer Mediengebrauch
Zentral gesteuertes Programm	Dezentralisierte Programme
Ein Sender, viele Empfänger	Jeder Empfänger ein potentieller Sender
Immobilisierung isolierter Individuen	Mobilisierung der Massen
Passive Konsumentenhaltung	Interaktion der Teilnehmer, Feedback
Entpolitisierungsprozess	Politischer Lernprozess
Produktion durch Spezialisten	Kollektive Produktion
Kontrolle durch Eigentümer und Bürokraten	Gesellschaftliche Kontrolle durch Selbstorganisation

Quelle: Eigene Darstellung nach Enzensberger 2008 [1970], S. 278.

Die Überlegungen Enzensbergers zum emanzipatorischen Mediengebrauch, die den Empfänger auch zum Sender machen sollen, zeigen eindeutige Parallelen für eine nach dem heutigen Verständnis vorliegende (hier: für den Bereich des nichtkommerziellen Rundfunks zutreffende[6]) partizipative Medienpraxis (siehe Abschnitt 2.2.3).

Der Erziehungswissenschaftler Baacke unterstützte 1973 die Forderung von Enzensberger aus dem Jahr 1970, dass aus „Medien-Manipulierten" „Medien-Manipulateure" sowie die emanzipatorischen Möglichkeiten der Medien nutzbar gemacht werden sollen (vgl. Enzensberger 2008, S. 278). Weiterhin schätzte er die Medien als besonders geeignet für die Entwicklung kommunikativer Kompetenz ein. Er stellt darüber hinaus fest, dass „Sprache [...] die Variation vorhandener Sinnmuster [befördert]" (Baacke 1973, S. 260) und darüber hinaus die Möglichkeit biete,

---

[6] Für weitergehende Informationen zum Thema „Differenz von Partizipation und Hörerbeteiligung" im Rundfunk siehe: Neumann-Braun, Klaus (2000): Wo jeder was zu sagen hat... oder Formen der Rezipientenbeteiligung an der Radiokommunikation - ein Fallbeispiel zur Einführung in zentrale medien- und kommunikationssoziologische Fragestellungen. In: Neumann-Braun, Klaus/ Müller-Doohm, Stefan (Hg.): Medien- und Kommunikationssoziologie. Eine Einführung in zentrale Begriffe und Theorien. Weinheim: Juventa-Verlag, S. 9-28.

von der Norm Abweichendes auch als solches zu erkennen (vgl. ders., S. 261). Diese Charakteristika ließen sich dann ohne Weiteres übertragen, da die „Struktur der Sprache [...] [der] Kompetenz des Menschen zu variablen und innovativen Verhaltensweisen entspricht" (ebd.). Genannte Prinzipien menschlichen Handelns böten Baacke zufolge besonderes Potential für den pädagogischen Bereich, denn „Kommunikationsbeziehungen determinieren den Menschen nicht im Sinne einer Unterwerfung, vielmehr können gerade sie dazu dienen, Unterwerfung aufzuheben" (ders., S. 254). Im Bildungskontext könnten außerdem positive Veränderungen für das organisierte soziale Lernen erwartet werden, wenn dieses „kommunikativ verlässlich und entlastend [...] [ist und dabei] dem Menschen aber nicht die Nutzung seiner Kompetenzen [...] [vorenthält]" (ders., S. 272).

Insbesondere den bewahrpädagogischen Haltungen der 1950er und 1960er Jahre wurde durch die neuesten Überlegungen Enzensbergers zum emanzipatorischen Mediengebrauch und Baackes zur kommunikativen Kompetenz in den 1970er Jahren kritisch begegnet. Später stellt Baacke die Begrifflichkeit „Medienkompetenz" als Lernaufgabe unter diesen Gesichtspunkten neu auf, die hier der Vollständigkeit halber kurz gefasst wird[7]. Baacke begreife diese nach Hugger (2008) als „systemische Ausdifferenzierung von kommunikativer Kompetenz" (S. 93), da Kommunikationsstrukturen durch insbesondere technische Fortschritte ständigen Veränderungen ausgesetzt seien und „wir uns kommunikativ-handelnd auch mit Medien ausdrücken (müssen)" (ders., S. 94). Baacke operationalisiert Medienkompetenz in vier Dimensionen – Medienkritik und Medienkunde als Vermittlungsdimensionen sowie Mediennutzung und Mediengestaltung als Handlungsdimensionen (vgl. Baacke 1999, S. 31f). Die Medienkritik beinhaltet das analytisch angemessene Erfassen problematischer Gesellschaftsprozesse, die reflexive Anwendung dieses analytischen Wissens auf sich selbst und das eigene Handeln sowie die ethische Verortung dessen (vgl. ebd.). Medienkunde enthalte nach Baacke zwei Aspekte: „die informative Dimension umfasst klassische Wissensbestände" (ebd.) und „die instrumentell-qualifikatorische Dimension meint die [Bedien-, die Verf.] Fähigkeit" (ebd.).

---

[7] Bereits in seiner Habilitationsschrift „Kommunikation und Kompetenz – Grundlegung einer Didaktik der Kommunikation und ihrer Medien" benutzte Baacke 1973 diese beschreibenden Kompetenzterme ohne dabei jedoch explizit die Begrifflichkeit „Medienkompetenz" zu erwähnen (vgl. Baacke 1973).

Medienkritik und -kunde umfassen dem Medienwissenschaftler zufolge, „die Dimension der Vermittlung" (ebd.). Die „Dimension der Zielorientierung" (ebd.) verortet er in Mediennutzung und -gestaltung. Ersteres als rezeptiv-anwendende bzw. interaktiv-anbietende Nutzung, zweiteres als innovative bzw. kreative Gestaltung. Diese vier Dimensionen lassen bereits erkennen, dass es im Rahmen der Begrifflichkeit nicht allein um den kompetenten Umgang mit den Medien geht, sondern auch weitere wichtige Aspekte beleuchtet werden, wie zum Beispiel der kritische Umgang mit der (eigenen) Medienwelt.

2.2 Der Schritt zur partizipativen Medienkultur

Die bisher thematisierten umfangreichen Überlegungen gehen zusammenfassend alle von der Grundfrage aus, wie aus passiven Rezipienten aktive Produzenten werden können und eine damit verbundene Partizipation an der öffentlichen Kommunikation, vielfältige Kompetenzentwicklungen aber auch gleichermaßen Reflexionen des eigenen Handelns stattfinden könnten.

2.2.1 Handlungsorientierte Medienpädagogik und Partizipation

In Deutschland entwickelte sich ausgehend von diesen Grundgedanken die handlungsorientierte Medienpädagogik, die vorwiegend partizipatorische Zielstellungen hat (vgl. Schorb 2008, S. 78). Hinzugezogen wurden noch Positionen der Reformpädagogik, „insbesondere das Prinzip des handelnden Lernens" (ebd.) von Dewey (siehe dazu ausführlich Abschnitt 3.2.2) unter der Begrifflichkeit „learning by doing". Gemeint sei damit „die Aneignung der Wirklichkeit in tätiger Auseinandersetzung mit dieser" (ebd.), welche ganz dem Sinne des handlungsorientierten Ansatzes entspricht und beispielsweise die Zielsetzungen wie kommunikative Kompetenz unterstützt. Jene wiederum sieht unter anderem Schorb (2008) als Grundlage einer persönlichen Teilhabe an der öffentlichen Kommunikation:

> „Kommunikative Kompetenz als Fähigkeit deren Erreichen im pädagogischen Prozess angeleitet wird, manifestiert sich in Partizipation an gesellschaftlicher Kommunikation. Partizipation im Sinne von Verstehen, von Eingreifen in und

Mitgestalten von gesellschaftlichen Prozessen, muss heute in einer Zeit, in der gesellschaftliche Kommunikation primär mit und über Medien geschieht, die Fähigkeit umfassen, sich der verfügbaren Medien kompetent und nach Maßgabe der eigenen Interessen zu bedienen" (S. 78).

An dieser Stelle setzt auch das Konzept der aktiven Medienarbeit an, welche „die Vermittlung aktiver und selbsttätiger Nutzung von Medien" (ebd.) fördert und damit die Möglichkeit bietet, dass gewonnene Erkenntnisse aktiv von sich aus zur kreativen Nutzung und reflexiven Verarbeitung gebraucht werden. Auf dem übergeordneten Ziel, der Vermittlung von Medienkompetenz, fußen die medienpädagogischen Bemühungen der aktiven Medienarbeit (vgl. Schell 2005, S. 12).

2.2.2 Medienbildung und Medienkompetenz

An dieser Stelle soll der Begriff der Medienbildung Aufmerksamkeit finden, da es oft zu Verwechslungen oder gar Vermischungen mit der Begrifflichkeit Medienkompetenz kommt und derzeit sehr grundlegende Differenzen im Verständnis vorhanden sind. Schorb sieht beispielsweise Medienbildung in ihrer Bedeutung und Entstehung als Infragestellung der Medienkompetenz (vgl. Fromme/Jörissen 2010, S. 46), was laut Fromme und Jörissen vermutlich auf unterschiedlichen Interpretationen früher Verschriftlichungen zur Medienbildung zurückgeht (vgl. ebd.). Different dazu ist aber auch die hier unterstützte Auffassung vertreten, dass beide Konzepte von Grundsatz aus „verschiedene Probleme und Sachverhalte [...] [thematisieren und somit als] inkommensurabel bezeichne[t] [...] [werden können,] [d]as heißt [...] ohne gemeinsames Maß und insofern gar nicht direkt miteinander vergleichbar [sind]" (dies., S. 46f). Auf diesem basierend verstehe Medienbildung, hier dem aktuell benötigten Verständnis geschuldet ein wenig vorgegriffen (siehe Abschnitt 3.2.1), den begriffsinternen Term Bildung „als qualitativ-empirisch rekonstruierbare[n] *Prozess* der Transformation von Selbst- und Weltverhältnissen" (dies., S. 50, Hervorh. im Orig.), der dadurch gekennzeichnet sei, dass Bildung „nicht anhand *externer* Maßstäbe (Output, Qualifikation, Kompetenz etc.) gemessen wird" (ebd.). Anders gesagt, fokussiere im Gegensatz zum Kompetenzbegriff, der einen Zustand bzw. Status „von sozialisatorisch erworbenen oder pädagogisch angestrebten Fähigkeiten und Fertigkeiten" (dies., S. 52) beschreibt, der in der Medienbildung aufgegriffene Bildungsbegriff auf die Prozessorientiertheit. Aufgrund dieser Einordnung von Bildung wird auch das aktuelle Verständnis des Begriffes Medienbildung greifbar:

> „Der Ausdruck Medienbildung wird im medienpädagogischen Diskurs bisweilen verwendet, um Ergebnisse individueller Lernprozesse bzw. medienpädagogischer Organisation medienbezogenen Lernens zu bezeichnen" (dies., S. 51).

Dass die beiden Konzepte Medienkompetenz und Medienbildung trotz grundlegender Differenzen in der Praxis oft einhergingen, ist an dieser Stelle natürlich zu erwähnen (vgl. ebd.). Daraus ergäben sich des Öfteren „fruchtbare Anschlüsse" (dies., S. 52) zum Beispiel in medienpädagogischen Projekten, die jedoch überwiegend den Status einer „lose[n] Kopplung" (ebd.) innehätten und somit zu keinem Zeitpunkt eine stringente Verbindung (von Medienkompetenz und Medienbildung) darstellten (vgl. ebd.).

2.2.3 Partizipation und Participatory Culture

Die Konzepte Medienkompetenz und Medienbildung stellen übergeordnet klar heraus, dass die Fähigkeit eines kritischen und reflexiven Medienumgangs in einer zunehmend durch mediale Kommunikation geprägten Öffentlichkeit sehr wichtig sei. Immer mehr Menschen nutzen die neuen Medien um zu kommunizieren und sich zu artikulieren. Die Studie „Teen Content Creators and Consumers" von Lenhart und Madden hat diesbezüglich exemplarisch herausgestellt, dass im Jahr 2005 bereits mehr als die Hälfte aller US-amerikanischen Teenager selbstständig Medieninhalte erstellt hätte (vgl. Lenhart/Madden 2005, S. 2) und unterstreicht damit die Tendenz der Entwicklung des Wandels vom Rezipienten zum Produzierenden und den Verlust des elitären Status der Medien. Jörissen und Marotzki (2009) beschreiben diese Entwicklung von der „passive[n] Konsumentenrolle [...] [heraus zu einem] aktive[n] Teilnehmer an einem Netzwerk" (S. 184) explizit auf den Internetnutzer bezogen als Wandel vom „klassische[n] Nutzer [...] zum sogenannten ‚Produser' (also User *plus*

Producer)" (ebd.)[8]. Der Nutzer werde hier jedoch auch gleichzeitig zum Produzenten, sozusagen dem produzierenden Nutzer. Damit verbunden sei auch eine Zugehörigkeit des Produzierenden zum Bestand medialer Alltagspraxen (vgl. Jörissen/ Marotzki 2008, S. 209).

Lenharts und Maddens Arbeit stellte darüber hinaus fest, dass ein Drittel der Befragten, die das Internet nutzen, ihre erstellten Inhalte, wie zum Beispiel Fotos, Texte und Videos anschließend im Internet zur Verfügung gestellt hätte (vgl. Lenhart/ Madden 2005, S. 2). Die Studie bildet auch den Ausgangspunkt für die Überlegungen zur Teilhabe an der öffentlichen Kommunikation von Jenkins – Medienwissenschaftler, Professor für Communication, Journalism, and Cinematic Arts an der University of Southern California und bis vor kurzem Direktor des MIT Comparative Media Studies Programms (vgl. Jenkins 2011). In ihrer Ausarbeitung „Confronting the Challenges of Participatory Culture: Media Education for the 21st Century" sprechen Jenkins et al. (2006) von einer Wandlung der Kommunikations- und Interaktionsstrukturen. Vor allem über das Internet[9] organisierten sich heute Fan- und Interessensgemeinschaften, in denen oft auch partizipative und produktive Formen der Auseinandersetzung mit Digitalen Medien anzutreffen seien. Jenkins et al. beschreiben diese partizipativen Kulturen wie folgt:

> „A participatory culture is a culture with relatively low barriers to artistic expression and civic engagement, strong support for creating and sharing one's creations, and some type of informal mentorship whereby what is known by the most experienced is passed along to novices" (Jenkins et al. 2006, S. 3).

Erstens seien die partizipativen Kulturen demnach durch eine geringe Einstiegshürde für (künstlerischen) Ausdruck und soziales Engagement gekennzeichnet. Diese niederschwellige Teilhabe werde meist durch intuitive, leicht bedienbare Werkzeuge, Programme und Anwendungen erreicht, welche zum Ende der 1990er Jahre die „aktive Partizipation im Internet [...] zu einem Massenphänomen [machten]" (Jöris-

---

[8] Die Formulierung Produser kann auf Tofflers Überlegungen zum „Prosument" (= zu Produser adäquate Wortschöpfung aus Produzent und Konsument) in seinem Buch „The Third Wave" zurückgeführt werden. Siehe dazu: Toffler, Alvin (1980): The Third Wave. London: Collins.

[9] Die ursprüngliche Konzeption des WWW sah einen freien partizipativen Zugang vor, der besonders in der Anfangsphase der Browserentwicklung jedoch nur ansatzweise dieser entsprach. Lediglich im Bereich der Eingabe von Web-Adressen und des Klickens von Hyperlinks war eine interaktive Nutzung möglich (vgl. Jörissen/Marotzki 2008, S. 207).

sen/Marotzki 2009, S. 183). Speziell Interface-Elemente ermöglichten „eine interaktive dynamische Veränderung von Inhalten und auch Verweisen (Links)" (ebd.). tuelle Internetportale seien meist in der Form gestaltet, dass sie ohne viel Hintergrundwissen und lange Übungsphasen genutzt werden könnten. Beispielsweise ermöglichten „insbesondere [...] Online-Communitys [...] ein hohes Maß an Partizipation bei verhältnismäßig geringen Anforderungen an technische Fähigkeiten" (Jöris- (Jörissen/Marotzki 2008, S. 207). Jörissen und Marotzki verweisen an dieser Stelle exemplarisch auf die in Wikis genutzte Systematik, welche „sich durch eine sehr einfach zu bedienende Benutzeroberfläche auszeichnet" (dies., S. 208). Sie begründen dies unter anderem durch den Aspekt, dass zur Beteiligung in Form von Erstellung neuer bzw. Veränderung bereits vorhandener Inhalte am Beispiel Wikipedia nicht einmal eine Anmeldung auf der Internetplattform notwendig sei (vgl. ebd.).

Zweitens böten partizipative Kulturen einen hohen Grad der Unterstützung und Motivation zur Erstellung und Verbreitung eigener erstellter Inhalte. Realisiert werde die Hilfe zum Beispiel durch die oben genannte intuitive Bedienbarkeit der Anwendungen, aber auch mittels Unterstützung durch erfahrene Mitglieder der Gemeinschaft in Form von tutorieller Anleitung. Diese könnten exemplarisch als Rückmeldungen auf Fragen zur Bedienung in Foren, die wiederum später auch durch alleinige Betrachtung der früher erstellten Beiträge und Diskussionen schneller Hilfe böten, aber auch direkt durch Text- und Videochats ermöglicht werden. Besonders relevant ist neben der Erstellung der Inhalte aber deren Verbreitung (=sharing). Bekanntlich fänden heute „Dienste massenhafte Verbreitung [...], die auf dem Tausch oder dem Mitteilen von kulturellen Objekten im weitesten Sinne basieren" (dies., S. 209).

Diese träten in Communitys in Gestalt von Bookmark-[10], Foto- und Video-Sharing auf (vgl. ebd.) und böten schon aktuell vielerlei Möglichkeiten, diese Inhalte zu verbreiten. Mittlerweile hat sich auch die Anzahl der Anwendungen und Dienste stark erhöht. Darüber hinaus bieten diese aufgrund technischer netzbasierter Neuerungen Verknüpfungsmöglichkeiten, wie zum Beispiel das Anzeigen eines bei Anbieter „A"

---

[10] Bookmark ist der international geläufige Begriff für digitale „Lesezeichen". In Form von Hyperlinks wird in diesen der Verweis zur gewünschten Internetseite gespeichert und kann auf Wunsch mit Namen, Beschreibungen und Schlagwörtern ergänzt werden.

hochgeladenen Videos in dem favorisierten sozialen Netzwerk von Anbieter „B" oder das Einbinden von Nachrichten-Feeds auf der persönlichen Internetseite. Damit werde in diesem Bereich „mittlerweile ein dichtes Netz an dynamisch aufeinander zugreifenden Inhalten" (Jörissen/ Marotzki 2008, S. 209) ermöglicht. An diesen Aspekt knüpft auch Jenkins mit einer ergänzenden Beschreibung der Participatory Culture an und formuliert in diesem Zuge weitere Charakteristika:

> „A participatory culture is also one in which members believe their contributions matter, and feel some degree of social connection with one another (at the least they care what other people think about what they have created)" (Jenkins et al. 2006, S. 3).

In einer partizipativen (Medien-) Kultur ergebe sich für den Teilhabenden demzufolge ein Gefühl der sozialen Zugehörigkeit durch gemeinschaftliches Schaffen und eine damit verbundene Empfindung, Teil einer Gruppe – vielmehr eines Ganzen – zu sein oder zu werden. Dies werde durch eine vielfältige Vernetzung ermöglicht, wie es auch zuvor Jörissen und Marotzki feststellten.

Darüber hinaus wird hier von Jenkins aber auch ein weiterer bedeutender Aspekt angesprochen. Teilhabende einer partizipativen Kultur hätten ein mit der sozialen Zugehörigkeit verbundenes Gefühl, dass das eigene Schaffen in der Gemeinschaft von Belang sei. Dies basiere grundlegend auf der motivierenden Annahme der Nutzer, dass die eigenen Beiträge bedeutsam seien. Dem käme zum einen die bereits betrachtete Unterstützung, zum anderen die, in der fünften von Jenkins formulierten Eigenschaft von Participatory Culture, Rückmeldung durch andere zu Gute. Feedback, und die damit verbundene persönliche Bewertung, hätten nämlich eine basale Bedeutung. Jörissen und Marotzki (2008) gehen an dieser Stelle damit einher, denn sie thematisieren die Feedbackfunktion, bezogen auf Kommentare in Weblogs, als partizipatorische Option (vgl. S. 212).

My Video Game.

Die Eigenschaften einer Participatory Culture nach Jenkins lassen sich demnach in fünf Merkmalen festhalten (vgl. Jenkins et al. 2006, S. 3 sowie S. 7):

- Niederschwellige Teilhabe
- Unterstützung und Ermutigung zu kreativen Beiträgen und deren Verbreitung
- Gefühl der sozialen Zugehörigkeit
- Bedeutsamkeit eigener Beiträge
- Feedback und Unterstützung

Feedback als Funktion der Interaktion der Teilnehmer forderte schon Enzensberger im Kontext des bereits betrachteten Konzepts eines emanzipatorischen Mediengebrauchs (siehe Unterkapitel 2.1). Darüber hinaus thematisierte dieser auch die kollektive Produktion, welche im Kontext der medienpädagogischen Betrachtungen eher als kollaborative (=gemeinsame) Erstellung von Inhalten bzw. Medienprodukten verstanden wird. Jörissen und Marotzki (2008) charakterisieren Kollaboration als Ursprungsidee des Internets (vgl. S. 214) und halten diese basale konzeptionelle Überlegung begrifflich als „shared authoring" (ebd.) fest. Interessant ist an dieser Stelle, dass Jenkins den Potentialen von Gruppenarbeiten zu Beginn seiner Überlegungen zur partizipierenden (Medien-) Kultur nur eine geringere Aufmerksamkeit schenkt. Er thematisiert diese in der vorangestellten Formulierung „Collaborative Problem-Solving" (Jenkins et al. 2006, S. 3 sowie S. 8) nicht als fundamentale Eigenschaft, sondern lediglich als Option in möglichen Ausprägungen der Participatory Culture, die sich in Form von Teamarbeit in formellen[11] und informellen[12] Lernkontexten zeige, um beispielsweise Aufgaben gemeinsam abzuschließen oder gemeinsam

---

[11] Das formelle Lernen kann als das Lernen charakterisiert werden, welches organisiert in Bildungsinstitutionen erfahren wird. Laut Fromme (2002) sind damit „Lernprozesse angesprochen, die im Rahmen gezielter (aus dem sozialen Alltag zumeist ausgelagerter) pädagogischer Maßnahmen erfolgen" (S. 155, Hervorheb. im Original).

[12] Informelles Lernen fasst alle die Lernprozesse zusammen, welche in anderen Lebenstätigkeiten, sozusagen dem sozialen Umfeld stattfinden. Es gibt keine breit verwendete Definition des Begriffes „informell", es fallen jedoch synonyme Begrifflichkeiten wie ungeplant, beiläufig, implizit oder unbewusst im Zusammenhang mit dem Lernen (vgl. ebd.). Das Bundesministerium für Bildung und Forschung (2001) charakterisiert in einem Untersuchungsbericht wie folgt: „Informelles Lernen ist ein instrumentelles Lernen, ein Mittel zum Zweck. Der Zweck ist – im Gegensatz zum formalen Lernen – nicht das Lernen selbst, sondern die bessere Lösung einer außerschulischen Aufgabe, einer Situationsanforderung, eines Lebensproblems mit Hilfe des Lernens" (S. 19).

Wissen zu sammeln (vgl. ebd.). Diese Prozesse „gemeinsame[n] Produzieren[s] in ‚virtuellen Gruppen' [...] [sind jedoch neben der] aktive[n] Beteiligung [...] [e]ntscheidende Aspekte [...], bei denen jeder sein Wissen und seine Skills einfließen lässt" (Biermann/Fromme/Unger 2010, S. 64, Hervorh. im Orig.). Hier schließt auch an, dass die Artikulation eigener Sichtweisen über das Internet „eine aktive Teilnahme an gesellschaftlichen Diskursen und Auseinandersetzungen" (Marotzki/Jörissen 2008, S. 58) bedinge. Aber auch Toleranz in der Anerkennung der Artikulationen anderer sei an dieser Stelle notwendig (vgl. dies., S. 59). Hierin liege das Grundprinzip von Gemeinschaftsformen im Internet, da „verbale und audiovisuelle [...] Prozesse der Artikulation und Partizipation [...] medial vermittelt [...] statt[finden]" (vgl. Jörissen/Marotzki 2008, S. 203).

Jenkins fokussiert den Gedanken der gemeinsamen Erstellung von Inhalten und Medienprodukten als eine für ihn gültige Kern-Fertigkeit von Media Literacy, weil sich in einer Welt, die durch kollektive Wissensgenerierung[13] und sehr vielfältige Kommunikationsvarianten gekennzeichnet sei, die Fähigkeit des vernetzten Handelns zu einer grundlegenden sozialen Fertigkeit und kulturellen Kompetenz entwickle (vgl. Jenkins et al. 2006, S. 3f sowie S. 49). Hier fänden sich heute bereits viele Beispiele in den medialen Alltags- und Berufspraxen (vgl. Jörissen/Marotzki 2009, S. 184).

2.2.4 Media Literacy und Forderungen an die Schule

Diese beschriebenen neuen partizipativen Medienkulturen stellen auch neue Anforderungen an eine professionelle Medienarbeit, die sich nicht mehr auf Förderung kompetenter Rezipienten von Massenmedien beschränkt, sondern stärker die kompetente Teilhabe an medialer Kommunikation im Zeitalter digitaler und vernetzter

---

[13] Ein Beispiel für netzbasiertes Arbeiten in Gruppen findet sich in der Systematik von „Communities of Practice". Hierunter können informelle aber dennoch relativ stabile Gemeinschaften verstanden werden, die primär ein gemeinsames Interesse, meistens ausgeprägt in der kollaborativen Erschaffung von Inhalten zu ähnlich gelagerten Interessen, verfolgen (vgl. Jörissen 2007, S. 218). Weiterführende Informationen dazu finden sich beispielsweise im Artikel „Communities of Practice: Learning as a Social System" von Wenger (1998). Dieser ist online verfügbar unter: http://www.ewenger.com/pub/pub_systems_thinker_wrd.doc [letzter Zugriff: 29.02.2012].

Medien im Blick hat. Biermann, Fromme und Unger (2010) halten an dieser Stelle wie folgt fest:

> „Man kann also sagen, dass die technischen Innovationen der digitalen Interaktivität und Vernetzung die Emergenz partizipativer und kreativer medienkultureller Praxen befördert haben" (S. 64).

Jenkins spricht im Kontext dieser Praxen von einer sich daraus ergebenden Notwendigkeit einer pädagogischen Förderung, um eine hierauf ausgerichtete Media Literacy zu erlangen (vgl. Jenkins et al. 2006, S. 3). Diese Konzeptualisierung gilt im nordamerikanischen Raum als Basis medienpädagogischer Arbeit und „bezieht sich [...] auf Sprache und Alphabetisierung" (Luca/Aufenanger 2007, S. 29). In ihrer ursprünglichen und meistzitierten Form beschreibt Media Literacy die Fähigkeit[14], selbstständig Zugang zu Informationen zu erlangen sowie das Analysieren von und Produzieren dieser für bestimmte Zwecke:

> „The [...] basic definition of media literacy: it is the ability of a citizen, to access, analyze, and produce information for specific outcomes" (Firestone 1993, S. 6).

Dazu gehöre erstens Zugang zu Informationen bzw. (Medien-) Botschaften zu erlangen, was durch notwendige, aber auch erweiterbare Kenntnis von Regeln und Vokabular möglich werde. Dadurch wiederum würden Symbole verständlich (vgl. Hobbs 1996). Ebenfalls in den Bereich „access" fallen Organisation und Identifikation von Information(en) inklusive der Inanspruchnahme des gesamten verfügbaren Medienspektrums. Laut Hobbs werde diese Fertigkeit auch als „information literacy" verstanden (vgl. ebd.).

Zweitens sei „analyze", übersetzt Analyse bzw. Auswertung, die Fähigkeit Informationen interpretieren zu können. Dazu gehöre unter anderem die Einordnung in Kategorien, Konzepte und bekannte Ideen, aber auch die allgemeine Verortung in einem gesamtheitlichen Kontext unter Beachtung und Zielsetzung des Standpunktes des Autors der Botschaft (vgl. ebd.).

---

[14] Im nordamerikanischen Raum wird Media Literacy nicht mit benötigten konkreten Fertigkeiten oder Fähigkeiten definiert, es geht vielmehr um die stattfindenden Kontextualisierungen und Prozesse. Die in Deutschland verwendete Begrifflichkeit der Kompetenz wird dabei nur sehr selten benutzt (vgl. Luca/Aufenanger 2007, S. 30 sowie Livingstone 2004, S. 6 sowie Jenkins et al. 2006, S. 4). Es ergeben sich aus dem Konzept der Media Literacy demnach mehr Parallelen zum Konzept der Medienbildung (siehe Abschnitt 2.2.2) als zum Konzept der Medienkompetenz (siehe Unterkapitel 2.1).

Die dritte Eigenschaft ist die wesentliche Fertigkeit von Media Literacy. „Produce" meine hier das Kommunizieren eigener Botschaften – vergleichbar mit Lesen und Schreiben im herkömmlichen Sinne – jedoch im Bereich eigener medialer Artikulationen. Darunter fielen eigentliche Text-, Video- und Audioproduktionen, aber auch benötigtes Hintergrundwissen, wie beispielsweise das Verstehen der Zuhörer/Zuschauer, für welche die Botschaft aufbereitet werde, der Gebrauch von effektiven Symbolen zum Transfer der Information, die richtige Organisation von Ideen in verständlicher Reihenfolge und die Kenntnis, wie Aufmerksamkeit des Publikums gewonnen und aufrecht gehalten werden kann (vgl. ebd.).

Im Gegensatz zu der hier genutzten frühen Auffassung von Media Literacy nach Firestone (1993) nutzen Luca und Aufenanger eine Definition von Hobbs:

> „Media literacy is the ability to access, analyze, evaluate and produce communication in a variety of forms" (Hobbs 1996, zit. n. Luca/Aufenanger 2007, S. 29, Hervorh. im Orig.).

Der relevante Unterschied der beiden Formulierungen besteht in dem hinzugefügten „Evaluieren" von Botschaften. Diese Fähigkeit umfasse eine „individuelle Identifizierung der Relevanz und des qualitativen Wissens einer Botschaft" (Luca/Aufenanger 2007, S. 29). Gemeint ist an dieser Stelle eine subjektive Einordnung und Bewertung der aufgenommenen Informationen mit einer damit verbundenen Schlussfolgerung auf sich selbst bezogen. In der Definition von Firestone finden sich diese Eigenschaften als Bestandteil des Terms „analyze" und werden nicht extra aufgeschlüsselt. Hobbs (1996) stellt diesbezüglich klar, dass die Fertigkeiten der Analyse und Bewertung im Bereich der Media Literacy oft als miteinander verschmolzen betrachtet würden. Diese Tatsache unterstützt sie allerdings nicht vollständig. Unter „analyze" versteht Hobbs eher die Einordnung der Information in konzeptuelles Wissen ohne Bezug zur subjektiven Sichtweise. Bei „evaluate" dagegen seien die persönliche (Welt-) Sicht, vorhandene Einstellungen, Gesinnung und Wertevorstellungen relevant (vgl. Hobbs 1996)[15].

Weiterhin divergent in den beiden frühen Definitionen von Media Literacy ist die Formulierung „information for specific outcomes" bei Firestone (1993) sowie

---

[15] Gerade in der Transzendierung von Selbst- und Weltverhältnissen zeigen sich Bildungsprozesse. In Abschnitt 3.2.1 gehen wir darauf detaillierter ein.

"communication in a variety of forms" bei Hobbs (1996). Erstere zielt auf die individuelle ergebnisorientierte Nutzung von Informationen anhand der Charakteristika „access, analyze, produce", letztere eher auf die vielfältige Auswahl, Beurteilung und Nutzung von Botschaften bzw. Mitteilungen nach dem Schema „access, analyze, evaluate, produce". Nichtsdestotrotz sind beide Begriffsbestimmungen von Media Literacy koexistent und als grundlegend im nordamerikanischen Raum zu verstehen (vgl. Luca/Aufenanger 2007, S. 30).

Insbesondere in Hinblick auf das Schul- und Bildungssystem ergeben sich daraus weitreichende Veränderungen in der Ausrichtung und Praxis von Unterricht. Bereits Hobbs forderte LehrerInnen aufgrund ihrer Praxisorientiertheit zum Erkennen der neuen „Literacy" auf. Denn die Verwendung der Grundsätze praxisorientierten Lernens erleichterten die Adaption dieser zum Konzept von Media Literacy, welche jedoch einen viel weiteren Rahmen um Thematiken spannen können und viele Potentiale mit sich brächten (vgl. Hobbs 1996).

Auch Jenkins et al. (2006) sehen fundamentale Anknüpfungspunkte zwischen Media Literacy und Schule (vgl. S. 4). Bildungseinrichtungen seien jedoch sehr langsam in ihrer institutionellen Entwicklung und in ihren Bestrebungen die zeitgemäße Bildung in einer partizipativen Kultur zu unterstützen. Aktuell seien Umsetzungen dieser – folgt man Jenkins weiter – nur im außerschulischen Kontext bzw. informellen Lernsettings realisierbar, beispielsweise im Bereich der Medienarbeit zur Vermittlung kultureller Kompetenzen und sozialen Fähigkeiten, die sich im Sinne einer von Jenkins betitelten „New Media Literacy"[16] (dies., S. 4) charakterisieren und im Rahmen der neuen Medienlandschaft unabdingbar seien (vgl. ebd.). Hier wird auch der verschobene Fokus der Participatory Culture vom isolierten Medienschaffenden hin zum eingebundenen Gestalter innerhalb einer Community thematisiert:

---

[16] Das hier genutzte „White Paper" von Jenkins wurde auch auf der Plattform http://www.newmedialiteracies.org [zuletzt geprüft am 29.02.2012] veröffentlicht. Dabei erhielt es den Dateinamen „NMLWhitePaper.pdf", wobei die Buchstaben „NML" für „New Media Literacy" stehen.

„The new literacies almost all involve social skills developed through collaboration and networking. These skills build on the foundation of traditional literacy, research skills, technical skills, and critical analysis skills taught in the classroom" (Jenkins et al. 2006, S. 19).

Die Schule sei demzufolge zuständig für die Vermittlung und Entwicklung von traditioneller Literalität, Recherchefähigkeit, technischer Fertigkeiten und kritisch analytischen Erfahrungen bei Jugendlichen. Auf diesen könnten sich im Kontext neuer Literalität aufbauende Fähigkeiten und Fertigkeiten durch Kollaboration und Vernetzung entwickeln (vgl. dies., S. 20). Damit die Herausbildung dieser sowie kultureller Kompetenzen gefördert werden könne, bedürfe es einer angepassten Vorgehensweise im Bereich der (medialen) Bildung (vgl. dies., S. 4). Jenkins formuliert diese Forderung für den US-amerikanischen Raum. Mit Hinblick auf die bisherigen Betrachtungen und Entwicklungen in Deutschland lässt sich dieser Appell ohne weiteres übertragen. Insbesondere für Schülerinnen und Schüler sei es relevant, dass sie entsprechend auf diese ständig wechselnden Gegebenheiten vorbereitet würden, sei es zu Hause, in der Freizeit oder in der Schule. Im Kontext der Schule sei es nicht ausreichend, lediglich den Umgang mit Medien zu vermitteln. Es sei fundamental, auch die Hintergründe, Absichten, möglichen Folgen zu thematisieren und eigene Reflexionen zu fördern.

Die Einbindung digitaler Technologien in das Klassenzimmer beeinflusse zwangsläufig auch immer den Bezug zu anderen Technologien (vgl. dies., S. 8). Es verändere den Blick auf bereits genutzte Gegenstände. Beispielsweise stelle die Möglichkeit Whiteboards im Unterricht einzusetzen die bisherige Nutzung der Wandtafel in Frage. Es ist noch immer eine Tatsache, dass die neuen Medien im Schulunterricht in Deutschland nur selten regelmäßig eingesetzt werden. Laut einer BITKOM-Umfrage aus dem Jahr 2010 nutzten beispielsweise 43 Prozent der Schülerinnen und Schüler den Computer im Unterricht selten oder nie (vgl. BITKOM 2010). Als Hauptursachen werden in der Regel mangelndes Interesse der Lehrerinnen und Lehrer oder auch deren unzureichende Kenntnisse im Umgang mit den neuen Medien herausgestellt (vgl. ebd., siehe auch Abschnitt 4.2.3).

Hier scheint sich die größte Gefahr im derzeitigen Medienwandel aufzubauen, die durch eine wachsende Lücke bezüglich der Medienaffinität von Schülerinnen und Schülern gegenüber ihren Lehrerinnen und Lehrern charakterisiert sei. Der BITKOM-Präsident Scheer brachte es im Rahmen der Pressekonferenz zur Veröffentlichung der oben genannten Umfrage ganz deutlich auf den Punkt:

> „Die Schulen drohen sich immer weiter von der Lebenswirklichkeit ihrer Schüler zu entfernen" (ebd.).

Jenkins sieht Gründe dafür darin, dass die Bildungseinrichtungen oft konservativ, starr und zu stark institutionell organisiert seien (Jenkins et al. 2006, S. 9). Er formuliert dazu drei wesentliche Kernfragen, die als Grundlage einer schulischen Bildung dienen könnten.

1. „How do we ensure that every child has access to the skills and experiences needed to become a full participant in the social, cultural, economic, and political future of our society?" (dies., S. 18).

Jenkins thematisiert an dieser Stelle den Unterschied von Kindern mit Zugang zur partizipativen Kultur und jenen, die aufgrund verschiedener Faktoren nicht an dieser teilhaben (können). Als Beispiel fungieren hier Heranwachsende, die zu Hause mit der „Online-Welt" bereits Erfahrungen gemacht hätten (vgl. dies., S. 13f). In der Regel seien diese dann im technischen Bereich der Schule ihren MitschülerInnen weit voraus und auch auf ein späteres Leben in der aktuellen Gesellschaft besser vorbereitet. Hier entstehe eine so genannte „Participation Gap" – eine Kluft zwischen Menschen mit Möglichkeit zur aktiven Teilhabe und Menschen ohne diese (vgl. ebd.).

2. „How do we ensure that every child has the ability to articulate his or her understanding of how media shapes perceptions of the world?" (dies., S. 18).

Heranwachsende seien immer geschickter in der Verwendung von Medien für ihre eigenen Zwecke – sie würden aber oft in ihrer Entdeckung neuer Formen der Artikulation eingeschränkt bzw. nicht in der notwendigen Art und Weise gefördert (vgl. dies., S. 14). Hier fehle es an einer notwendigen Transparenz (=„Transparency Problem"). Es bedürfe eines sicheren Raumes, der für die Entwicklung von Charaktereigenschaften eines partizipierenden Bürgers unabdingbar sei. Nur hier könne diese wesentliche Eigenschaft – die der Erfahrung, durch Medien vermittelte Botschaften im Kontext wahrzunehmen, zu analysieren und zu bewerten (vgl. dies., S. 16) – entwickelt werden. Dies gilt als Grundlage, um mit neuen Formen des persönlichen Ausdrucks und der Teilhabe an Communities zu experimentieren.

3. „How do we ensure that every child has been socialized into the emerging ethical standards that should shape their practices as media makers and as participants in online communities?" (dies., S. 18).

In einer Welt, in der die Grenzen zwischen Produzenten und Konsumenten unklar würden – wie in diesem Kapitel bisher ausführlich dargestellt – seien Heranwachsende auf einmal in Situationen, die sich noch vor einigen Jahren niemand vorstellen konnte. Es ergäben sich Notwendigkeiten für pädagogische Interventionen, um notwendige (Welt-) Sichten, Einstellungen, Gesinnungen und Wertevorstellungen zu bilden und so zu einem reflektierenden Medienhandeln anzuregen. Es stellt sich demzufolge die Frage, wie Heranwachsende erfolgreich in die Medienwelt sozialisiert werden könnten, um sich in diesen moralischen Normen entsprechend zu bewegen und auch selbst zu handeln.

An diese drei Kernfragen anknüpfend gilt es weiterhin bei den Schülerinnen und Schülern ein Verständnis dafür aufzubauen, wie die neuen Medien die Strukturen unserer Wahrnehmung der Welt beeinflussen können, unter welchen wirtschaftlichen und kulturellen Bedingungen (Massen-) Medien produziert und distribuiert werden, welche Motive und Ziele die von ihnen genutzten Medien prägen und welche alternativen (Medien-) Praktiken außerhalb des kommerziellen Massenmarkts auftreten (vgl. dies., S. 20).

Jenkins erarbeitet als Resultat seiner Überlegungen zur Participatory Culture und einer damit verbundenen Forderung nach „Schulung" von Media Literacy ein Set an zentralen sozialen Fähigkeiten und kulturellen Kompetenzen, die ausgeprägt für vollwertige, aktive, kreative und ethische Teilhaber einer partizipierenden Kultur exemplarisch stehen (vgl. dies., S. 56):

- „Play" beschreibt das Vermögen, mit dem Umfeld als Art der Problemlösung zu experimentieren bzw. zu spielen.
- „Performance" ist die Fähigkeit, alternative Identitäten für den Zweck der Improvisation und Entdeckung anzunehmen.
- „Simulation" meint die Fertigkeit, Modelle realer Prozesse zu interpretieren und zu konstruieren.
- „Appropriation" beschreibt die sinnvolle Verwendung und Mischung des breiten Medienspektrums.
- „Multitasking" beschreibt die Fähigkeit, die eigene Umgebung zu untersuchen und das Augenmerk auf Wichtiges zu legen.
- „Distributed Cognition" ist die sinnvolle Verwendung von Werkzeugen, welche die Denkkraft erweitern.
- „Collective Intelligence" meint das Vermögen, Wissen für ein gemeinsames Ziel zu sammeln und eigene Aufzeichnungen mit denen anderer abzugleichen.
- „Judgment [sic!]" beschreibt die Fähigkeit zum Prüfen von Verlässlichkeit und Glaubwürdigkeit verschiedener Informationsquellen.
- „Transmedia Navigation" ist die sinnvolle Verwendung verschiedener Quellen und Medien, um einem Informationsfluss oder einer Geschichte zu folgen.
- „Networking" meint die Fertigkeit, Daten zu suchen, zusammenzufassen und zu verteilen.
- „Negotiation" schildert die parallele Verwendung mehrerer Communities verbunden mit der Fähigkeit verschiedene Sichtweisen wahrzunehmen und zu respektieren sowie alternative Normen zu begreifen und zu verfolgen.

Laut Jenkins erlangten einige Kinder unter anderem durch die aktive Teilhabe an informellen Lerngemeinschaften schon derzeit einige der Fertigkeiten. Darüber hinaus hätten aber auch einige LehrerInnen bereits Teile der „Vermittlung" dieser benötigten Kompetenzen in den Unterricht aufgenommen und in einigen außerschulischen Einrichtungen ließen sich zum Teil ähnliche Aktivitäten finden (vgl. dies., S. 56). Dennoch erfolge die Herausbildung von Media Literacy eher zufällig und nicht kontrolliert, weshalb es zwingend zu einem Bestandteil der allgemeinen Bildung und somit in die institutionelle Bildung integriert werden müsse (vgl. dies., S. 57). Dazu gehöre auch die Einbindung in das schulische Curriculum und die Entwicklung neuer Lehr-/ Lernmethoden.

2.3 Zusammenfassung der Entwicklungen

Neue Medien bieten heutzutage ganz neue Handlungsoptionen, von einer bloßen Rezeption kann nur noch in wenigen Fällen die Rede sein. Sie ermöglichen vielmehr einen aktiven Gebrauch und eröffnen vielfältige Artikulationsoptionen. Wie in diesem Kapitel skizziert, gab es frühzeitig Überlegungen „unmündige" Rezipienten zu aktiven Produzenten zu machen, den Medien ihren elitären Status zu nehmen und diese dadurch als Kommunikationsmittel für jedermann zugänglich zu machen[17]. Enzensberger formulierte erstmals die Möglichkeit, Medien emanzipatorisch zu nutzen und eröffnete damit auch die Motive und Chancen kollektiver Medienproduktion. Daran anknüpfend war es Baacke, der Medien als besonders geeignet für die Entwicklung kommunikativer Kompetenz einstufte und diesbezüglich im Bildungskontext positive Veränderungen in Aussicht stellte. Mit ihren Überlegungen wandten sich sowohl Enzensberger als auch Baacke explizit gegen die in dieser Zeit vorherrschende bewahrpädagogische Haltung in Deutschland. Baacke erarbeitete im Kontext der handlungsorientierten Medienpädagogik sein Konzept der Medien-

---

[17] Das Verhältnis von Produzenten und Rezipienten ist weiterhin für jedes Medium sehr unterschiedlich. Beim Radio beispielsweise ist auch heute der Anteil der privilegierten Produzierenden immer noch ähnlich gering, wie zu Zeiten der Diskussion im Rahmen der Überlegungen zur Radiotheorie Brechts (siehe Unterkapitel 2.1). Beim Internet dagegen sind die Anteile zu Gunsten der aktiven Produzierenden wesentlich anders verteilt (vgl. Jenkins et al. 2006, S. 3).

kompetenz als Lernaufgabe, das seit den 1990er Jahren noch bis heute als Grundlage der aktiven Medienarbeit in Deutschland praktiziert wird. Es zielt nicht auf alleinige Medienarbeit, sondern gliedert sich in vier Dimensionen, unter anderem auch einen kritischen Umgang mit der eigenen Medienumwelt an. Das Konzept der aktiven Medienarbeit zielt darüber hinaus auf die Teilhabe an der öffentlichen Kommunikation (Partizipation) durch die Publikation der selbst erstellten Medienproduktionen.

Diese Betrachtungen und auch die angeführten Diskussionen um die Differenzierung von Medienbildung und Medienkompetenz stellen klar heraus, dass die Fähigkeit eines kritischen und reflexiven Medienumgangs in einer zunehmend durch mediale Kommunikation geprägten Öffentlichkeit sehr wichtig ist. Jörissen und Marotzki (2009) begründen diese Relevanz wie folgt:

„Moderne Medien sind nicht etwas, was als Ingredienz von Sozialisation anzusehen ist, sondern Sozialisation in der Moderne ist immer schon unhintergehbar mediale Sozialisation" (S. 239).

Sozialisation sei demnach medial gebunden, da die stattfindenden Prozesse „von medialen Strukturen [...] durchdrungen [...] [und] zutiefst [mit diesen] verbunden [sind][...] [und kaum noch] medienfreie Räume" (ebd.) existierten.

„Heranwachsende wachsen in eine Welt hinein, in der Medien, egal in welcher Form, omnipräsent sind" (ebd.).

Mit dieser Allgegenwärtigkeit von Medien begründet sind auch die von Jenkins beschriebenen Eigenschaften einer partizipativen Kultur und die damit verbundenen Forderungen der Vermittlung von Media Literacy unter anderem in der Schulbildung. Es sei hier nicht ausreichend, lediglich den Umgang mit Medien zu vermitteln, sondern fundamental, auch die Hintergründe, Intentionen, möglichen Folgen und eigenen Reflexionen auf der einen Seite zu thematisieren aber auf der anderen Seite auch neue Methoden zu entwickeln, die hier vielseitige Kombinationen und Anschlüsse bieten. Dazu gehöre auch die Einbindung in das schulische Curriculum und die Entwicklung neuer Lehr-/Lernmethoden.

An dieser Stelle ist noch anzumerken, dass die neuen Medien einem ständigen technologischen Wandel unterliegen und ergänzend immer neue Möglichkeiten zur medialen Artikulation und Partizipation entstehen:

> „Die Optionen zur Partizipation und zur multimedialen Artikulation [...] befinden sich derzeit immer noch in einer Explorations- und Ausweitungsphase. Wir können [...] der Komplexität und Reichhaltigkeit der Phänomene nur ansatzweise gerecht werden und die Bildungspotentiale [...] anhand einiger Bereiche skizzieren" (Marotzki/Jörissen 2008, S. 64).

Hier bedürfe es einer flexiblen Integration in die (mediale) Bildung, um auch zukünftigen Entwicklungen gerecht zu werden.

My Video Game.

3 Formelle Lern- und Bildungssettings – Theoretische Einblicke und methodische Ausblicke

Wie wir im vorangegangen Kapitel gezeigt haben, vollzog sich im Laufe der Geschichte ein unaufhörlicher Wandel hin zu einer Kultur der Beteiligung, insbesondere auch gestützt durch die Veränderung der Medienlandschaft und der in ihr offerierten Möglichkeiten. Die weitreichenden Konsequenzen dieses Paradigmenwechsels für unsere moderne Gesellschaft sind kennzeichnend. Unter der Annahme, dass Schule – als staatlich-politische Institution der Kinder- und Jugendbildung – dem Anspruch genügen will, Heranwachsende auf ihrem Weg zu mündigen Bürgern zu begleiten, ist es nun notwendig auszuloten, inwiefern solche flexiblen Bildungskonzepte angedacht, bereits integriert oder möglich sind.

Daher widmen wir uns im folgenden Unterkapitel den aktuellen Entwicklungen des Bildungssystems in Deutschland, die durch einen (jedenfalls propagierten) Standpunktwechsel gekennzeichnet sind. Darauf aufbauend werden wir unsere Befunde um theoretische Perspektiven, insbesondere zu den Werten von Erfahrung und Interesse sowie der Bedeutung des Handelns, erweitern, um schließlich einen möglichen Ansatzpunkt nahezulegen, der in die Richtung einer flexiblen und zukunftsorientierten pädagogischen Arbeit weisen kann.

3.1 Aktuelle Entwicklungen, Tendenzen und Einstellungen im deutschen Schulsystem

Im Jahr nach der Jahrtausendwende nahmen deutsche Schülerinnen und Schüler erstmals seit beinahe zwanzig Jahren an einer internationalen Vergleichsstudie zur Lernstanderhebung teil. Die Ergebnisse dieser PISA-Studie[18] waren aus deutscher Sicht schockierend. Das Bundesministerium für Bildung und Forschung (2009a [2007]) sprach von der Offenlegung gravierender Mängel (vgl. S. 11) und die Kultusministerkonferenz beschloss, als Konsequenz des vergleichsweise schwachen Ab-

---

[18] Die Ergebnisse der ersten PISA-Studie wurden vom Deutschen PISA-Konsortium (2001) unter dem Titel „PISA 2000. Basiskompetenzen von Schülerinnen und Schülern im internationalen Vergleich" bei Leske + Budrich veröffentlicht.

schneidens der Schülerinnen und Schüler, im Mai 2002 „nationale Bildungsstandards in Kernfächern für bestimmte Jahrgangsstufen und Abschlussklassen zu erarbeiten" (dies., S. 14).

Dieser Beschluss sollte nicht nur als bloße Reaktion verstanden werden, sondern als Intervention und Bruch mit dem bisherigen System und ein neues Selbstverständnis schulischer Bildung evozieren, denn die grundlegende Annahme war, dass die „selbst gesteckten, in den Lehrplänen festgehaltenen Ziele [...] häufig nicht erreicht [werden]" (dies., S. 13). Das lehrplangesteuerte Bildungssystem auf Länderebene sei in seiner bisherigen Form nicht ausreichend und müsse durch nationale Standards und ein umfassendes Evaluationssystem ergänzt werden (vgl. dies., S. 9ff). Eine Expertisegruppe um Klieme (Deutsches Institut für Internationale Pädagogische Forschung) wurde beauftragt die Möglichkeiten, Grundsätze und Charakteristika dieser neuen Forderungen auszudifferenzieren und handlungsleitende Empfehlungen zu erarbeiten. Die Ergebnisse dieser Expertise, die vom Bundesministerium für Bildung und Forschung unter dem Titel „Zur Entwicklung nationaler Bildungsstandards" (2009a [2007]) veröffentlicht wurden, werden in den folgenden Abschnitten genauer betrachtet.

3.1.1 Die Verschiebung des Fokus' vom detaillierten Input zum generellen Output

In der vorgenannten Expertise treten die beiden Begriffe *Input* und *Output* immer wieder als Kernbegriffe hervor. Dabei werden „Haushaltspläne, Lehrpläne und Rahmenrichtlinien, Ausbildungsbestimmungen für Lehrpersonen, Prüfungsrichtlinien usw." (dies., S. 11) als Instrumente der Input-Steuerung deklariert. Durch eben diese Mittel wurde das deutsche Bildungssystem bislang von außen gesteuert. Es wurden Vorgaben gemacht, „*was* (Stoff und Inhalte), *wann* (Klasse), *wie* (Methode) und *wo* (Schulart) zu lehren ist" (dies., S. 91, Hervorh. im Orig.). Dies sei ein relativ starrer Rahmen gewesen, in welchem sich pädagogisches Handeln in der Schule abspielen konnte. Die Expertisekommission vermerkt gleich mehrere Mängel dieser Art der Steuerung: Inflexibilität, Vernachlässigung individueller Faktoren und vor allem fehlende Kontrolle der Wirksamkeit. Drieschner (2009) hebt hervor, dass „der Staat [...]

in diesem Zusammenhang [unterstellt], dass den Lernenden die Lehrplaninhalte vermittelt werden, das ‚realisierte' also dem ‚intendierten Curriculum' entspricht" (S. 25). Mit Blick auf die Ergebnisse der internationalen Vergleichsstudien, wurde nun vermutet, dass eine solche Annahme gleichwohl naiv sei und eine Überprüfbarkeit gewährleistet werden solle. Daher wird seitdem eine Orientierung zur Output-Steuerung angestrebt. Als *Output* wird im Sinne der Verfasser der Expertise „neben der Vergabe von Zertifikaten im Wesentlichen [der] Aufbau von Kompetenzen, Qualifikationen, Wissensstrukturen, Einstellungen, Überzeugungen, Werthaltungen – also von Persönlichkeitsmerkmalen bei den Schülerinnen und Schülern, mit denen die Basis für ein lebenslanges Lernen zur persönlichen Weiterentwicklung und gesellschaftlichen Beteiligung gelegt ist" (Bundesministerium für Bildung und Forschung 2009a [2007], S. 12) verstanden. Dies lässt (jedenfalls zunächst) den angestrebten Bruch mit bisheriger Bildungspraxis in Deutschland glaubhaft werden. Statt einer reinen Inhaltsorientierung, stünde nun eine sehr auf das Individuum ausgerichtete Zielvorgabe verbindlich für alle Bundesländer.

Der Fokus der Output-Steuerung liegt jedoch nicht nur auf der Änderung der Sichtweise auf wünschenswerte Ziele, sondern auf der expliziten Kontrolle der Zielerfüllung: „Die Schulen und die Bildungsadministration sollen – ungeachtet der Rolle, die die Schüler selbst und die Eltern spielen – Verantwortung dafür übernehmen, dass diese Ergebnisse tatsächlich erreicht werden" (ebd.). Dieses Übernehmen von Verantwortung beinhaltet zwei bedeutsame Aspekte: erstens soll den Schulen im Sinne von *Schulautonomie* mehr Verantwortung und Freiheit zur Gestaltung konkreter pädagogischer und organisatorischer Vorgänge seitens der politischen Administration zugestanden werden (vgl. dies., S. 20), zweitens aber sollen sie auch bei Nichterfüllung der Zielvorgaben zur Verantwortung gezogen werden (vgl. dies., S. 24).

Ein schwieriger Punkt ist nun aber zu fassen, wie *Persönlichkeitsmerkmale*, wie es in einem der vorgenannten Zitate heißt, überprüfbar werden können. Da diese Merkmale selbst nicht, nicht genügend oder jedenfalls nicht in formalisierter Form messbar scheinen, werden sogenannte *Bildungsstandards* und auf ihnen basierend *Kompetenzmodelle* eingeführt. Beides sind nationalgültige Vorgaben (-kataloge), die mehr oder minder operationalisierbare Elemente beschreiben[19]. Ein genauerer Blick auf diese Standards und auf die Kompetenzmodelle wird im nachfolgenden Abschnitt gerichtet, an diesem Punkt ist jedoch vorerst die Bedeutung der Output-Steuerung wichtig[20]. Die Expertisekommission sieht vor, dass turnusmäßig nationalstandardisierte Tests zur Erhebung der Lernstände als Ausprägung der Kompetenzmodelle und damit der Erfüllung von Standards eingesetzt werden sollen (vgl. dies., S. 47). Die Ergebnisse dieser Tests sollen dann an die Schulen zurückgemeldet werden und so Korrekturen des schulinternen Vorgehens evozieren (vgl. ebd. und S. 99ff). Somit ist es das Ziel dieser Testverfahren „die Wirkungen (und Nebenwirkungen) des pädagogischen Handelns in den Blick zu nehmen und so professionelles, rationales Handeln zu ermöglichen" (ebd.). Die Expertisegruppe ist sich gleichwohl der Schwierigkeit bewusst, dass bei den Lehrkräften zunächst ein Verständnis dafür geschaffen werden müsse, dass sie, oder vielmehr die „Effektivität" ihres Unterrichts, an den Leistungen ihrer SchülerInnen selbst gemessen werden sollen. Es hinge, aus der Perspektive der Kommission, von der Akzeptanz der Lehrkräfte ab, inwieweit die Output-Steuerung greifen könne. Dennoch betonen sie, dass es bei diesen Tests nur um Bildungsmonitoring gehen könne und nicht um die Evaluation einzelner Personen oder konkreter Methoden. Dafür seien spezielle Evaluationstests notwendig (vgl. dies, S. 99ff).

Unabhängig ob nun Monitoring oder Evaluationstest, in jedem Fall sollen „Korrekturen" abgeleitet werden können. Diese Idee der Output-Steuerung, durch Messung und Rückmeldung der Messergebnisse an die Schule und/oder die LehrerInnen gleichwohl eine (erwünschte) Veränderung zu erwirken, scheint aus unserer Sicht bei genauerer Betrachtung tendenziell fraglich. Wir ziehen zur Verdeutlichung unseres Einwands ein kurzes Gedankenbeispiel heran: Gehen wir davon aus, dass ein Lehrer eine Klasse unterrichtet und im Rahmen eines Tests im Sinne der oben be-

---

[19] Damit zeigt sich bereits, dass die Expertisekommission einen anderen Bildungsbegriff zu Grunde legt, als es in unserer Betrachtung der Fall ist. Wie Abschnitt 2.2.2 bereits angemerkt, könne Bildung in dem Sinne, in dem wir diesen Begriff verwenden „nicht anhand externer Maßstäbe (Output, Qualifikation, Kompetenz etc.) gemessen" (Fromme/Jörissen 2010, S. 50) werden.
[20] Ungeachtet späterer Ausführungen nehmen wir vorerst an, dass Ziele, in Form von Lernständen als Resultate von Standards und Kompetenzmodellen, objektiv messbar seien.

schriebenen Erhebungen teilnimmt. Er bekommt die Rückmeldung, dass seine SchülerInnen hinter den Erwartungen zurück sind. Damit ist zwar der „Missstand" lich gemacht, aber zu dessen Behebung noch nicht viel getan. Es ist nun an dem Lehrer zu überlegen, wie er vorgeht – ganz im Einklang mit der Idee der *Schulautonomie*. Es gibt viele Faktoren, die zu diesem Ergebnis geführt haben mögen. Welche dies sein könnten, ist für unser Beispiel nebensächlich, da sie durch einen ebensolchen Test nicht herausgestellt werden können. Nun muss aber der Lehrer in irgendeiner Weise intervenieren, um letztlich auch seine eigene Stellung als Lehrkraft (vor Kollegen, Schuldirektion, Behörden und Ministerien) zu rechtfertigen. Der Idealfall wäre sicher, die eigene Einstellung zum Lehren und vor allem auch das methodische Vorgehen zu hinterfragen. Dies setzte allerdings voraus, dass der Lehrer hier einen konkreten Fehlstand erkennen könnte, ihm zudem andere Handlungsoptionen bekannt und/oder zugänglich wären und diese auch in die Budget- und Zeitrahmen der Schule eingepasst werden könnten. Diese Parameter sind mit so vielen Konjunktiven und Hürden verbunden, dass es uns wahrscheinlicher scheint, dass ähnlich aktuellen Tendenzen in England, der Lehrer (ohne diesen konkret als Person in Frage zu stellen, sondern lediglich dessen Rolle innerhalb des Systems) seine SchülerInnen fortan in den Mustern der Tests unterrichtet. Hillbrandt und Sintzen-Königsfeld (2009) verweisen in diesem Zusammenhang in ihrem Artikel „Schulentwicklung durch Standardisierung" auf einen „Teaching-to-the-Test-Effekt" (vgl. S. 29) und auch Drieschner (2009) stellt mit Blick auf eine Studie von Groß-Ophoff fest, dass sich „die als Reaktion auf die Klassenergebnisse getroffenen Maßnahmen im Kern auf die ‚Wiederholung und Neuaufnahme von Stoffgebieten' wie auf den Einsatz von Unterrichts- und Testaufgaben zum Zweck der Kompetenzförderung, die an das [Test-, die Verf.] Format angelehnt sind" (S. 37) beschränken. Dies bedeutet letztlich keine revolutionäre Abkehr vom stark instruktionalisierten, nicht persönlichkeitsbildenden Unterricht, sondern kann sogar zum Gegenteil führen und zwar völlig kontraintentional, denn in der Expertise wird deutlich gemacht, dass es „eben gerade nicht darum [geht], dass Inhalte für eine Klassenarbeit [oder im unserem Gedankenbeispiel eben Test, die Verf.] gelernt und wieder vergessen werden, sondern dass übergreifende Kompetenzen in grundlegenden Bereichen aufgebaut werden" (Bundesministerium für Bildung und Forschung 2009a [2007], S. 26f).

Auch wenn unser Gedankenbeispiel eventuell überzeichnet und generalisierend sein mag, so macht es doch deutlich, dass die „bloße" Ergebnisrückmeldung nicht notwendigerweise zu einer intendierten und erwünschten Kurskorrektur führt. Wir ziehen also einen ähnlichen Schluss wie u.a. Drieschner (2009), der feststellt, „dass eine bloße Rückmeldung von Ergebnissen offensichtlich nicht per se zu einer Optimierung des Unterrichts führt" (S. 36). Auch Hillbrandt und Sintzen-Königsfeld gelangen zu dem Urteil, dass sich erhobene Datenbasis und Vorgehen innerhalb der Schule in einer Juxtaposition und nicht in direkter Beziehung befänden. Sie würden nicht ineinander greifen, sondern stünden in unklarem Verhältnis nebeneinander (vgl. 2009, S. 27). Abgefangen werden könne dies nur durch Unterstützung von außen (im Sinne etwa von landesweiten Fachgruppen und expliziten (methodischen) Handreichungen) und durch die Offenheit von Lehrkräften und Schulen diese Hilfen anzunehmen und mitgestaltend umzusetzen (vgl. dies., S. 31).

Ungeachtet dieser Schwierigkeit der erwünschten Wirksamkeit der Output-Steuerung bleibt die Frage, ob mit diesem Wandel nun die Input-Steuerung gänzlich ihre Daseinsberechtigung im deutschen Bildungssystem verloren hat. Die vergleichsweise schwachen Testergebnisse der teilnehmenden deutschen SchülerInnen an den internationalen Studien wie PISA und TIMSS wurden schließlich, wie bereits dargestellt, auf diese Form der Steuerung zurückgeführt und folgend ein genereller Paradigmenwechsel von der Input- zur Output-Steuerung propagiert. Tatsächlich macht die Expertise aber deutlich, dass „Bildungsziele [...] allerdings nur recht generelle Erwartungen wieder[geben]. Damit sie pädagogisch umgesetzt werden können, wird ein Medium benötigt, in dem sich die Ziele spezifizieren und definieren lassen. Dieses Medium sind in der Tradition die Lehrpläne" (Bundesministerium für Bildung und Forschung 2009a [2007], S. 21). Es ist also nicht so, dass die neuen Ansätze Lehrpläne ersetzten. Die Expertisegruppe kommt zu dem Schluss, „dass Bildungsstandards die Lehrpläne keineswegs überflüssig machen, weil sie deren inhaltliche und prozessuale Orientierungs- und zeitliche Steuerungsfunktion nicht übernehmen können" (dies., S. 95). Somit ist der generelle Systemwechsel wiederum stark relativiert, bleiben doch gerade die Mängel bestehen, die in Bezug auf die starre Lehrplanorganisation hervorgebracht wurden, und die tatsächliche Gestaltungsfreiheit und Schulautonomie erscheinen fraglich. An anderer Stelle wiederum wird entgegnet, dass langfristig „eine Koexistenz von nationalen Bildungsstandards einerseits und detaillierten curricularen Vorgaben auf Länderebene andererseits als unwahrscheinlich" (dies., S. 53) gelte. Die Lehrpläne sollen daher zwar grundsätzlich bestehen bleiben, aber in Kerncurricula gewandelt werden (vgl. dies., S. 95).

Der Unterschied zeichnet sich für uns aber nicht in radikal bedeutsamer Weise ab, betrachten wir die Merkmale dieser Kerncurricula nach der Auffassung der Autoren:
- „sie bestimmen ein obligatorisches Fächergefüge,
- sie nennen zentrale Themen und Inhalte,
- sie bezeichnen erwartete Kompetenzen der Adressaten schulischer Arbeit und
- das alles ‚klar, eindeutig und verbindlich'" (dies., S. 97).

Erinnern wir zusätzlich an ein Zitat, dass wir eingangs erwähnt hatten: Lehrpläne bestimmten, *„was* (Stoff und Inhalte), *wann* (Klasse), *wie* (Methode) und *wo* (Schulart) zu lehren ist" (dies., S. 91, Hervorh. im Orig.). Im Vergleich dazu fällt bei den Kerncurricula in Kombination mit Standards und Kompetenzmodellen lediglich das *„wie"* heraus. Somit kann also eine gewisse methodische Freiheit erwartet werden, die für uns hier signifikant werden wird. Generell jedoch scheint es aus unserer Sicht fraglich, inwiefern die hohen Erwartungen, die an die Einführung national verbindlicher Bildungsstandards gestellt werden, auch erfüllt werden können, wenn die Output-Steuerung einerseits in der tatsächlichen Rückwirkung auf das reale pädagogische Handeln nicht eindeutig bestimmbar ist und andererseits das Steuerungsmodell, dem die schwachen Leistungen der Schülerinnen und Schüler zugeschrieben wurden, wenn auch in ergänzter und leicht modifizierter Form, weiterhin bestehen bleibt. Damit ist der verbleibende Ansatzpunkt klar: die Lehr-Lernmethoden müssen in den Blick genommen werden, um die neuartigen Chancen ergreifen zu können. Doch bevor wir angemessen über Potentiale, Risiken, Chancen und Möglichkeiten urteilen können, betrachten wir im folgenden Abschnitt die Charakteristika der Bildungsstandards und der Kompetenzmodelle genauer und loten aus, welche pädagogischen Überzeugungen ihnen zu Grunde liegen.

3.1.2 Bildungsstandards und Kompetenzmodelle

Die in der PISA-Studie untersuchten Basiskompetenzen werden vom PISA-Konsortium (2001) als diejenigen Kompetenzen beschrieben, „die in modernen Gesellschaften für eine befriedigende Lebensführung in persönlicher und wirtschaftlicher Hinsicht, sowie für eine aktive Teilhabe am gesellschaftlichen Leben notwendig sind" (S. 16). Diese Definition korrespondiert weitestgehend mit der Vorstellung des Bundesministeriums für Bildung und Forschung (2009 [2007]) zu den sogenannten Bildungszielen, denn jene „sind relativ allgemein gehaltene Aussagen darüber, welche Wissensinhalte, Fähigkeiten und Fertigkeiten, aber auch Einstellungen, Werthaltungen, Interessen und Motive die Schule vermitteln soll. [...] Sie müssen anschlussfähig sein für lebenslanges Weiterlernen, für Anforderungen in Alltag, Beruf und Gesellschaft" (S. 20). Diese allgemein gesetzten Bildungsziele bilden die Grundlage für die Erarbeitung von nationalen Bildungsstandards, welche „Anforderungen an das Lehren und Lernen in der Schule [formulieren]. Sie benennen Ziele für die pädagogische Arbeit, ausgedrückt als erwünschte Lernergebnisse der Schülerinnen und Schüler" (dies., S. 19). Damit werden Bildungsstandards in diesem Verständnis grundsätzlich von drei Eigenschaftskomplexen gekennzeichnet. Die Expertisekommission formuliert:

> „(a) Bildungsstandards orientieren sich an <u>Bildungszielen</u>, denen schulisches Lernen folgen soll, und setzen diese in konkrete Anforderungen um.
>
> (b) Bildungsstandards konkretisieren die Ziele in Form von <u>Kompetenzanforderungen</u>. Sie legen fest, über welche Kompetenzen ein Schüler, eine Schülerin verfügen muss, wenn wichtige Ziele der Schule als erreicht gelten sollen. Systematisch geordnet werden diese Anforderungen in Kompetenzmodellen, die Aspekte, Abstufungen und Entwicklungsverläufe von Kompetenzen darstellen.
>
> (c) Bildungsstandards als Ergebnisse von Lernprozessen werden konkretisiert in <u>Aufgabenstellungen</u> und schließlich <u>Verfahren</u>, mit denen das Kompetenzniveau, das Schülerinnen und Schüler tatsächlich erreicht haben, empirisch zuverlässig erfasst werden kann" (dies., S. 20f, Hervorh. im Orig.).

Bildungsstandards sollen somit in Zukunft auf gesamtdeutscher Ebene verbindliche Anforderungen formulieren, die, in Kompetenzstufen gegliedert, dem pädagogischen Schulhandeln seine Ausrichtung geben und über die im vorigen Abschnitt beschriebene Output-Steuerung wieder auf das System zurückwirken. Die Standards orientieren sich dabei an der Aufgliederung in verschiedene Schulfächer und definieren die Kompetenzen fachspezifisch. Diese Tatsache liegt in der Überzeugung begründet, dass verschiedene Fachdisziplinen vielfältige Weltsichten mit unterschiedlichen Codes etablierten und auf diese Weise einer wissenschaftlichen Denktradition am nächsten kämen (vgl. dies., S. 25). Die Verfasser halten es gleichsam für nicht sinnvoll, eigenständige Bildungsstandards für allgemeine *Schlüsselqualifikationen* wie „Lernfähigkeit, problemlösendes und kreatives Denken, Arbeitsorganisation und Kooperation" (dies., S. 26) zu formulieren. Dennoch liegt den Standards die Auffassung zu Grunde, dass sie „den Blick auf Unterricht von einer reinen fachsystematischen Perspektive hin zu einer stärker ‚schülerorientierten', d.h. an der kognitiven Entwicklung der Lernenden ausgerichteten Perspektive" (dies., S. 50) verändern sollen.

Diese Bezugnahme auf die *kognitive Entwicklung* spiegelt sich letztlich in den gestuften Kompetenzmodellen wider. Dazu definieren die Verfasser der Expertise den Kompetenzbegriff zunächst. Sie verstehen **„unter Kompetenzen die bei Individuen verfügbaren oder von ihnen erlernbaren kognitiven Fähigkeiten und Fertigkeiten, bestimmte Probleme zu lösen, sowie die damit verbundenen motivationalen, volitionalen und sozialen Bereitschaften und Fähigkeiten, die Problemlösungen in variablen Situationen erfolgreich und verantwortungsvoll nutzen zu können"** (dies., S. 72, Hervorh. im Orig.). In den gestuften Kompetenzmodellen werden sodann eben die Fähigkeiten und Fertigkeiten festgelegt, die eine Schülerin oder ein Schüler bis zu einem vorgeschriebenen Zeitpunkt erreicht haben soll[21]. Die erste Kompetenzstufe kennzeichnet dabei die niedere Leistung, die letzte Stufe die höchste Leistung (vgl. dies., S. 76). Die Kompetenzstufen sollen als Niveau- und nicht als explizite Entwicklungsstufen aufgefasst werden, wobei der Übergang jedoch fließend sei. Diese Kompetenzmodelle bleiben über mehrere Jahrgangsstufen erhalten und beziehen schließlich so die oben bezeichnete „kognitive Entwicklung" ein.

---

[21] Vereinbarungen zu Bildungsstandards und Kompetenzmodellen sind auf der Internetseite der Kultusministerkonferenz einsehbar. Online: http://www.kmk.org/dokumentation/veroeffentlichungen-beschluesse/bildung-schule/allgemeine-bildung.html#c7346 [zuletzt geprüft am 29.02.2012].

Deutlich wird dies am Beispiel des Kompetenzmodells für Mathematik, das fünf Stufen unterscheidet (vgl. dies., S. 76f):

- Stufe I: Rechnen auf Grundschulniveau
- Stufe II: Elementare Modellierungen
- Stufe III: Modellieren und begriffliches Verknüpfen auf dem Niveau der Sekundarstufe I
- Stufe IV: Umfangreiche Modellierungen auf der Basis anspruchsvoller Begriffe
- Stufe V: Komplexe Modellierung und innermathematisches Argumentieren

Den Autoren der Expertise ist es wichtig herauszustellen, dass in den Stufen immer eine Verbindung von „Wissen und Können" mitschwingt. Sie kritisieren, dass „Wissen [oft] [...] mit den Fakten, die in Lehrplänen niedergeschrieben sind [gleichgesetzt wird]. Selbst wenn es Schülerinnen und Schülern gelingt, dieses Wissen aufzunehmen, bleibt es doch oft ‚träge'. Das heißt, das Wissen kann außerhalb der Lernsituation nicht angewendet werden. Damit stellt es auch keine hinreichende Basis für kompetentes Handeln dar" (dies., S. 78). In dieser Passage sind aus unserer Perspektive gleich mehrere besonders bedeutsame Aussagen getroffen. Erstens sei Wissen also nicht gleichzusetzen mit auswendig gelernten Inhalten, die in einem externen Curriculum festgeschrieben werden. Zweitens wird angezweifelt, ob und wenn, inwiefern diese festgesetzten Inhalte überhaupt von den Schülerinnen und Schülern verinnerlicht werden könnten. Drittens wird konstatiert, dass eine solche Form von Wissen, wenn es denn überhaupt aufgenommen werden könne, nicht zum Handeln befähige und somit im Sinne des Ziels von Bildung als Befähigung zur selbstständigen, kompetenten und kritischen Beteiligung an und in Gesellschaft, nutzlos sei. Daher sei es wichtig, dass der Wissenserwerb in konkrete Handlungssituationen eingebettet sei und auf die vielfältigen Anwendungshorizonte Bezug nehme (vgl. dies., S. 79) [22].

---

[22] Darauf reagieren inzwischen auch einzelne Bundesländer und setzen andere Schwerpunkte in ihrer Bildungsplanung. In Sachsen-Anhalt beispielsweise wurde im Dezember 2008 ein Grundsatzband zur „Kompetenzentwicklung und Unterrichtsqualität" in einer „Erprobungsfassung" herausgegeben (vgl. LISA 2008). Neben den vorgenannten Aspekten, werden zum einen Anforderungen wie **„[s]elbstbewusstes und eigenverantwortliches Handeln entwickeln"** (S. 9, Hervorh. im Orig.), **„[l]ebensweltbezogene Anforderungen bewältigen"** (ebd., Hervorh. im Orig.)

Die Expertisekommission wendet sich mit diesen Feststellungen scheinbar eindeutig vom bisher dominierenden ausschließlich inhaltsgeleitetem Unterrichtsprinzip ab. Dies wirft jedoch Fragen nach den Implikationen für das konkrete pädagogische Handeln in der Schule auf, welche im nächsten Abschnitt betrachtet werden sollen.

3.1.3 Implikationen für pädagogisches Handeln

Damit Wissen im Sinne des vorigen Abschnitts nicht als unanwendbares, auswendig gelerntes Faktenwissen vorliegt, sondern zur Teilnahme an Gesellschaft und Verortung des Selbst in der Welt befähigt, muss an dieser Stelle das konkrete pädagogische Handeln betrachtet werden, das eben dies ermöglichen soll.

Prinzipiell formulieren die Verfasser der Expertise zunächst, dass sie „Wissen" nicht mit „Kenntnissen" gleichsetzen. Ihr Wissensbegriff sei breiter und ähnele der Vorstellung eines Methodenpools. Etwas zu wissen, hieße in dieser Perspektive also nicht nur etwas zu können, sondern mit dem Wissen von oder über etwas „arbeiten", es anwenden und auf andere Bezüge adaptieren zu können (vgl. dies., S. 78f). Ein solches Wissen könne nach der Auffassung der Autoren nur erlangt werden, wenn die „Lernenden [...] innerhalb des Gegenstandsbereiches (Lern-) Erfahrungen [machen], die für sie selbst relevant sind" (dies., S. 79). In dieser Annahme stecken zwei wichtige pädagogische Maßgaben, auf die wir im nächsten Unterkapitel sehr differenziert eingehen werden: Erstens sollen die Lernenden selbst *Erfahrungen* machen; zweitens sollen diese Erfahrungen für sie *relevant* sein. Aus dieser Stellung der persönlich bedeutsamen Lernerfahrung ergibt sich für die Expertisegruppe der Begriff des „Könnens". Können im Sinne von „domänen-spezifischen Schemata", wie es die Autoren bezeichnen, „sind in Anwendungssituationen erworbene Wissensstrukturen, die von den Lernenden (nicht von den Lehrenden!) aufgrund ihrer Lern-Erfahrungen solcherart verallgemeinert und systematisiert werden, dass sie künftig

---

oder „**Lernende an der Planung und Gestaltung des Unterrichts beteiligen**" (dies. S. 12, Hervorh. im Orig.) konkret benannt und auch – entgegen den Ausführungen der Expertisekommission – fünf fächerübergreifende Kompetenzen („Lernkompetenz", „Sprachkompetenz", „Sozialkompetenz", „Problemlösekompetenz" und „Medienkompetenz") formuliert, welche in den Mittelpunkt der Unterrichtsentwicklung gestellt werden (vgl. dies. S. 13ff). Da diese Pläne aber zum einen noch in Erprobung sind und zum anderen dem Bildungsföderalismus entsprechend (vorerst) nicht deutschlandweit gelten, werden sie hier nicht in der Mittelpunkt gestellt.

auch auf andere Situationen anwendbar sind" (ebd.). Damit wird der Charakter des Lernens um zwei weitere Bezugspunkte ergänzt: Die Erfahrungen sollen *selbst* in *Anwendungssituationen* gemacht werden und von den Lernenden *eigenständig geistig abstrahiert (verallgemeinert und systematisiert)* werden, sodass dieses Erfahrungswissen in anderen Kontexten bedeutsam und anwendbar sei.

Wir fassen an dieser Stelle die Punkte zusammen, die wir bisher aus der Expertise in Bezug auf das Wesen von Lernprozessen herausgearbeitet haben:
- Lerninhalte sollen durch Erfahrung erworben werden.
- Diese Erfahrung soll vom Lernenden in einem konkreten Anwendungskontext gemacht werden können.
- Erfahrung und Anwendungssituation sollen dabei für den Lernenden persönlich relevant sein.
- Sowohl Erfahrung wie auch deren Verinnerlichung als Wissen zur Ausprägung von Können sollen durch den Lernenden eigenständig geschehen.

Dieses Bild von schulischem Lernen differiert in höchstem Maße vom tendenziell monodirektionalen Frontalunterricht, wie er auch heute noch vielfach an Schulen praktiziert wird.

Neben dieser Charakterisierung der Art von Lernen, stellt die Expertisekommission auch die grundsätzlichen Inhalte dar. Dem Beherrschen von Kulturtechniken wie Lesen, Schreiben oder Rechnen komme dabei eine außerordentliche Rolle zu. Jedoch sollten diese Techniken keinesfalls nur um ihrer Selbstwillen erlernt werden, sondern grundsätzlich die oben erläuterte Art des Lernens durch Erfahrung ermöglichen und bestärken. Kulturtechniken würden somit zu einer Art Handwerkszeug, das nötig sei, um Erfahrungen machen und diese vor allem auch im Sinne einer *Aneignung* transformieren zu können (vgl. dies., S. 64).

Weiterhin ist sich die Expertisegruppe bewusst, dass insbesondere auch aktuelle gesellschaftliche Entwicklungen unbedingt Eingang in das schulische Handeln finden müssten. Dezidiert benennen sie hier den „technologischen Wandel" und „den rapiden Zuwachs an Technologien" ebenso wie die „Veralterung von Wissen" (vgl. dies., S. 60). In Bezug auf unser vorhergehendes Kapitel, will sich moderne Schulpädagogik also keinesfalls gesellschaftlichen Entwicklungen verschließen, sondern ist bestrebt dem technisch-medialen Wandel, wie auch dessen gesellschaftlichen Ausprägungen Rechnung zu tragen. Entsprechend wird in der Expertise ausgeführt, dass „als generelle Prämisse für die Teilhabe an gesellschaftlicher Kommunikation [...] die Dimension der einfachen Kulturtechniken nicht mehr aus[reicht]. Die Heranwachsenden müssen vielmehr fähig werden für den Gebrauch der Computer, für den Umgang mit Medien, für die Herausforderungen einer multikulturellen Welt" (dies., S. 67).

Dies sei aber nicht zuletzt deshalb schwierig, weil es eine Form der Offenheit verlange, die zukunftsorientiertes Lernen in den Blick nähme. Da Zukunft aber „diffus" sei und sich nur in Tendenzen und Vermutungen bestimmen ließe, sei es für die Lehrenden eine ganz besondere Herausforderung, da sie „eine Praxis konstruieren müssen, die auch schon hier und jetzt, in der Gegenwart der Lernenden sinnvoll sein muss und Motivation nicht durch den Verweis auf ferne Zukünfte aufbauen und bewahren kann" (dies., S. 60).

Die Frage, die sich aus diesen Betrachtungen zur Art und Ausrichtung des schulischen Ideallernens aus Sicht der Kommission ergibt, ist, wie diese in der realen Unterrichtspraxis umgesetzt werden können. Die Expertise stellt dazu keinerlei methodische Ansätze vor und verweist mehrfach auf die Schulautonomie. Bildungsstandards und Kompetenzmodelle würden nur Zielvorgaben liefern können, die konkrete Interpretation sowie gleichsam die Bestimmung von Art und Weise der Implementierung seien auf Schulebene oder eben durch die einzelne Lehrperson durchzuführen (vgl. dies., S. 49f). Positiv wird formuliert, dass der Lehrkraft somit mehr Freiheit, Flexibilität und Verantwortung zukäme (vgl. ebd.). Gleichzeitig gibt die Kommission aber zu bedenken, dass „zwischen utopischen Entwürfen und realen Möglichkeiten und Leistungen der Schule ein nicht übersehbares, ja ein schreiendes Missverhältnis existiert" (dies., S. 62). Es wird davon ausgegangen, dass Lehrkräfte am besten selbst einschätzen können, wann welches Vorgehen sinnvoll und möglich sei.

Aus unserer Sicht ist das Problematische an diesem Ansatz keineswegs die Vorstellung vom Ideallernen als Erfahrungslernen, der Anspruch aktuellen Entwicklungen Rechnung zu tragen, die Zukunftsorientierung und auch nicht das Vertrauen in die Erfahrung und das Urteilsvermögen der Lehrkräfte, sondern letztlich der Mangel an handlungsanregenden, methodischen Beispielen, die ein Gefühl davon hätten vermitteln können, wie das alles der Ansicht der Expertisekommission nach zu erreichen sei.

Drieschner (2009) kommt daher gar zu dem Schluss, dass „kompetenzorientierter Unterricht nach Bildungsstandards keine generell neuen methodisch-didaktischen Grundgedanken [beinhaltet]" (S. 63). Das Neue läge ausschließlich auf der Verschiebung des Blicks von reinen Inhalten auf die Kompetenzen der SchülerInnen (vgl. ebd.). Somit gelangt er letztlich sogar zu der Überzeugung, dass „Lehrkräfte daher ihre Praxis nicht völlig neu ausrichten [müssen]" (ders., S. 79).

Diese Interpretation ist unserer Meinung nach äußerst fragwürdig. Wie sollen die neuen, sehr lernerzentrierten und auf Erfahrung basierenden sowie letztlich auf Wissen und Können verweisenden Ziele erreicht werden können, wenn der alte Methodenkanon, vor allem das verbreitete monodirektionale Lehren, bestehen bleibt? Eine solche Sichtweise impliziert, dass Bildungsstandards und Kompetenzmodelle eine bloße Umdeklaration bisheriger Zielvorgaben sind und unterlaufen die – jedenfalls für die deutsche Bildungspolitik – fortschrittlichen Ansätze zur Veränderung der Sichtweise auf Lernprozesse als solche und damit auch das Bestreben zur Verbesserung der Lehr-Lernsituation an deutschen Schulen.

Wir halten es aufgrund dieser Ausführungen für unerlässlich uns in differenzierter Form mit den pädagogischen Grundideen, die zur Erreichung der Zielvorgaben nutzbar und sinnvoll scheinen, wenn hier auch nur schlaglichtartig und exemplarisch, auseinanderzusetzen. Die Grundlage zu dieser Betrachtung soll im folgenden Unterkapitel geschaffen werden.

3.2 Bildung, Erfahrung, Handeln – Pädagogische Konzepte und Grundlagen für aussichtsreiche Lern- und Bildungsprozesse

Um Ansätze zu finden, mit denen die Forderungen, die im vorangegangen Unterkapitel dargestellt wurden, eingelöst werden können, ist es zunächst notwendig, sich den zu Grunde liegenden Ansichten und Konzepten zu widmen. Nach der beständigen Wiederholung der Begriffe Lernen, Wissen und Bildung, bedarf es nun einer genaueren Bestimmung dieser. Daran anschließend werden wir uns dem, durch die Expertisekommission, betonten Wert der Erfahrung für Lernprozesse zuwenden, um, geleitet durch die Ansichten Deweys, eine theoretische Grundlage dieser Annahmen zu explizieren. Darauf aufbauend nähern wir uns dem konkreteren methodisch-didaktischen Vorgehen und betrachten dazu vor allem den Konstruktionismus Paperts. Schließlich möchten wir, unter Zuhilfenahme von Gudjons' Beschreibungen der Projektmethode, aus den vorgenannten Ansätzen für uns richtungsweisende, methodische Prämissen ableiten.

3.2.1 Lernen, Wissen, Bildung – Begriffe und Verständnisse

Nachdem wir bereits „Bildungsziele" und „Bildungsstandards" als grundlegende Konzepte der aktuellen deutschen Schulpolitik thematisiert haben, ist es zur weiterführenden Betrachtung zunächst sinnvoll, die so oft verwandten Begriffe Lernen, Wissen und eben Bildung genauer zu beschreiben. Dies ist aber nicht so einfach, da gerade der Bildungsbegriff durch eine tendenzielle Unschärfe gekennzeichnet ist. Wie Zorn in ihrer Dissertation (2010) anreißt, ließen sich erziehungswissenschaftliche Diskurse um Bildung in drei größere Theoriezusammenhänge teilen. Es gebe erstens eine materiale Bildungstheorie, die auf Inhalte fokussiere, zweitens eine formale Bildungstheorie, die den Erwerb von Kompetenzen im weiteren Sinne sowie das Selbst-Welt-Verhältnis betrachte, und drittens die strukturale Bildungstheorie, welche „nicht normativ, sondern strukturtheoretisch" argumentiere (vgl. S. 46 sowie Jörissen/Marotzki 2009, S. 11ff). Daher versuchen wir nachfolgend anhand dieser Theoriekomplexe Lernen, Wissen und Bildung zu verorten und zu beschreiben, wie wir sie verstanden wissen wollen. Dazu müssen wir zunächst kleinteiliger in der Differenzierung beginnen.

Das Konstrukt des lehrplanbasierten Unterrichts lässt sich unbestreitbar auf einer *materialen Ebene* verorten. In den Lehrplänen oder Rahmenrichtlinien der Länder ist detailliert aufgegliedert, welche Inhalte zu welcher Zeit (und oft anhand welcher Lehrbücher oder -materialien) zu unterrichten sind oder wenigstens sein sollen. Wie auch die Expertisekommission, die sich mit der Entwicklung nationaler Bildungsstandards beschäftige, feststellte, ist in dieser rein inhaltsorientierten Perspektive weder die Frage nach dem „Wie" (im lerntheoretischen Sinne) noch nach dem plausiblen „Weswegen" (im bildungstheoretischen Sinne) gestellt oder gar beantwortet. Wie in Abschnitt 3.1.2 beschrieben, sei Wissen keinesfalls mit den in Lehrplänen festgeschriebenen Fakten gleichzusetzen (vgl. Bundesministerium für Bildung und Forschung 2009a [2007], S. 78). Daraus ergibt sich aber die Frage, was *Wissen* sei.

Jörissen und Marotzki (2009) formulieren dazu sehr präzise, dass „[a]us Informationen [...] Wissen dann [wird], wenn sie von Menschen aufgenommen, in Zusammenhänge (Kontexte) eingeordnet, bewertet und auf zu lösende Probleme bezogen werden" (S. 29). Diese Prozesse des Aufnehmen, Einordnen, Bewertens und Beziehens möchten wir an dieser Stelle als *Lernprozesse* subsumieren. Dabei grenzen wir zu diesem Zeitpunkt bereits das Lernen in unserem Verständnis ganz klar vom „Auswendiglernen" ab. Dieses kapriziert sich letztlich nur auf die bloße Aufnahme von Informationen zum Zwecke der späteren Reproduktion und trägt somit nicht zum tatsächlichen Wissenserwerb bei. Damit haben wir aber zwei der zentralen Begriffe bereits umrissen: *Lernen* als Menge an Tätigkeiten, die einen verarbeitenden, kritischen, reflexiven, aktiven Umgang mit Informationen kennzeichnen und *Wissen* übergeordnet als Resultat von Lernprozessen und zugleich Basis für weiteres Lernen. Beide Beschreibungen nehmen keinen direkten Bezug auf konkrete Inhalte, dennoch sind Lernen und Wissen stets naturgemäß an Inhalte jedweder Art gekoppelt. Es verhält sich aber so, dass es in dieser *formalen* Bildungsperspektive nicht um einen verbindlichen festgeschriebenen und gleichsam kanonisierten Bestand an Inhalten geht (wie in der materialen Bildungstheorie) (vgl. dies., S. 11), sondern (im Einklang mit den Forderungen in Abschnitt 2.2.3) um die Befähigung zur aktiven Partizipation innerhalb und an einer Gesellschaft.

Diese „Befähigung", wie wir es an dieser Stelle nennen, umfasst vielerlei Aspekte, die gänzlich individueller Natur sind, denn eine Teilnahme an Gesellschaft setzt beispielsweise voraus, dass sich das Selbst in ihr verorten kann, sich zu ihr, zu Welt und zu anderen in Verhältnis setzen, reflexiv und kritisch urteilen und agieren kann[23]. In der Hinsicht aber, dass Gesellschaft und Welt sowie die Erfahrungsräume, die sich in ihnen bieten, keineswegs fixer oder unveränderlicher Natur sind, bedarf es verschiedener Kompetenzen und Haltungen, um diese Befähigung nicht nur punktuell, sondern dauerhaft erreichen zu können. Jörissen und Marotzki stellen in dieser Hinsicht fest, „dass ein modernes Bildungsverständnis nicht von bestimmten Bildungsinhalten ausgeht, sondern dass es vielmehr *strukturale Aspekte von Bildung* (Flexibilisierung, Dezentrierung etc.) beschreibt" (dies., S. 15, Hervorh. im Orig.). Sie erläutern dazu, dass die Erziehung von Kindern und Jugendlichen aus heutigem Standpunkt insbesondere dem Aufbau jener Flexibilität dienen müsse, „die heute und morgen benötigt wird, um die Komplexitätsschübe und gesellschaftlichen Transformationen im Zeitalter der Informationsgesellschaft verantwortlich gestalten zu können" (ebd.).

Jörissen und Marotzki unterscheiden in ihren Explikationen in Anlehnung an Bateson vier aufeinander aufbauende Zustände oder Ebenen, um insbesondere die Bedeutung der Flexibilisierung darzustellen (vgl. dies., S. 22ff). Auf der ersten, niederen Ebene „Lernen I" liege die kognitive Leistung lediglich in einer einfachen Kopplung von Reiz und Reaktion, dem Muster „Wenn dies geschieht, bedeutet es jenes" folgend. Auf der zweiten Ebene „Lernen II" gebe es demgegenüber eine Flexibilisierung insoweit, dass jenes einfache Muster durch eine entsprechende Rahmung durchbrochen bzw. ergänzt werde. Es käme auf dieser Ebene bereits auf den erweiterten

---

[23] Die Perspektive, der „Selbst", „Welt" und „andere" in unseren Ausführungen zu Grunde liegen, bezieht sich auf die Ausführungen, die Berger und Luckmann in ihrem Werk „Die gesellschaftliche Konstruktion der Wirklichkeit" (2006 [1966/1969]) präsentieren. Demnach bestehe, sehr stark verkürzt, ein wechselseitiges Verhältnis zwischen Gesellschaft und Welt, zwischen Selbst und anderen als Teilen von beiden.

Kontext an, in dem der Reiz ausgeübt werde. Die kognitive Leistung liege darin, den Reiz zu rahmen, um daraus eine Bedeutung abzuleiten. Die Internalisierung geschieht somit im Sinne einer Assimilation[24], also gewissermaßen der Unterordnung eines Phänomens in bestehende Weltsichten. Das in Lernen I und II erworbene Wissen lässt sich, wie Mittelstraß (2002) es formuliert, als *Verfügungswissen*[25] charakterisieren (vgl. S. 164 sowie Fromme 2006, S. 178).

Auf der dritten Ebene, die Jörissen und Marotzki als „Bildung I" bezeichnen, gebe es „eine *Flexibilisierung dieser Rahmungen selbst*" (Jörissen/Marotzki 2009, S. 23, Hervorh. im Orig.). Damit meinen sie, dass das Verfügungswissen eines Weltbereichs kritisch reflektiert werden könne und dadurch neue Arten des Weltbezugs ermöglicht würden, was insbesondere durch Unbestimmtheiten und Irritation begünstigt werde. Das so entstehende Wissen über Selbst- und Weltsichten nennt Mittelstraß *Orientierungswissen* (vgl. S. 164 sowie Fromme 2006, S. 178f). Die Vorgänge dieser Ebene können einerseits als Akkommodation, also Anpassung der eigenen Weltsicht auf ein Phänomen, verstanden werden, beinhalten aber andererseits eine flexiblere Komponente. So komme es nicht (nur) zur Transformation der einen eigenen Sicht auf Welt, sondern idealerweise zum Aufbau von mehreren (auch inkohärenten) Sichtweisen. Phänomene könnten entsprechend aus unterschiedlichen Perspektiven auf divergente Weisen betrachtet werden und es seien so „verschiedene Arten des Weltbezugs zugänglich" (Jörissen/Marotzki 2009, S. 24). Die vierte und höchste Ebene „Bildung II" enthielte neben der Erfahrung von differenten Weltsichten eine Flexibilisierung des Selbstbezugs. Jörissen und Marotzki konkretisieren: „Wir sehen nicht nur die Welt in dieser *oder* in jener Weise, sondern wir erkennen, dass *wir* selbst ‚die Welt' durch unsere Wahrnehmungsweisen *konstruieren*" (dies., S. 24f, Hervorh. im Orig.).

Unabhängig von dieser Unterscheidung in mehr oder minder abgeschlossenen Ebenen, wird nun aber der Zusammenhang zwischen Lernen, Wissen und Bildung im

---

[24] Die Begriffe „Assimilation" und „Akkommodation" legt der Konstruktivist Piaget seinen Thesen zu Grunde. Er differenziert damit zwei qualitativ verschiedene kognitive Leistungsebenen.
[25] Verfügungswissen meint „jenes Wissen, das innerhalb des Weltbereichs benötigt wird" (Fromme 2006, S. 178).

Verständnis dieser Betrachtungen deutlicher. Wir hatten bereits *Lernen* als Menge an Tätigkeiten und *Wissen*, genauer nun *Verfügungs-* und *Orientierungswissen*, als internalisierte „Ergebnisse" durch Lernprozesse bestimmt. *Bildung* ließe sich an dieser Stelle im weiteren Sinne als ein individueller, stets unabgeschlossener Prozess, fußend auf einem Repertoire an persönlichen Haltungen, Kompetenzen, Fähigkeiten, Einsichten und Erkenntnissen zur flexiblen, gegenwartsorientierten, aber zukunftszugewandten Teilnahme an sowie Gestaltung von Gesellschaft und Welt unter kontinuierlich reflexivem Abgleich, Modifikation und Pluralisierung von Selbst-Welt-Verhältnissen, charakterisieren. Durch Lernen werden also Informationen, Reize und Inhalte zu Wissen. Dieses Wissen ermöglicht erst, dass ich mich in und zu Welt in irgendeiner Weise verhalten kann. Wenn dieses Wissen nicht mehr als absolut, sondern flexibel und relativierbar verstanden wird (hervorgerufen etwa durch Unbestimmtheiten, Lücken, Irritationen), wodurch entsprechend auch das Verhältnis zu Selbst und Welt veränderlich wird, können Bildungsprozesse entstehen. Somit folgen wir Jörissen und Marotzki und wollen als eine der Leitideen festhalten, dass Bildung „vom Spiel mit Unbestimmtheiten [lebt]" (dies., S. 21).

Vor dem Hintergrund dieses Verständnisses von Lernen, Wissen und Bildung stellt sich nun die Frage, welchen Beitrag Schule leisten kann und soll. Wenn von „Bildungsstandards" die Rede ist, ist damit eigentlich das Erreichen einer Stufe innerhalb der festgelegten Kompetenzmodelle gemeint. Jene zielen vorrangig jedoch auf Strategien zum Umgang mit Inhalten und zählen in der hier verwendeten Definition somit eher zur Menge der Lerntätigkeiten (auf den Ebenen Lernen I und II) und dem dadurch zu erreichenden Wissen als zu Bildung. Dies lässt sich auch weiter plausibilisieren, da Bildungsprozesse, wie wir gesehen haben, immer auf das Selbst-Welt-Verhältnis fokussieren und entsprechend höchst individueller Natur sind. Schule muss also aus unserer Sicht dahingehend gedacht werden, als dass es nicht nur um die Generierung von Verfügungswissen gehen kann, sondern auch um das Aufzeigen von Lücken, die Eröffnung von Unbestimmtheitsräumen und die Provokation von Irritationen. Dabei ist nicht zuletzt auch bedeutsam, wie Schülerinnen und Schüler Wissen überhaupt erwerben können. Damit sind weniger die tatsächlichen kognitiven Transformationsprozesse gemeint, als die Art und das Arrangement der angebotenen Inhalte, Reize und Informationen, der dargebotenen Rahmen und Erfahrungsräume. Jörissen und Marotzki halten ähnlich fest, dass die Herstellung von Bestimmtheiten entsprechend Unbestimmtheiten eröffnen müsse, denn nur dann werde „eine tentative, experimentelle, umspielende, erprobende, innovative, Kategorien erfindende, kreative Erfahrungsverarbeitung möglich" (dies., S. 21) und somit höhere Lern- und Bildungsprozesse erst angeregt. Im nachfolgenden Abschnitt soll dazu ein grundsätzliches Verständnis geschaffen werden.

3.2.2 Interesse, Unbestimmtheitsräume und Erfahrung als Prinzipien für Lernen, Wissen und Bildung

In den vorangegangenen Abschnitten ist uns immer wieder der Begriff der Erfahrung begegnet. In Abschnitt 3.1.3 haben wir etwa herausgestellt, welche Charakteristika die Expertisekommission, die sich mit der Einführung nationaler Bildungsstandards auseinandergesetzt hat, (schulischem) Lernen zuweist und sind dabei stets auf das Konzept der Erfahrung als dessen Grundlage gestoßen. Wir haben vier Kernpunkte der Beschreibungen der Expertisegruppe zusammengefasst, die wir an dieser Stelle kurz ins Gedächtnis rufen möchten: Lernprozesse sollen Erfahrungsprozesse sein; die entsprechenden Erfahrungsräume sollen sich idealerweise aus konkreten Anwendungen ergeben; Anwendungssituationen und Erfahrungsräume sollen für den Lernenden persönlich relevant sein; das Lernen selbst (insbesondere im Sinne von Aufnehmen, Einordnen, Bewerten und Beziehen) sei ein individueller, begrenzt steuerbarer Prozess und könne nur durch den Lernenden selbst geschehen. Auch in Abschnitt 3.2.1 sind uns bei der Betrachtung von Bildung „Erfahrungsräume" und „Erfahrungsverarbeitung" begegnet. Es liegt also zu diesem Zeitpunkt der Schluss nahe, dass Erfahrung für Lern- und Bildungsprozesse von elementarer Bedeutung sei. Deshalb widmen wir diesen Abschnitt der Erörterung des Wertes von Erfahrung für Lernen, Wissen sowie Bildung und werden uns dabei insbesondere auf die Ideen Deweys beziehen, der so stark wie kaum ein anderer davon ausging, dass Lernen immer auf Erfahrung gründen müsse.

Was Dewey schon vor beinahe einem Jahrhundert schrieb, ist auch für die heutige Schulsituation allzu oft kennzeichnend. So heißt es in seinem Werk „Democracy and Education" (1997 [1916]): „In schools, those under instruction are too customarily looked up as acquiring knowledge as theoretical spectators" (S. 140). Schülerinnen und Schüler würden für gewöhnlich also lediglich als Zuschauer gesehen. Diese Formulierung spricht auf monodirektionalen Frontalunterricht an, welcher, wie schon in Unterkapitel 3.1 angemerkt, auch heute noch an deutschen Schulen gang und gäbe ist. Dabei sind sich Wissenschaft und Politik, fasst man die bisherigen Ausführungen zusammen, längst einig, dass Wissenserwerb oder gar Bildungsprozesse so nicht initiiert werden könnten. Schon allein die Vorgabe eines so konkreten Ziels, sei dem Lernen und vor allem auch Bildung hinderlich. In der Schule wurde und werde bis heute vor allem für Leistungsüberprüfungen (in Form von Testaten, Klassenarbeiten, Klausuren, Prüfungen jedweder Art) und den daraus resultierenden Leistungsbescheinigungen (Zeugnissen) gelernt. Dabei liefere gerade ein solch extrinsischer Reiz kein überzeugendes Motiv zur wirklich tiefen und ausdauernden Auseinandersetzung mit einer Information, einem Inhalt und/oder einem Gegenstand. Die Prozesse zur Erlangung des Ziels würden mechanisch[26] und liefen unreflektiert ab.

Dewey formuliert:

> „Ausschließliches Interesse an dem Resultat macht Arbeit knechtisch. Darunter verstehen wir eine Tätigkeit, bei der das Interesse an dem Ergebnis nicht die Mittel durchdringt, die dazu führen sollen, das Ergebnis zu erreichen. Dort wo wir Fronarbeit begegnen, verliert der Prozeß für den Ausführenden jeden Wert. Es handelt sich für ihn einzig und allein um den Lohn, der ihn erwartet. Die Arbeit selbst, die Betätigung seiner Kräfte ist ihm verhaßt und nur ein notwendiges Übel, dessen er sich bedienen muß" (1994b [1951], S. 96).

Berücksichtigen wir das Bildungsverständnis, das wir im vorigen Abschnitt dargelegt haben, wird jedoch deutlich, dass aber doch gerade diese Prozesse den eigentlichen Wert für Lernen, (Orientierungs-) Wissen und Bildung beinhalten. In ihnen ist die

---

[26] Mit der Eigenschaft „mechanisch" meint Dewey Tätigkeiten, die nur um ihrer Selbst willen, als Übung ausgeführt würden. Mechanische Tätigkeiten seien antrainierte Vorgehensweisen, die zum einen unreflektiert abliefen und zum anderen keinem Erkenntniszweck dienten (vgl. Dewey 1994c, S. 143).

reflexive Auseinandersetzung von Selbst und Welt möglich, das bloße Resultat – gerade auch wenn es einem fremdbestimmten Ziel gleicht – kann eine solche Position nur schwerlich bieten (und insbesondere dann, wenn die Vorgabe erreicht wird, da hier die Weltsicht nur bestätigt würde). Somit ist deutlich, wir formulieren es an dieser Stelle recht lax und greifen auf eine im deutschen Sprachraum verbreitete Losung zurück, dass der Weg das Ziel ist.

Wenn es nun also nicht vordergründig darum gehen kann einen vordefinierten Kanon an Inhalten zum Zwecke einer späteren Bestandsüberprüfung aufzunehmen, wie es sowohl von der Expertisekommission dargelegt und vor dem Hintergrund einer eben nicht-materialen Bildungstheorie plausibel wird, sondern um die intensive Auseinandersetzung mit Phänomenen, so wird eine besondere Frage aufgeworfen: Unter welcher Voraussetzung kann eine solche Beschäftigung stattfinden?

Schreier (1994b) interpretiert Deweys Ausführungen so, dass „Interesse als Teilhabe an der Wirklichkeit, als Zustand der Verflochtenheit von Ich und Welt [...] mit dem Willen [korrespondiert], der weder in Starrsinn noch in die Phantasie abgleitet, sondern die Disposition zum zielgerichteten, ausdauernden Handeln bezeichnet" (S. 112). In dieser Passage sind für unsere Betrachtungen mehrere relevante Themen angesprochen. Erstens – und dies ist die vielleicht wichtigste Aussage – sei persönliches Interesse stets der Ausgangspunkt zu einer individuellen, tiefen und reflexiven Auseinandersetzung mit einem Phänomen. Interesse an etwas impliziere immer einen volitionalen Aspekt, die ganz persönliche Bereitschaft und die Lust sich mit etwas ganz genau, intensiv und auch über einen längeren Zeitraum zu beschäftigen. Zweitens sei Interesse genuin schon durch (irgend-) eine Haltung zu Selbst und Welt gekennzeichnet und kann somit im Kontext der vorhergehenden Überlegungen als Ausgangspunkt für Bildungsprozesse gesehen werden[27]. Wir halten entsprechend

---

[27] Lohnenswert ist auch in ein Blick auf die Arbeiten von Krapp in diesem Zusammenhang. In „Die Bedeutung der Lernmotivation für die Optimierung des schulischen Bildungssystems" (2003) stellt er Interesse als Motivator für Lernprozesse heraus und betont, dass es bei der interessengeleiteten Beschäftigung mit einem Phänomen unter Einräumung von Räumen zur autonomen Handlungsregulation „zu insgesamt günstigeren Lernergebnissen" (S. 98) komme. Der Aufsatz

bereits zu diesem Zeitpunkt fest, dass ein *Interesse* am zu untersuchenden Gegenstand oder Phänomen die *Basis für eine intrinsisch motivierte, ausdauernde und welt-, wie auch selbstreflexive Auseinandersetzung* darstellt.

Wir wollen hier davon absehen detailliert darzustellen, wie Interesse an etwas entsteht oder entstehen kann[28]. Allerdings möchten wir wiederum mit Dewey argumentieren, dass gerade das Unbekannte oder Unbestimmte das Interesse wecke. Zunächst ist es wichtig darzustellen, dass die Unbestimmtheiten immer auf bereits bekannte Gegebenheiten referieren müssten, um interessant zu sein. Könne ein Phänomen nicht gerahmt werden, auf nichts in der eigenen Weltsicht bezogen, mit nichts verglichen oder ihm nichts entgegengesetzt werden, könne in ihm kein Sinn oder Zweck vermutet werden, so sei es nicht interessant, weil ihm keine Bedeutung beigemessen werden könne (vgl. Dewey 1994b [1951], S. 99f). Umgekehrt liefere das Bekannte, wenn es denn keinen unsicheren oder neuen Aspekt beinhalte, keinen Anlass zur Auseinandersetzung (vgl. ebd.). Somit fasst Dewey zusammen, dass „[d]as Entfernte [...] den Stimulus, das Motiv [liefert] – das Nahe den Zugang und die verfügbaren Hilfsmittel" (ders., S. 100).

Um nun aber genauer zu bestimmen, was dies für das pädagogische Handeln heißt, müssen wir aus dieser Perspektive kurzzeitig ein Stück heraustreten und uns die Frage stellen, was denn das „Nahe" natürlicherweise sei, durch das eben Unbestimmtheitsräume eröffnet würden.

Nah ist etwas grundsätzlich Bekanntes, etwas, das in der eigenen Lebenswelt relevant war oder ist. So konstatiert Dewey, dass hier die individuellen Aspekte des Lerners zu berücksichtigen seien; die Ziele (schulischer) Bildung und Erziehung müssten „in den wesentlichen Betätigungen und Bedürfnissen [...] des zu erziehenden Menschen begründet sein" (1994a [1930], S. 136). Pädagogische Überlegungen sollten demzufolge immer von der konkreten Lebenswelt der Schülerin oder des Schülers, von den gesellschaftlichen Verhältnissen ausgehen, dem „Nahen", und in ihm Lü-

---

ist online verfügbar unter: http://www.unibw.de/sowi1_1/personen/krapp/ interesse/pdf/ 03bkrapp/view [zuletzt geprüft am 29.02.2012].

[28] Einen Ansatz dazu liefert etwa Daniels (2004) in ihrer Dissertation „Entwicklung schulischer Interessen im Jugendalter" (Online: http://www.e-cademic.de/data/ebooks/extracts/ 9783830920229.pdf [zuletzt geprüft am 29.02.2012]).

cken[29], Leerstellen, Unbestimmtheiten, Neuigkeiten, Andersartigkeiten, das „Ferne" sichtbar machen oder besser noch andeuten (vgl. Schreier 1994c, S. 73).

Unbestimmtheit kennzeichnet aber auch einen zweiten Aspekt: das Ergebnis. Dewey (1994c) führt aus, dass Tätigkeiten, mit denen kein Ziel verfolgt werde, keine Lerntätigkeiten seien (vgl. S. 148). Deshalb seien Lernprozesse stets zielorientiert, insofern ein Ausgang, eine Erkenntnis erwartet werde. „Wir wünschen diesen oder jenen Ausgang. Jemand, dem der Ausgang völlig gleichgültig ist, folgt den Ereignissen überhaupt nicht, denkt auch nicht über sie nach" (ders., S. 149). Sei entsprechend der Ausgang einer Aktion sicher und kann nicht angezweifelt werden, so seien auch die Tätigkeiten, die zu diesem Ergebnis führen „mechanisch" und damit für Lernprozesse wertlos. So basiere das Interesse an einem Phänomen zusammengefasst auf dem Wechselverhältnis zwischen Bestimmtheit und Unbestimmtheit des Gegenstandsbereichs selbst, sowie dem unsicheren, aber sehr wohl erhofften Ausgang einer Tätigkeit oder einer Vielzahl von Tätigkeiten, die ausgeübt werden, um die Leerstelle oder Kontroverse des Gegenstandsbereichs zu ergründen.

Wir haben in den vorhergehenden Absätzen bereits mehrere Punkte erarbeitet, welche an dieser Stelle nun zusammenfassend dargestellt werden sollen:
- Bildungspotentiale lägen eher in den konkreten Lernprozessen als in irgendeinem Ergebnis.
- Interesse sei die Basis für eine intrinsisch motivierte Auseinandersetzung und somit für Bildung.
- Bildungs- und Lernprozesse ergäben sich aus dem Wechselspiel von Bestimmtheits- und Unbestimmtheitsräumen.
- Ausgangspunkte für Bildungs- und Lernprozesse müssten in der Alltagswelt des Lernenden liegen (dem „Nahen") und Unbestimmtheitsräume eröffnen (das „Ferne").
- Der Ausgang von Tätigkeiten, die ausgeführt werden, um das Neue zu ergründen, müsse unsicher sein.

---

[29] Renate Girmes hat sich aus didaktischer Perspektive intensiv damit auseinandergesetzt, dass es in Lernszenarien grundsätzlich um das Aufzeigen von Lücken gehen solle. Für einen ausführlicheren Einblick sei deshalb auf ihr Werk „(Sich) Aufgaben stellen. Professionalisierung von Bildung und Unterricht" (2004 erschienen bei Kallmeyer, Seelze: Velber) verwiesen.

Wie wir sehen, korrelieren diese Punkte weitestgehend mit denen der Expertisekommission zur Einführung nationaler Bildungsstandards, die wir zu Beginn dieses Abschnitts wiederholt haben.

Der Punkt nun, an dem die Erfahrung aber übergeordnete Bedeutung bekommt, ist der Prozess der (Lern-) Tätigkeiten selbst. Dewey (1994c) stellt heraus, dass „Erziehung [...] in erster Linie eine Sache des Handelns und des Erleidens, nicht des Erkennens" (S. 141) sei. Dabei seien Handeln, als aktive Komponente (ich wirke auf *etwas* ein), und Erleiden, als passive Komponente (dieses *etwas* wirkt auf mich zurück), die beiden Bestandteile einer Erfahrung. „Die aktive Seite der Erfahrung ist Ausprobieren, Versuch – man *macht* Erfahrungen", erklärt Dewey, „[d]ie passive Seite ist ein Erleiden, ein Hinnehmen" (ders., S. 140, Hervorh. im Orig.; vgl. auch Dewey 1997 [1916], S. 139). Dabei bedingen sich nach Dewey beide Seiten und je enger sie gekoppelt seien, desto wertvoller sei die Erfahrung (vgl. ebd.). Auch das Nahe und das Ferne spiegelten sich in der Erfahrung selbst wider. Wie Mitgutsch (2008) festhält, sei zum einen „[j]ede Erfahrung [...] im Kontext eines bereits aus früheren Erfahrungen Gelernten eingebettet" (S. 266) und damit gewissermaßen „nah". Zum anderen bedeute Lernen durch Erfahrung aber auch „darauf angewiesen [zu sein, dass das bereits Gelernte, die Verf.], durch neue Erfahrung widerlegt [wird], um neue Perspektiven, Ideen, Phantasien, Wissensbestände und Meinungen zu erfahren" (ebd.). Wissenserwerb bedeute nun „das, was wir den Dingen tun, und das, was wir von ihnen erleiden, nach rückwärts und vorwärts miteinander in Verbindung zu bringen" (Dewey 1994c, S. 141). Das Erfahrungslernen wäre also, greifen wir das Ebenenmodell von Jörissen und Marotzki auf, nicht etwa auf der einfachsten Lernebene der bloßen Reiz-Reaktion-Kopplung zu verorten, sondern beinhalte stets auch eine Rahmung, einen Rückbezug auf Selbst und auf Welt und eine Erweiterung der Sichten auf diese. Das „rückwärts und vorwärts" Denken sei für das Lernen (und in unserem Verständnis auch Bildung) durch Erfahrung elementar. Somit sind Lernprozesse im Sinne Deweys bisher durch vier Parameter gekennzeichnet: erstens das Tun, zweitens das Erleiden, drittens die kognitive Rahmung und viertens den Rückbezug auf Selbst und Welt.

Hinzu kommt noch ein weiterer wichtiger Aspekt: die Ganzheitlichkeit. „Wir nehmen keinen ‚Wagen' wahr, wenn wir alle seine Teile summieren; sein Wesen liegt in der charakteristischen Verbindung aller seiner Teile" (ders., S. 144; vgl. auch Dewey 1997 [1916], S. 143), führt Dewey als Exempel an. Das Lernen in von anderen vordefinierten Häppchen sei deswegen dem Erwerb von Wissen gegenläufig. Nur durch Beschäftigung mit einem Ganzen könne erfahren werden, wie die Dinge beschaffen seien, wie sie zusammenhingen und nur daraus ließen sich Bedeutungen ableiten und Wissen generieren. Die Erfahrung, als Handeln und Erleiden, ermögliche dies (vgl. ders., S. 144f).

Durch diese Konstellation tritt ein weiterer Punkt hervor, den wir oben bereits erwähnt haben: Lernen sei nicht mit bloßem Erkennen gleichzusetzen. Dewey betont sehr stark, die körperliche Komponente des (Erfahrungs-) Lernens. Es sei eine „unnatürliche Lage, die sich aus der Auseinanderreißung der körperlichen Betätigung und der Vorgänge des Aufnehmens von Bedeutungen" (ders., S. 142) ergebe. Im Erfahrungslernen, dem gewissermaßen natürlichen Lernen[30], käme es stets darauf an, Dinge ganzheitlich zu erfahren. „[T]hinking is often regarded both in philosophic theory and in educational practice as something cut off from experience, and capable of being cultivated in isolation" (Dewey 1997 [1916], S. 153) bemängelt Dewey. Denken, Lernen und Erfahrung seien keineswegs vom Körper und dem Handeln zu trennen, sondern integrale Bestandteile, die gebraucht würden, um die Beziehungen zwischen Phänomenen, zwischen dem Selbst und Welt erkennen zu können.

3.2.3 Das handelnde Lernen aus konstruktionistischer Sicht

Alle im vorigen Abschnitt beschriebenen Charakteristika von Lern- und Bildungsprozessen, wie Interesse, Eröffnung von Unbestimmtheitsräumen unter Bezug auf Bestimmtheiten, Ausgang von der konkreten Lebenswelt des Lernenden und den gesellschaftlichen Verhältnissen, Berücksichtigung von Handeln und Erleiden, Ganz-

---

[30] Mit „natürlichem" Lernen ist die Art des Lernens gemeint, die gerade in informellen Kontexten zu Tage tritt. Es sei gekennzeichnet von Interesse und Aufmerksamkeit, innerem Antrieb und der Lust am Entdecken. Es folge nicht der Schullogik der Darbietung von separierten Kleinstinformationen, sondern mache das Ganze eines Phänomens erfahrbar, fühlbar und begreifbar.

heitlichkeit und Körperlichkeit leiten uns nahtlos zu der kontruktionistischen Perspektive Paperts. Auch wenn Papert selbst Deweys Ansichten als „kühne Perspektive" bezeichnet (vgl. Papert 1994, S. 40), so lassen sich für uns doch starke Parallelen erkennen. Wir möchten daher in diesem Abschnitt auf das Prinzip des *Konstruktionismus* eingehen und es auf unsere bisherigen Ausführungen beziehen.

Papert, ein ehemaliger Student und langjähriger Mitarbeiter Piagets, gilt als Begründer des *Konstruktionismus*. Um dessen Grundzüge darzustellen, bedienen wir uns den Worten Paperts, denn wer, wenn nicht er selbst, könnte besser zum Ausdruck bringen, was gemeint sei:

> „Viele Pädagogen und alle kognitiven Psychologen werden bei meinem Wort [Konstruktionismus, die Verf.] an den Begriff *Konstruktivismus* denken, dessen gegenwärtige Verwendung in der Pädagogik hauptsächlich auf Piagets Grundsatz zurückgeht, daß Wissen nicht einfach »übertragen« oder »fix und fertig vermittelt« werden kann. Selbst wenn man in einem Gespräch erfolgreich Informationen zu übertragen scheint, könnte man, wenn die im Gehirn ablaufenden Prozesse sichtbar wären, feststellen, daß der Gesprächspartner eine eigene Version der Informationen, die man zu »vermitteln« glaubt, »rekonstruiert«. In *Konstruktionismus* schwingt auch »Konstruktionssatz« mit, angefangen von Konstruktionssätzen im wörtlichen Sinne, wie zum Beispiel Legobaukästen, bis hin zu Programmiersprachen, die man als »Konstruktionssätze« zur Erstellung von Programmen ansehen kann" (Papert 1994, S. 157, Hervorh. im Orig.).

Somit ist deutlich, dass der Konstruktionismus aus dem Konstruktivismus hervorging, sich aber von ihm gleichermaßen distanziert. So wie Piaget geht auch Papert davon aus, dass Lernen und Wissenserwerb grundsätzlich individueller Natur seien, dass die „Übertragung" von Inhalten nicht möglich sei. Beim Konstruktionismus wird aber, ähnlich wie bei Dewey, das Handeln betont. Ackermann (1991) beschreibt es so: „In contrast to Piaget, Papert draws our attention to the fact that ‚diving into' situations rather than looking at them from a distance, that connectedness rather than separation, are powerful means of gaining understanding. *Becoming one with the phenomenon under study* is, in his view, a key to learning" (S. 272, Hervorh. im Orig.). Und eben dieses „Eins werden" geschehe nach Papert idealerweise im Konstruktionsprozess. Hier könnten die Beziehungen der Bestandteile eines Ganzen erfasst und beleuchtet werden und so letztlich erst ein Verstehensprozess in Gang gesetzt werden. Er expliziert: „Eine meiner zentralen mathetischen[31, die Verf.] Grundaussagen ist, daß die Konstruktion »im Kopf« häufig dann besonders gut gelingt, wenn sie in einer sichtbaren Konstruktion »in der Welt« Unterstützung findet - einer Sandburg oder einem Kuchen, einem Legohaus oder einer Firma, einem Computerprogramm oder einem Gedicht oder einer Theorie des Universums" (Papert 1994, S. 157f).

Ziehen wir Deweys Beispiel des „Wagens" (siehe Abschnitt 3.2.2) wiederum heran. Er sagt, ein Ganzes erhielte seine Bedeutung nicht durch die bloße Summe seiner Einzelteile, sondern durch deren charakteristische Verbindungen. Diese grundsätzliche Überlegung begegnet uns auch bei Papert. Deweys Beispiel ließe sich entsprechend in eine konstruktionistische Sicht ummünzen: Ein Konstrukteur will einen Wagen bauen, er weiß, was ein Wagen im weiteren Sinne sei und welchen Zweck er erfüllen soll, somit gibt es eine mehr oder minder klare Zielvorstellung (welche aber sehr wohl im Prozess modifiziert oder gar verworfen werden darf). Nun gilt es zum einen die richtigen Einzelteile zu finden und sie zum anderen so zu verbinden, dass sie einen Wagen ergeben. Es sind also wiederum die charakteristischen Verbindungen der Einzelteile, die erst das Ganze formen. Um das „Wie" der charakteristischen Verbindungen nun herauszufinden, greifen wir auf Deweys aktive Seite der Erfahrung („Handeln") und deren passive Seite („Erleiden") zurück. Bleiben wir bei unserem Beispiel, bedeutet dies nun, dass der Konstrukteur ein Teil wählt und es mit einem anderen auf eine bestimmte Weise verbindet („Handeln"). Zu diesem Zeitpunkt ist noch unklar, ob diese Verbindung charakteristisch für einen Wagen sei. Dies wird durch das „Erleiden" deutlich. Entweder die beiden Teile arbeiten nun in erhoffter Weise zusammen oder nicht. Falls die charakteristische Verbindung gefunden wurde, so wird der Konstrukteur diese Art der Verbindung für ähnliche Teile auch in Zukunft als Ausgangspunkt wählen. Wurde aber der erwünschte Effekt nicht erzielt, so wird der Konstrukteur eine andere Art der Verbindung versuchen und sich merken, dass die soeben ausprobierte Verbindung für diese beiden Teile nicht taugt.

---

[31] Mathetik ist ein Begriff für die Kunst oder Wissenschaft des Lernens. Papert geht darauf in seinem Kapitel „Ein Wort für Lernen" des hier zitierten Werkes detaillierter ein.

Bei Papert (1994) heißt es dazu: „Der Konstruktionismus geht davon aus, daß es für Kinder am besten ist, das für sie wichtige Wissen selbst zu finden [...]; organisierter oder informeller Unterricht kann für die meisten eine Hilfe sein, indem er sicherstellt, daß sie moralische, psychologische, materielle und intellektuelle Unterstützung bei ihren Bemühungen erhalten" (S. 155). Es geht also nicht darum dem Konstrukteur, wir bleiben der Verständlichkeit wegen in der Sprache unseres Beispiels, einen Bauplan oder ein Handbuch zu geben, sondern darum ihn in seinen Tätigkeiten zu bestärken, ihm bei der Beschaffung der Einzelteile zu helfen und Ratschläge zu geben. Papert (1991) sieht also seinen Konstruktionismus in gegenteiliger Position zum Instruktionismus (vgl. S. 7). Hätte jemand dem Konstrukteur in unserem Beispiel jeden Schritt genau vorgegeben (im Sinne von Instruktionismus), so wäre der Wagen vielleicht schneller fertig gewesen, aber das Charakteristische der Verbindungen der Einzelteile, das „Weshalb" sie auf die eine oder andere Weise verbunden seien, wäre im Unklaren geblieben. Zugleich werde Konstrukteur der Möglichkeit eventuell zu anderen und/oder besseren Lösungen zu kommen beraubt und Fortschritt, im gesamtgesellschaftlichen Sinn, gehindert. Spätestens wenn es um die Entwicklung von etwas gänzlich Neuartigem ginge, würde das detaillierte Anleiten ohnehin nicht mehr funktionieren. So kann sehr wohl bereits eine Vorstellung von etwas und auch von seinem bestimmten Zweck bestehen, aber der Weg, die Einzelteile und deren Verbindungen mögen unklar sein und erst „entdeckt" werden.

Ackermann (1993) beschreibt treffend: „interactivity is important, not because it allows the direct manipulation of real objects, but because it fosters the construction of models or artifacts, in which an intriguing idea (thought and feeling) can be run or played out ‚for good' in a make-believe world" (S. 6). Damit haben wir einen weiteren Punkt konstruktionistischen Lernens herausgestellt: das Ausprobieren, das unbefangene Spiel „Als-ob". Ackermann führt weiter aus, dass gerade dieses Spiel mit dem Unbestimmten Techniken beinhalte, die Kinder genuin nutzten, um etwas zu erkunden, zu erfahren und eine Balance zwischen dem Bekannten und dem Unbekannten herzustellen (vgl. Ackermann 2004, S. 11). Deshalb sei das Ausprobieren, das Lernen durch Erfahrung besonders nah am „natürlichen" Lernen (wir haben darauf im vorigen Abschnitt bereits Bezug genommen) und damit ungleich wirksamer als es traditionelles schulisches Lernen sein könne (vgl. dazu auch Papert 1994, S. 49 und S. 77).

Der Konstruktionsprozess oder genauer der Wissenserwerb innerhalb eines Konstruktionsprozesses verläuft dabei „phasenweise". Wir haben bereits das „Handeln" und das „Erleiden" innerhalb des Prozesses genauer verortet. Die Verstehensleistung, der Bezug auf die Objekte, deren Verbindungen, Welt und Selbst erfolgt aber außerhalb dieser beiden Bestandteile der Erfahrung, wie wir auch bereits im Abschnitt 3.2.2 festgestellt haben. Deshalb unterscheidet Ackermann (1993) hier in zwei grundlegende Schritte, die für den Wissenserwerb durch Konstruktionshandlungen kennzeichnend seien: „Diving-In" und „Stepping-Out" (vgl. z. B. S. 6). Der Phase des Eintauchens ordnen wir das „Handeln" und das „Erleiden" zu. Hier fänden hoch immersive Vorgänge statt und der Lerner würde ganz in seiner Beschäftigung mit etwas versinken. Um nun aber die „erlittenen" Wirkungen, von denen er Kenntnis erlangt hat, in *Wissen* wandeln zu können, bedürfe es nach Ackermann eben diesem zweiten Schritt: „people need to reemerge by extracting themselves from deep waters. They need to step back and look at things from afar" (dies., S. 12f). Auf das Eintauchen folge also die Phase des „Stepping-Out", des Heraustretens aus der konkreten Situation. Hier werden – und das ist für Bildungsprozesse essentiell – die „erlittenen" Wirkungen reflektiert und in Bezug gesetzt. So kann nicht nur Verfügungswissen erlangt, sondern auch die Selbst- und Weltbezüge transzendiert werden.

Durch diese Art des Vorgehens und des Lernens, so Papert, könne der Lernende einen „Methodenpool" aufbauen. Er vergleicht es mit einer Art Werkzeugkiste, in der sich nach und nach Werkzeuge zur Lösung der verschiedensten Probleme sammeln würden. Nicht jedes Werkzeug sei für jede Situation zu gebrauchen, aber man wäre eben so „ausgerüstet", dass vielfältige bekannte und unbekannte Problemstellungen bearbeitet werden können (vgl. Papert 1994, S. 158ff). An dieser Stelle ist unbedingt anzumerken, dass diese Vorstellung nicht viel mit dem von Jörissen und Marotzki (2009) bemängelten Zustand der Anhäufung von Inhalten als „Marschgepäck" (vgl.

S. 9) gemein hat. Deswegen verwendet Papert (1994) auch den Begriff „bricolage"[32] und bezeichnet den Lerner als „bricoleur" (vgl. S. 158ff). Ihm geht es um die Aneignung von methodischem Wissen (im Gegensatz zu reinem inhaltlichen Wissen), welches durchaus durch jene Abstrahierung, Transzendierung und Flexibilität gekennzeichnet ist, die für Bildungsprozesse notwendig seien. Es ist vielmehr eine Art zu Denken, ein Modus des Umgangs mit Informationen, mit Bestimmtheiten und Unbestimmtheiten, als eine Anhäufung von Fakten[33]. Somit korreliert Paperts Vorstellung in gewisser Weise mit der Forderung von Jörissen und Marotzki (2009), dass eine Flexibilität aufgebaut werden solle, „die heute und morgen benötigt wird, um die Komplexitätsschübe und gesellschaftlichen Transformationen im Zeitalter der Informationsgesellschaft verantwortlich gestalten zu können" (S. 15).

Ein weiterer besonderer Wert käme der Konstruktion, dem fertigen „Wagen" aus unserem Beispiel, zu. So sei dieses zum einen kurz gefasst „Mittel zum Zweck", wie etwa Zorn (2010) formuliert: „Parallel zum erstellten Artefakt würden so auch die vorhandenen Wissensstrukturen ausgebaut" (S. 71). Zum anderen, und dies ist Papert (1994) besonders wichtig, solle das entstandene Konstrukt für jedermann von außen sichtbar sein, es müsse „gezeigt, diskutiert, geprüft, erprobt und bewundert werden [können]" (S. 158). Dies bestärke den Lernenden in seinem Können, steigere

---

[32] Papert benutzt den Begriff „bricolage", welcher auf Lévi-Strauss (1966: „La pensée sauvage") zurückgehe. Papert (1994) formuliert: „Hier verwende ich das Konzept des *bricolage*, um Vorstellungen und Modelle zu entwickeln, mit denen die Fertigkeiten mentale Konstruktionen zu bauen – und zu reparieren und auszubessern – verbessert werden können" (S. 159, Hervorh. im Orig.). Weiterhin führt er aus: „Die wichtigsten Grundsätze von *bricolage* als einer Methodik für geistige Aktivität sind: Nehmen, was man hat, improvisieren, sich behelfen" (ebd., Hervorh. im Orig.). In unserem Falle hieße das also, auf eben jenes Wissen zurückzugreifen, das man bisher hat, und damit so frei umzugehen, dass daraus neue Erkenntnisse und/oder Sinnhorizonte erschlossen werden können. Diese zählen dann wiederum zum Wissensbestand (Verfügungswissen), sodass dieser beständig wachse (aber auch korrigiert, revidiert und transformiert werde) und so immer wieder neue Sichten auf Welt und Selbst (Orientierungswissen), sowie eine grundsätzliche Handlungsfähigkeit in Welt ermögliche.

[33] Auch Gee (2008) beschreibt Ähnliches, jedoch nicht explizit aus konstruktionistischer Perspektive. Er weist dem Erfahrungslernen einen herausragenden Stellenwert zu und stellt Bedingungen auf, ähnlich jenen, wie wir sie bei Dewey und Papert vorfinden, unter denen durch Erfahrungen ein solcher Modus des flexiblen Denkens evoziert werde (vgl. S. 21f). Er kommt zu dem Schluss: „[…] people's experiences are organized in memory in such a way that they can draw on those experiences as from a data bank, building simulations in their minds that allow them to prepare for action" (S. 22).

seinen Selbstwert, die Lust am Lernen und am (Er-) Schaffen und nicht zuletzt fordere es auch zur Explikation und Externalisierung der eigenen Überlegungen gegenüber anderen auf.

Konstruktionistische Prozesse, das wird durch die obigen Ausführungen schon deutlich, bedürfen allerdings einer anderen Strukturierung als es in der Schule mit vordefinierten Zeitpensen, konkreten Zielvorgaben von außen und klassischen Leistungsüberprüfungen gegeben ist. Prozesse des Erfindens, Erkennens, Erfahrens und des kreativen Spiels, des Zusammensetzen, Ausprobierens, Verwerfens und des Verbindens brauchten zunächst einmal ein größeres Zeitfenster, eines, das sich über mehrere Wochen ideal sogar Monate erstreckte, das der eigenständigen Beschäftigung Raum und Zeit lasse (vgl. Papert 1991, S. 3f).

Wir fassen an dieser Stelle die Grundkennzeichen des Konstruktionismus zusammen:
- Wissen könne nicht übertragen, sondern nur individuell konstruiert werden.
- Das (körperliche) Handeln sei elementar und Ausgangspunkt für Lernaktivitäten.
- Die kognitiven Prozesse würden dabei durch reale Handlungen externalisiert und unterstützt.
- Die einzelnen Schritte des Konstruierens, insbesondere auch der real-körperlichen Handlung, sollen vom Lerner ausgehen; detaillierte Anleitungen seien kontraproduktiv für Verstehensprozesse; Lehrkräfte seien Helfer, Ratgeber und Motivatoren.
- Konstruktionsprozesse seien Prozesse des Ausprobierens und Erfahrens, des Spiels „Als-ob" in dem Konsequenzen sichtbar werden, die aber keine schwerwiegenden Folgen haben.
- Der Wissenserwerb im Konstruktionsprozess verlaufe zweiphasig, zuerst stünde das „Diving-In" (Handeln und Erleiden), danach käme das „Stepping-Out" (Reflexion und Bezug auf Objekte, Verbindungen, Welt und Selbst).
- Es bilde sich durch Konstruktionsprozesse ein Modus des Umgangs mit Informationen heraus, der es ermöglicht flexibel mit Bestimmtheiten und Unbestimmtheiten umzugehen.

- Die Konstruktion (das Ergebnis) soll von außen sichtbar sein, um den Lerner in seiner Leistungsfähigkeit zu bestärken sowie zu Diskussionen und zum Weiterdenken anzuregen.
- Konstruktionsprozesse erforderten ein vergleichsweise hohes Maß an zeitlichen und räumlichen Freiräumen.

All diese Grundkennzeichen des Konstruktionismus entwickelten sich, und das ist ein nicht zu vernachlässigender Faktor, gemeinsam mit der Verwendung erster Computer. Papert kam aus Genf und der dortigen Arbeit mit Piaget an das Massachusetts Institute of Technology. Er beschreibt in seinem Buch „Revolution des Lernens", welche Freude er selbst am Entdecken dieser Maschine hatte und vor allem, dass er und seine Kollegen erkannten, dass der Computer neuartige Möglichkeiten für Schule und Lernen bieten könne[34]. Für ihn ist es aber besonders wichtig herauszustellen, dass der Computer in dieser Position oft missverstanden werde. Der PC, die „Wissensmaschine", sei keineswegs ein Gerät, das „für das Lernen formaler Mittel oder [als] Trick, um Kinder zum formalisierten Unterricht zu locken" (Papert 1994, S. 41) dienen solle.

Gemeinsam mit Kollegen entwickelte er eine Programmiersprache[35] für Kinder (sie nannten sie „Logo") und erdachte Konzepte zu deren schulischen Einsatz, um Schülerinnen und Schülern Lernerlebnisse, wie sie in den konstruktionistischen Grundgedanken formuliert sind, zu ermöglichen. Dabei war ihnen stets das entdeckende, erfahrende, eigenständige Lernen wichtig. Feurzeig (2010), ein damaliger Kollege Paperts, macht die frühen Hoffnungen deutlich: „Seymour [Papert, die Verf.] sought

---

[34] Schelhowe (2008) formuliert dazu sehr treffend: „Dem Einsatz der Digitalen Medien, deren Grundlage und Kern nach wie vor die Digitalisierung, die streng logisch-binäre Beschreibung und Programmierung sind, wird in Lernkontexten geradezu per se eine Veränderung der Lernkultur von einem instruktionistisch determinierten hin zu einem selbstbestimmten, kreativen, handlungsorientierten, situativen Lernen zugeschrieben" (S. 100f).

[35] Eine sehr aufschlussreiche und unterhaltsame Darstellung der chronologischen Entwicklung von Stringcomp, Logo und der „Turtle" (anfangs war dies eine Spielzeugschildkröte, die auf die Logo-Befehle reagierte, später eine Schildkröte innerhalb der grafischen Oberfläche) sowie deren Einsätzen in Schulen, den resultierenden Erfolgen und Niederlagen, Hoffnungen und Enttäuschungen, beschrieb Feurzeig (2010), ein damaliger Kollege Paperts am MIT in seinem Artikel „Toward a Culture of Creativity: A Personal Perspective on Logo's Early Years and Ongoing Potential".

to create a radically new educational system" (S. 263) und „we sought to develop the ideas and materials that would pave the way for future revolutionary change" (ebd.). In der Tat wurde damals am MIT mit der Idee des Konstruktionismus ein Meilenstein gelegt. In großangelegten Praxisprojekten[36] konnte das Team die Vorzüge von konstruktionistischem Lernen aufzeigen. Feurzeig kontrastiert in seinen Schlusssätzen des Aufsatzes die früheren Erwartungen mit dem heutigen Stand: „Because of the dramatic rate of development and application of computers, one might have predicted that the new learning experiences made possible by programming ideas and activities would be well-established throughout schools by now. But, sadly, the use of high-level programming languages for student design and invention, particulary during children's formative years, has almost vanished" (ders., S. 264f). Dieses Bedauern wandelt er schließlich in eine implizite Aufforderung: „Their powerful potential as expressive tools for knowledge construction has yet to be realized" (ders., S. 265).

Eine neuere Arbeit dazu kommt von Zorn, die sich in ihrer Dissertation „Konstruktionstätigkeiten mit Digitalen Medien" (2010) diesem kraftvollen Potential, wie Feurzeig es nannte, zuwendet. Sie formuliert ihre Fragestellung wie folgt:

> *„Die Arbeit stellt demnach die offene Frage nach den Reflexionen eigener Konstruktionstätigkeiten in den Mittelpunkt ihres Erkenntnisinteresses: Welche Sinndimensionen von Konstruktionstätigkeit artikulieren KonstrukteurInnen? Es ergibt sich für eine medienpädagogische Perspektive eine weitere Frage daraus: Welche Bildungspotenziale bietet die eigene Konstruktionstätigkeit mit Digitalen Medien?"* (S. 5, Hervorh. im Orig.).

Um diesen Fragestellungen nachzugehen, befragte Zorn über dreißig Laien[37], die zuvor an Konstruktionstätigkeiten beteiligt waren in qualitativen Interviews (vgl. dies., S. 87). Sie generiert aus den Interviews schließlich sechs Sinndimensionen, welche die Reflexionen der Konstrukteurinnen und Konstrukteure leiteten (vgl. dies., z. B. S. 444f).

---

[36] Auf eines dieser Projekte, das im Rahmen der Reihe „Project Headlight" stattfand, werden wir in Abschnitt 4.4.1 eingehen.
[37] Eine genaue Anzahl nennt Isabel Zorn nicht, im Interviewverzeichnis der Arbeit finden sich 32 interviewte Personen.

Bezüglich der Frage nach den Bildungspotentialen arbeitet Zorn „die Auseinandersetzung der KonstrukteurInnen mit Wechselwirkungen zwischen Mensch, Welt und *Technologie* und ihre Deutung von Technologie als eine Verbindung zwischen Selbst und Welt" (dies., S. 445f, Hervorh. im Orig.) als zentrale Befunde heraus. Sie bezieht ihre Ergebnisse auf das Bildungsverständnis Marotzkis und formuliert:

> „Im Zuge der Darstellung ihrer Konstruktionstätigkeit in den sechs Sinndimensionen stellen die KonstrukteurInnen Bezüge zwischen den erkannten Wechselwirkungen und ihren eigenen Handlungen und Möglichkeiten her, indem sie sich selbst dazu ins Verhältnis setzen und Selbst-, Welt- und Technologieverhältnisse reflektieren und entwickeln. Das dabei entwickelte Technologieverhältnis ist nicht als erweiternder Teil ihres Weltverhältnisses zu verstehen, sondern es trägt zu Veränderungen ihrer Selbst- und Weltverhältnisse bei. Diese Selbst-, Welt- und Technologieverhältnisse erscheinen nicht als starr, sondern aufgrund der Erkenntnis über die kontinuierliche Weiterentwicklung von Technologie als eher vorläufig konstruiert" (dies., S. 446).

Damit bestätigt Zorn nicht nur die Befunde von Papert, Ackermann oder Feurzeig, sondern betont und begründet den besonderen Bildungswert von Konstruktionstätigkeiten. So würden diese ein besonderes Technologieverständnis und -verhältnis hervorrufen, das wiederum auf die Selbst- und Weltverhältnisse des Einzelnen zurückwirke. Da sich diese Verhältnisse zudem als flexibel, im Sinne von veränderbar, revidierbar und erweiterbar, kennzeichnen ließen, zeigten sich die ausgeprägten Bildungspotentiale von Konstruktionstätigkeiten.

3.2.4 Die Projektmethode als Praxisoption

Summieren wir nun die Ideen und Befunde der vorangegangenen Abschnitte, so wird deutlich, dass Konstruktionstätigkeiten für Lern- und Bildungsprozesse besonders wertvoll sein können. Im Zusammenhang unserer Betrachtungen fehlt es derzeit aber noch an einer konkreten Option zur Ermöglichung von erfahrungsbasiertem Lernen durch Konstruktionstätigkeiten im schulischen Kontext. Daher betrachten wir nachfolgend Gudjons' Vorschläge zur Projektmethode, welche im Wesentlichen auf Deweys Annahmen zurückgeht, da sich ein solches Vorgehen unseres Erachtens für Konstruktionstätigkeiten insbesondere innerhalb von formellen Lern- und Bildungsinstitutionen anbietet.

Allen Ausführungen stellt Gudjons selbst voran, dass „Handlungsorientierter Unterricht [...] [in seinem Sinne, die Verf.] keine didaktische Theorie, auch kein Modell" (Gudjons 2008, S. 7, Hervorh. im Orig.) sei. Es wäre vielmehr eine Methode, die sich auf Lerntheorien, insbesondere Deweys Ideen zum Erfahrungslernen (siehe Abschnitt 3.2.2), stütze und eine konkrete Adaption derer in der Praxis anbiete. Das zu Grunde liegende Verfahren ist die Projektmethode, deren Begrifflichkeit (aber nicht deren Charakter allein) auf Kilpatrick, einen Schüler Deweys, zurückgehe. Für Projektunterricht seien nun drei Punkte wesentlich: erstens sei der Projektgedanke eine Reaktion auf eine sich wandelnde Gesellschaft, zweitens sei die Projektmethode demokratisch, drittens stehe das Erfahrungslernen im Zentrum (vgl. ders., S. 74f).

In Bezug auf den ersten Punkt, lässt sich in aller Kürze erklären, dass Dewey zu seiner Zeit (Anfang des vorigen Jahrhunderts) die Industrialisierung und deren Wirkungen auf und innerhalb der Gesellschaft vor Augen hatte. Wie aber zum Beispiel Gudjons (vgl. 2008, S. 74) oder Jörissen und Marotzki (vgl. 2009, S. 26ff) feststellen, befänden wir uns auch heute in einer Zeit der Neuordnung hin zur so genannten Wissensgesellschaft und sähen uns mit durchaus ähnlichen Problemstellungen, insbesondere dem Zerbrechen traditioneller Lebensmuster, konfrontiert.

In Hinblick auf den demokratischen Grundgedanken der Projektmethode geht Gudjons, unter Rückbezug auf Deweys Hauptwerk „Democracy and Education" (1997 [1916]), von einem „wechselseitigen Wirkungsverhältnis von Mensch und Welt" (Gudjons 2008, S. 74) aus und folgert, dass „Erfahrung [...] also zugleich der Weg und das Ziel menschlicher Höherentwicklung" (ebd.) sei. Erfahrungslernen sei aber nie durch Anordnung von oben zu erreichen, sondern stets eine ganz persönliche Angelegenheit. Somit müsse gerade im schulischen Kontext Demokratie, im Sinne von dem Recht auf Selbst- und Mitbestimmung und von Gleichberechtigung (auch zwischen Lehrpersonal und SchülerInnen), zum Tragen kommen (vgl. ders., S. 74f).

Gudjons formuliert insgesamt zehn Merkmale der Projektmethode, die er in vier Projektschritte unterteilt (siehe Abbildung 1). Wir werden uns diesen zunächst der Reihe nach widmen.

Abb.1: Projektschritte und Merkmale nach Gudjons

Projektschritt I - Auswahl der Sachlage
1. Situationsbezug
2. Orientierung an den Interessen der Beteiligten
3. Gesellschaftliche Praxisrelevanz

Projektschritt II - Gemeinsame Entwicklung eines Planes zur Problemlösung
4. Zielgerichtete Projektplanung
5. Selbstorganisation und Selbstverantwortung

Projektschritt III - Handlungsorientierte Auseinandersetzung mit dem Problem
6. Einbeziehen vieler Sinne
7. Soziales Lernen

Projektschritt IV - Erarbeitete Problemlösung an der Wirklichkeit überprüfen
8. Produktorientierung
9. Interdisziplinarität
10. (Grenzen von Projektunterricht)

Quelle: Eigene Darstellung nach den Ausführungen von Gudjons (2008), S. 79-92.

Im *ersten Projektschritt* gehe es darum „[e]ine für den Erwerb von Erfahrungen geeignete, problemhaltige Sachlage [auszuwählen]" (ders., S. 79). Als *erstes Merkmal* benennt er den *Situationsbezug*. Dazu führt er aus, dass eine Sachlage eine umfassende, vor allem nicht nur auf einen konkreten Fachaspekt reduzierte Problemlage sei (vgl. ebd.). „In einer »*Sachlage*« hängen die Dinge so zusammen, wie sie in der Wirklichkeit vorkommen [...] und nicht in der künstlichen Ordnung von wissenschaftlicher Systematik oder einer Einteilung in Fächer" (ebd., Hervorh. im Orig.). Somit bieten sich gerade solche Phänomene an, die eben genuin „wirklich" sind, die in der konkreten Wirklichkeit von Gesellschaft und SchülerInnen relevant und präsent sind. Daraus ergibt sich für Gudjons das *zweite Merkmal*: „Orientierung an den Interessen der Beteiligten" (ders., S. 80). Dieses korreliert mit unseren detaillierteren Ausführungen in Abschnitt 3.2.2 zur Notwendigkeit von Interesse am Phänomen, sodass wir an dieser Stelle lediglich darauf verweisen. Das *dritte Merkmal*, das Gudjons nennt, will er als Korrektiv zur Orientierung am Interesse der SchülerInnen verstanden wissen. Er nennt es „Gesellschaftliche Praxisrelevanz" (vgl. ders., S. 81). So soll das Projekt selbst in die Gesellschaft zurückwirken und dürfe nicht nur „der individuellen oder gruppenweisen Hobbypflege dienen" (ebd.). Somit wäre es eben wiederum geboten ein Projektthema auszuwählen, dass in der gesellschaftlichen

Wirklichkeit existent und problembehaftet sei. Durch die Bearbeitung eines solchen Themas könnten zukunftsweisende Handlungsoptionen erarbeitet, erprobt und öffentlich gemacht werden.

Der *zweite Projektschritt* nach Gudjons ist es „[g]emeinsam einen Plan zur Problemlösung zu entwickeln" (ders., S. 82). Darunter gliedert er das *vierte Merkmal*: „Zielgerichtete Projektplanung". Dabei sollen Schülerinnen und Schüler gemeinsam mit dem Lehrpersonal einen Plan entwickeln, also einzelne Schritte zur Projektbearbeitung überlegen, diskutieren und ausloten sowie diese vorläufig-verbindlich[38] in einem Plan festschreiben. Dies sei nicht nur zur Strukturierung des Projekts für alle Beteiligten sinnvoll, sondern auch deshalb wichtig, weil sich „im Plan [der Wille, die Verf.] verdichtet [...], zum Ziel zu kommen, er ist die Triebfeder des Projekts, seine organisierende Mitte" (ders., S. 83) und somit ein verlässliches Instrument, auf das alle Beteiligten jederzeit zurückgreifen können. Das *fünfte Merkmal* ist nach Gudjons „Selbstorganisation und Selbstverantwortung". Damit sei die Bearbeitung des Projekts in die Hände der Schülerinnen und Schüler gelegt und somit das Erfahrungslernen im Kern ermöglicht. Dies sei aber keineswegs gleichbedeutend mit einem Verlust von Verantwortung auf Seiten der Lehrerin oder des Lehrers oder, wie Gudjons es nennt, einem Laissez-faire-Stil der Lehrenden (vgl. ebd.). Vielmehr käme es zu jener Verschiebung, die wir auch in Abschnitt 3.2.3 bereits angesprochen hatten: Es geht eben nicht darum, den Lernenden jeden Arbeitsschritt genau und detailliert vorzugeben, sondern vielmehr um Hilfestellung und Rat zur der Erreichung von (Etappen-) Zielen. Die Schülerinnen und Schüler sollen also explizit ihr Vorgehen selbst räumlich, zeitlich und aufwandstechnisch strukturieren und für den Prozess sowie dessen Resultate selbst Verantwortung tragen (können)[39].

---

[38] Die Formulierung „vorläufig-verbindlich" meint, dass die Schritte solange als verbindlich gelten bis der Fall eintritt, dass durch Erfahrungen und Notwendigkeiten, die sich erst in der konkreten Bearbeitung zeigen, Veränderungen, Korrekturen oder Revidierungen notwendig werden (vgl. dazu Gudjons 2008, S. 84).

[39] Das Tragen von Verantwortung ist im deutschen Sprachraum latent negativ konnotiert, da es die Frage nach Schuld bei möglichem Misslingen impliziert. Dabei, und so wollen wir es verstanden wissen, ist es (jedenfalls im traditionellen schulischen Kontext) ein Privileg, das auf eigenen Entscheidungen, freiem Handeln und dem individuellen Willen gründet.

Im *dritten Projektschritt* „Sich mit dem Problem handlungsorientiert auseinandersetzen" verortet Gudjons zwei weitere Merkmale. Als *sechsten Punkt* beschreibt er, dass die „Wirklichkeit nicht nur »beredet« [...], sondern handelnd unter Einbeziehung möglichst vieler Sinne erfahren und gestaltet" (ders., S. 85) werden solle. Wir erinnern entsprechend an unsere Ausführungen in Abschnitt 3.2.2, dass gerade auch das körperliches Handeln für (Erfahrungs-) Lernen elementar sei, sowie an Abschnitt 3.2.3, in dem wir Paperts mathetischen Grundsatz berücksichtigen, dass der kognitive Verstehensprozess dann besonders gut gelänge, wenn er durch eine reale, greifbare Konstruktion unterstützt werde. Das *siebente Merkmal* bezeichnet Gudjons als „Soziales Lernen" (vgl. ebd.). Die Arbeit in Gruppen sei der Projektmethode genuin und erfordere daher soziale Interaktionen, wie sie „normaler" Unterricht (im Sinne von Frontalunterricht) nicht bieten, fordern und fördern könne. Gudjons expliziert, dass die Arbeit an einem gemeinsamen Projekt unter anderem Rücksichtnahme (auf die Bedürfnisse anderer und die Erfordernisse des Projekts) und Kommunikation (Austausch über Misserfolge und Erfolge, Vorgehensweisen, Hilfestellungen und Rat) bedürfe. Er konstatiert, dass „*[v]oneinander* und *miteinander* [...] gelernt" (ebd., Hervorh. im Orig.) werde und somit wiederum die demokratischen Grundsätze zum Tragen kämen.

Der *vierte und letzte Projektschritt* wird bei Gudjons als „Die erarbeitete Problemlösung an der Wirklichkeit überprüfen" bezeichnet. Darunter fasst er als *achtes Merkmal* die Produktorientierung. Dies korreliert mit Paperts Vorstellung vom Wert der Konstruktion an sich, die wir in Abschnitt 3.2.3 dargelegt haben. Gudjons führt aus, dass es für die Projektarbeit wesentlich sei, dass die „Ergebnisse öffentlich gemacht, d. h. der Kenntnisnahme, Beurteilung und Kritik anderer [...] zugänglich gemacht, kurz: kommunizierbar werden" (ders., S. 86). Dabei solle das Produkt sowohl Wert für den einzelnen Projektteilnehmer als auch für Unbeteiligte und die Gemeinschaft haben. Grundsätzlich führe aber gerade diese Produktorientierung im schulischen Kontext zu einem Missverständnis seitens der Lehrenden, spätestens wenn es um die Bewertung[40] ginge. Deshalb betont Gudjons, dass die Bewertung nicht auf

---

[40] Wir wie in Unterkapitel 3.1 gezeigt haben, spielt gerade die Messbarkeit und Bewertbarkeit in den Augen der Bildungspolitiker eine übergeordnete Rolle. Eine öffentliche Schule ohne Benotungssystem ist daher (jedenfalls in näherer Zukunft) nicht zu erwarten.

das Endprodukt selbst fokussieren solle, sondern auf „die Qualität des Prozesses, der zum Produkt geführt hat" (ders., S. 88). Dabei böten Vergleiche von Ziel, Ergebnis und Präsentation transparente Kriterien zur Benotung. Auch die Selbstbeobachtung der Lernenden solle berücksichtigt werden, so könnten etwa Projekttagebü- Projekttagebücher[41], Portfolios und Selbstevaluationen geeignete Mittel zur Beurteilung sein (vgl. ders., S. 104). Gudjons fährt mit einem *neunten Merkmal* fort: Interdisziplinarität. So seien durch die Thematisierung eines Phänomens der gesellschaftlichen Wirklichkeit und dessen natürlichen (nicht curricular-künstlichen) Strukturen, wie auch im ersten Merkmal angemerkt, meist genuin verschiedene Schulfächer angesprochen. So ginge es darum, „ein Problem, eine Aufgabe in ihrem komplexen Lebenszusammen-hang zu begreifen und sie sich im *Schnittpunkt verschiedener Fachdisziplinen* vorzu-stellen" (ders., S. 89, Hervorh. im Orig.). Deshalb sei Projektarbeit selbst dann (ungewollt) interdisziplinär, wenn sie nur in einem Fach durchgeführt werde. Besser aber sei es (selbstredend), dieser Interdisziplinarität Rechnung zu tragen und eben die Schulfächer einzubeziehen, die mit diesem Phänomen angesprochen werden. Das *zehnte und letzte Merkmal* von Projektarbeit verweist auf die Grenzen des Projektunterrichts. Gudjons gibt zu bedenken, dass zur Systematisierung und Herstellung eines konkreten Wissenschaftsbezug das reine handelnde Lernen nicht ausreiche (vgl. ders., S. 90). Dies korreliert gewissermaßen mit Ackermanns Ausführungen zum „Diving-In" und „Stepping-Out" (siehe Abschnitt 3.2.3), auch wenn Gudjons hier auf die Berechtigung von Frontalunterricht verweist. Aus unserer Perspektive muss (und sollte) das „Stepping-Out" aber besser in die Projektmethode integriert sein, so könnten in regelmäßigen Projekt- und Arbeitsbesprechungen eben diese Zusammenhänge sehr wohl erarbeitet werden. Dazu bedarf es, unserer Überzeugung nach, keines Frontalunterrichts.

Nachdem die Kennzeichen der Projektmethode vorgestellt wurden, geht es nun um die konkrete Implementierung in das schulische Wirken. Dabei sei zunächst die *Projektvorbereitung* von enormer Bedeutung. Dazu gehöre erstens die Einführung der neuen Methode in der Gruppe oder Klasse. Dies sei deshalb unerlässlich, weil damit

---

[41] Wir werden dem Projekttagebuch in Abschnitt 4.4.1 bei der Betrachtung des „Game Design Project" aus der Reihe „Project Headlight" wieder begegnen.

ein Bruch mit tradierten Vorgehensweisen verbunden sei. Das Muster von Anweisung durch den Lehrer oder die Lehrerin und Ausführung dieser durch die Schülerinnen und Schüler sei im Projektunterricht eben nicht gültig. Eine spontane „Umstellung" berge somit das Risiko des Nichtverstehens, was jetzt passiere und welche Anforderungen gestellt seien. Deshalb sei eine Vorbereitung etwa durch Vorgespräche, Diskussionen oder Rollenspiele mit den Lernenden in Gudjons' Augen ratsam (vgl. ders., S. 93). Auch der thematische Rahmen selbst müsse vorbereitet werden. So schlägt Gudjons vor, sich innerhalb der Projektgruppe zunächst über assoziative Ideensammlungen einen Zugang zur Thematik und eine Übersicht des Phänomens zu verschaffen. Die geäußerten Bezugspunkte, Interessen und bereits vorhandenes Vorwissen sollten sodann strukturiert (Gudjons empfiehlt die Anfertigung von Mindmaps oder Schaubildern) und zur Diskussion gestellt werden (vgl. ders., S. 95ff). Daraus ergebe sich eine grobe Projektplanung, insofern Handlungs- und Betätigungsfelder sichtbar und auch deren struktureller Zusammenhang deutlich werde. Die zeitliche Planung, die Definition erwünschter Ziele und die Konkretisierung eines arbeitsteiligen Vorgehens sollten folgen. Der sich daraus ableitende Projektplan diene der Orientierung aller Beteiligten und helfe bei der Wahrung zeitlicher Vorgaben[42]. Dies sei nicht zuletzt deshalb wichtig, als das andernfalls die Fertigstellung riskiert und somit das eigentliche Ziel der Tätigkeit, das Produkt selbst (oder eben die Konstruktion) gefährdet sei (vgl. ders., S. 98ff). Der Übergang von der Erstellung des Projektplans in die Phase der Durchführung sei fließend. Es werde nun an der Erreichung der einzelnen Ziele gearbeitet. Dabei solle es immer wieder kurze Zwischengespräche aller Beteiligten geben, um das eigene Handeln mit dem Plan abzugleichen, andere Projektteilnehmer über den eigenen Stand und die aufgetretenen Probleme sowie deren Behebung zu informieren, um neue Ideen und Ansichten zu diskutieren, um Entscheidungen zu treffen und Abstimmungen über das weitere Vorgehen vorzunehmen und nicht zuletzt auch um anderen Hilfestel-

---

[42] Ideal wäre sicherlich eine Befreiung von sämtlichen zeitlichen Vorgaben, sodass zwangloses Experimentieren nicht unter Zeitdruck geschehe. Vom realen Schulwesen aber ausgehend, kann eine solche Idealvorstellung nur als utopisch betrachtet werden, da dieses einer strengen Zeitregelung (von Stunden, Halbjahren, Schuljahren usw.) unterliegt. Um also eine Loslösung von diesen Rhythmen in allen Punkten zu erreichen, bedürfte es einer Revolution im Bildungssektor, wie sie beispielsweise Ivan Illich in seiner Streitschrift „Entschulung der Gesellschaft" (im Original „Deschooling Society" aus dem Jahr 1971, New York: Harper & Row) forderte.

lung geben zu können und selbst Hilfe zu erhalten (vgl. ders., S. 100). Gudjons weist daraufhin, dass gerade im Projektunterricht „die informellen Strukturen der Beziehungen [der Gruppenmitglieder, die Verf.] stärker zum Tragen kommen [...] [und dadurch] die Möglichkeit für Spannungen, Streit, Ausgrenzung von Außenseitern, Konkurrenz untereinander, Störungen durch unkooperatives Verhalten einzelner, Gruppenegoismus etc. viel größer" (ders., S. 101) sei. Aufgabe der oder des Lehrenden sei deshalb auch, bei der Bewältigung dieser Konflikte behilflich zu sein (vgl. ebd.). Am Ende einer Projektphase stünde immer die Präsentation des Ergebnisses oder der Ergebnisse (vgl. ders., S. 102ff), wie wir es auch bereits in Abschnitt 3.2.3 thematisierten, und darauf folge eine Auswertung, etwa durch Gespräche, das Verfassen von Artikeln für Schülerzeitungen oder ähnliche Formen.

Somit stellt Gudjons einen recht umfassenden Rahmen zum Einsatz von handlungsorientiertem Projektunterricht in einem explizit schulischen Kontext vor[43]. Dieses methodische Vorgehen ist für uns deshalb relevant, weil es auf die Grundsätze des Erfahrungslernens von Dewey referiert und deutliche Parallelen zum Konstruktionismus aufweist, die wir als besonders wertvoll für Bildungsprozesse erachten. Zudem, und das ist für unsere Fragestellung wichtig, zielt es auf einen schulischen Einsatz und berücksichtigt deren Vorgaben (jedenfalls soweit als nötig). Damit kann die Feststellung der Expertisekommission (siehe dazu Unterkapitel 3.1), dass „zwischen utopischen Entwürfen und realen Möglichkeiten und Leistungen der Schule ein nicht übersehbares, ja ein schreiendes Missverhältnis existiert" (Bundesministerium für Bildung und Forschung 2009a [2007], S. 62) für diese Art des schulischen Lernens als nicht zutreffend entkräftet werden. Zusammenfassend bietet dieser Ansatz damit einen idealen Ausgangspunkt für weitere Überlegungen.

---

[43] Gudjons (2008) formuliert, dass er auf zahlreiche Erfahrungen zurückgreife, die er „in der wissenschaftlichen Begleitung entsprechender Schulversuche und in der Lehrerfortbildung" (S. 7) sammeln konnte. So referieren seine Ausführungen sicherlich auf diese Erfahrungen, eine konkrete empirische Fundierung finden wir hier aber nicht. Gudjons' Vorstellung von der Projektmethode geht somit zwar auf seine Erfahrungen zurück, wird aber vorwiegend theoretisch begründet und an einem Beispiel plausibilisiert.

4 Digital Game Development und formelle Lern- und Bildungssettings

Die erste Annahme, dass sich Digital Game Development[44] als Ausgangspunkt für formelle Lernszenarien eignen könnte, resultierte zunächst aus unseren persönlichen Erfahrungen. Durch unsere bisherigen Tätigkeiten als Projektmanager bei Publishern erlebten wir immer wieder alle Phasen des Game Development und stellten bald fest, dass in diesen Prozessen sehr viele Fähigkeiten und Fertigkeiten angesprochen werden, die auch im schulischen Lernen vermittelt werden sollen. Der signifikanteste Unterschied zu klassischem Unterricht schien uns jedoch in der möglichen Art des Lernens, der fruchtbaren Kombination der Fähigkeiten, der Ganzheitlichkeit und der Orientierung auf ein zu erstellendes Produkt zu liegen.

Nachdem wir in den vorangegangen Kapiteln nun unsere Verständnisse bezüglich der aktuellen Tendenzen der Media Literacy, Participatory Culture, des handelnden Konstruktionslernens und den Implikationen derer für schulische Arbeit nahegelegt haben, soll es an dieser Stelle darum gehen unsere persönlichen Vermutungen bezüglich der Eignung von Digital Game Development für diese Zwecke theoretisch zu betrachten.

Zunächst scheint angebracht, uns das Verhältnis von (neuen) Medien in der formellen Bildung vor Augen zu führen. Anschließend werden wir uns, nach einer Gegenstandsbestimmung des Phänomens Digitale Spiele, die Frage nach deren Präsenz in der deutschen (Jugend-) Kultur stellen und mit Haltungen von Pädagoginnen und Pädagogen zu Digitalen Spielen kontrastieren. Durch die Betrachtung informeller produktiver Aktivitäten innerhalb der Participatory Culture in Hinblick auf Digitale Spiele, werden wir uns den Bildungspotentialen dieser annähern. Nachfolgend wollen wir uns die Phasen von Digital Game Development genauer ansehen und deren

---

[44] Viele Autoren sowohl aus Wissenschaft als auch wirtschaftlicher Praxis nutzen den Terminus „Digital Game Design". Wir werden dagegen immer von „Digital Game Development" sprechen, da der Begriff „Design" eine mitunter missverständliche Einengung impliziert. Es geht gerade nicht nur um den Entwurf, wie es die Begrifflichkeit Design nahelegt, sondern auch um deren Umsetzung. Wir fassen also sowohl alle Entwurfs- als auch Produktionsphasen unter „Development" zusammen.

Wert für Bildungsprozesse herausstellen. Darauffolgend werden wir uns zwei internationalen Projektbeispielen zum Einsatz von Digital Game Development im curricularen Kontext widmen.

4.1 (Formelle) Bildung und Medien

„Digitale Medien sind aus unserem Leben nicht mehr wegzudenken. Wir brauchen sie als Informationsquelle, als Kommunikationshilfe und für unser alltägliches Tun und Handeln" (Bundesministerium für Bildung und Forschung 2009b) stellte die Bundesministerin Schavan im Jahr 2009 heraus. Sie seien also selbstverständlicher Bestandteil unseres gesellschaftlichen Alltags. Greifen wir nun auf unsere Auffassung des Zwecks formeller Bildungsinstitutionen aus dem vorigen Kapitel zurück, nämlich dass es „[i]n der Erziehungswissenschaft [...] ja darum [geht], die nachfolgende Generation durch Prozesse der Erziehung, des Lernens und der Bildung in diese Gesellschaft einzuführen" (Jörissen/Marotzki 2009, S. 28), so wird deutlich, dass wenn (Digitale) Medien nun Bestandteil dieser Gesellschaft seien, sich dies demnach auch in den formellen Bildungsangeboten widerspiegeln muss[45]. Wir werden daher zunächst den Blick auf das Verhältnis von Medien und (schulischer) Bildung richten und nachfolgend Jenkins' Forderungen an die Schule unter Berücksichtigung der Projektmethode Gudjons' aufgreifen.

4.1.1 Medien und (schulische) Bildung – Eine allgemeine Betrachtung

Jörissen und Marotzki (2009) betonen, dass Medien in unserer Gesellschaft eine zweifache Relevanz hätten. Zum einen stellten sie fest, wie auch Ministerin Schavan, dass Medien grundsätzlich ein omnipräsentes lebensweltliches Phänomen seien und schon allein deshalb Berücksichtigung finden müssten (vgl. dies., S. 30). Andererseits böten Medien auch neue Bildungsanlässe, sie eröffneten neue Räume, neue Prob-

---

[45] Dafür treten auch die Verfasser und Unterzeichner der Initiative „Keine Bildung ohne Medien!" ein. Sie fordern eine Verankerung medienpädagogischer und medienbildnerischer Prinzipien in „alle[n] Erziehungs- und Bildungsbereiche[n] und deren Institutionen, aber auch [...] [der] außerschulische[n] Kinder- und Jugendarbeit, [...] [der] berufliche[n] Aus- und Fortbildung sowie Erwachsenen-, Familien- und Altenbildung" (Initiative Keine Bildung ohne Medien 2009, S. 1).

lemhorizonte und auch neue Möglichkeiten (vgl. ebd.), weshalb sie in besonderer Weise gerade im Bereich der Bildung elementar seien.

Es stellt sich nun aber die Frage, wie Medien, insbesondere neue Medien bzw. Digitale Medien, in Kontexten der formellen Bildung zu verorten seien. Wir erinnern an Abschnitt 3.1.2 und die Feststellung der Expertisekommission zur Erstellung von nationalen Bildungsstandards, dass die Kanonisierung der Inhalte und deren Gliederung in einzelne Unterrichtsfächer darauf beruhe, dass unterschiedliche Disziplinen verschiedene Weltsichten mit divergenten Codes eröffneten. Auch wenn diese Trennung ohnehin schon künstlich ist, da sich Welt, wie wir bereits dargelegt haben, nie in eben diesen Disziplinen zeigt, sondern immer mehrerer Sichten bedarf, so wird es doch spätestens bei dem Versuch der Bestimmung, welche Sicht auf Welt nun durch Digitale Medien eröffnet werde, schwierig. Wir sind der Ansicht, dass diese keine einzele Sicht bieten, sondern eben selbst schon divergente Weltsichten über alle Disziplinen eröffnen. Somit scheint der Versuch eines separaten Fachs „Medienerziehung", „Moderne Medienwelten" oder „Informations- und Kommunikationstechnik" paradox. Digitale Medien sind, ebenso wenig wie andere Phänomene aus den künstlich getrennten Disziplinen, von ihrer komplexen Einbettung in verschiedenste (Sinn-) Zusammenhänge in der Welt loslösbar und wie wir mit Dewey und auch Papert argumentiert haben, werden die Bedeutungen eben nur durch diese Verbindungen vergegenwärtigt (siehe Abschnitte 3.2.2 und 3.2.3). Eine künstliche Separierung kann also keinesfalls eine adäquate Lösung sein. So bliebe umgekehrt der Schluss, dass Digitale Medien in allen Disziplinen relevant seien und eben auch dort Eingang finden müssen[46].

Prominent wurde dabei in den letzten Jahren die Vorstellung vom „Lernen mit neuen Medien". Ein Gedanke, der sich auch in den Bildungserlässen der Länder zum Teil

---

[46] Diese Auffassung wird unter anderem auch von Papert und Jenkins vertreten. Papert (1994) schreibt etwa: „Anstatt fächerübergreifend eingesetzt zu werden und damit genau den Begriff der Fächergrenze in Frage zu stellen, legte der Computer die Grenzen eines neuen Fachs fest; anstatt den Schwerpunkt von einem unpersönlichen Lehrplan zu einer spannenden, aktiven Erforschung durch die Schüler zu verlagern, diente der Computer der Stärkung der Schulmethode" (S. 62). Bei Jenkins et al. (2006) heißt es ähnlich: „[...] we do not want to see media literacy treated as an add-on subject. Rather, we should view its introduction as a paradigm shift, one that, like multiculturalism or globalization, reshapes how we teach every existing subject" (S. 57).

widerspiegelt. In einer Bekanntmachung des Staatsinstituts für Schulqualität und Bildungsforschung München heißt es beispielsweise, Medien müssten in den Unterricht aller Fächer integriert sowie auch fachübergreifend eingesetzt werden und sollten „als Inhalt und als Hilfsmittel, die die Motivation fördern, die Bildung und Ausbildung verbessern können" (Mörig 2006, S. 4) eingebracht werden. Doch genau an diesem Punkt wird ein zu knappes Verständnis deutlich: Wenn Digitale Medien neue Bildungsanlässe, neue Räume, Problemhorizonte und Lösungsansätze böten, dann griff eine bloße Einbettung in gewohnte Unterrichtsszenarien zu deren „Bereicherung" zu kurz. Deshalb konstatiert z. B. Aufenanger (2005), dass „[d]ie bisherige Forderung ‚Lernen mit neuen Medien' [...] umgewandelt werden [muss] in ‚Neues Lernen mit Medien'" (S. 157). Dies impliziere, dass eine Adaption an oder Integration in bestehende Konzepte nicht ausreiche, sondern dass es gerade im schulischen Kontext anderer Methoden als dem herkömmlichen Unterricht bedürfe. Digitale Medien eröffneten neue Horizonte, denen nur durch „neue Formen des Lehrens und Lernens" (ebd.), in denen „Neue Medien [...] als Werk- und Denkzeuge gesehen [...] [und] die Ansätze des problemorientierten Lernens" (ders., S. 153) berücksichtigt würden, begegnet werden könne[47].

Dies wird auch durch die Perspektive der strukturalen Bildung gestützt. „Aus bildungstheoretischer Sicht wird es als wichtig erachtet, den Rahmen zu erkennen", so Zorn (2011), „um darin emanzipiert eigene Handlungsmöglichkeiten erkennen und ausschöpfen zu können" (S. 190). Dafür sei es notwendig die Verbindungen und Strukturen, um wieder auf Papert und Dewey zurückzukommen, zu erkennen, um das Wesen und die Weise eines medialen Phänomens oder Gegenstandes überhaupt fassen zu können. Wie wir bereits in Bezug auf Participatory Culture (siehe Abschnitt 2.2.3) und Media Literacy (siehe Abschnitt 2.2.4) dargestellt haben, könne es deshalb nicht nur darum gehen den Umgang mit (Digitalen) Medien zu vermit-

---

[47] Aufenanger argumentiert explizit für die Form des Projektunterrichts. Er schreibt, es „müssen Formen des projektorientierten Unterrichts gesucht werden, in dem die zeitlichen – und vielleicht auch die räumlichen – Grenzen zugunsten von Zeit- und Arbeitszonen aufgelöst sind" (2005, S. 152). Seine Vorstellung ähnelt also den von uns dargelegten Überlegungen bezüglich der Projektmethode Gudjons' und deren Bezügen zum Erfahrungslernen Deweys und zum Konstruktionismus Paperts.

teln. Nur durch die Offenlegung (oder besser eigenständige Erkundung) der, den Phänomenen zu Grunde liegenden Strukturen können Hintergründe, Absichten und Folgen deutlich werden. Erst wenn dies geschehen sei, wären eben Bildungsprozesse in Form von Transzendierung von Selbst- und Weltsichten möglich.

4.1.2 Jenkins' Forderungen an die Schule und die Projektmethode

Die Frage, die an diesem Punkt nun auftritt, ist, inwiefern diese Überlegungen den Forderungen Jenkins' an moderne Lern- und Bildungssettings gerecht werden können. Wir erinnern an die Kernfragen, die bezüglich Pädagogik und Medienliteralität aufgeworfen wurden:

- Wie stellen wir sicher, dass ein Kind die notwendigen Fähigkeiten, Fertigkeiten und Erfahrungen bekommen kann, die ihm eine vollwertige, aktive und kritische *Teilhabe* an Gesellschaft in sozialer, kultureller, ökonomischer und politischer Hinsicht jetzt und in Zukunft ermöglichen?
- Wie stellen wir sicher, dass ein Kind fähig ist oder wird, zu erkennen und zu artikulieren, wie Medien die *Perzeption* von Welt prägen?
- Wie stellen wir sicher, dass ein Kind in jenen ethischen Standards sozialisiert wird, die sein Handeln als Medienmacher und als Beteiligter in (Online-) Gemeinschaften prägen sollen? (vgl. Jenkins et al. 2006, S. 18).

Eine mögliche Antwort auf alle drei Fragen könnte in unseren Augen eben in der Projektmethode (siehe Abschnitt 3.2.4) liegen, wobei an dieser Stelle unbedingt gerade auch in Hinblick auf die bisherigen Ausführungen herauszustellen ist, dass ein „Sicherstellen" uns so nicht möglich scheint. Lern- und Bildungsprozesse seien, wie wir bereits festgestellt haben, stets individueller Natur und Wissen könne nicht eins zu eins „vermittelt" werden. Wir werden also nicht in der Lage sein, dieses oder jenes mit absoluter Sicherheit zu garantieren. Aber wir können Ansatzpunkte ausloten, in denen Auseinandersetzungen mit den Kernfragen Jenkins' möglich sind. Die Projektmethode, wie wir sie dargestellt haben, unter ständiger Vergegenwärtigung der Prinzipien des handelnden Lernens und des Konstruktionismus, scheint uns dafür besonders prädestiniert. Die offenen und authentischen Erfahrungsräume, die sich durch die Beschäftigung mit einem Phänomen im Rahmen eines Projekts aufspannen, bieten vielfältige Bildungsanlässe. Dabei steht das eigene Handeln im Vordergrund, sodass gerade durch eigene Konstruktionsprozesse eben jener flexible Modus des Denkens evoziert wird, der sich in der Sammlung und Verwendung von (auch divergenten) methodischen Ansätzen, Selbst- und Weltkonstruktionen manifestiert. So kann zwar nicht gewährleistet werden, dass jedes Kind alle Fähigkeiten und Fertigkeiten, die es jemals brauchen wird, bereits erlernt, wie es in Jenkins' erster Frage anklingt, aber sofern es eben zu jener Veränderung des Denkmodus' käme, der Lerner zum „bricoleur" würde, wie Papert (vgl. 1994, S. 159; siehe auch Abschnitt 3.2.3) es formulierte, so wäre dies weitestgehend unproblematisch. Zukunft ist unbestimmt und eine Vorbereitung auf diese kann nur in der Flexibilisierung begründet sein (siehe Abschnitt 3.2.1).

So kann auch auf Jenkins' Frage nach dem Erkennen medial geprägter Wahrnehmungen von Welt mit der Projektmethode und dem hier basalen Konstruktionsgedanken geantwortet werden. Insbesondere verweisen wir auf das Beispiel des „Wagens", wie wir es in Abschnitt 3.2.3 ausgeführt haben. Um das Charakteristische eines Phänomens zu erkennen, müssen die ihm zu Grunde liegenden Strukturen durchdrungen werden. Zorn (2011) hat in ihrer Dissertation herausgestellt, dass „[i]n der Konstruktionstätigkeit […] Selbst-, Welt- und Technologieverhältnisse reflexiviert werden [können], und dies nicht aufgrund der medialen Inhalte […], sondern aufgrund der im Konstruktionsprozess erfolgenden Auseinandersetzung mit dem Medium und der ihm zu Grunde liegenden Software-Technologie selbst sowie deren Auswirkungen" (S. 191). Wenn also das Wesen, die Verbindungen und Strukturen eines (medialen) Gegenstands sichtbar sind, wie sie es durch eigene Konstruktionstätigkeiten würden, dann sei dessen Beeinflussung unserer Perzeption von Welt und seine Verortung innerhalb dieser deutlich. Es käme zu „Veränderungen bezüglich des Hinnehmens oder Hinterfragens bestehender Rollen und Befugnisse. Was früher als gegeben hingenommen wurde, wird jetzt als gemacht interpretiert und als durchaus auch anders gestaltbar kritisiert, oder es wird gar selbst neu gestaltet" (dies., S. 189). Wichtig ist dabei immer vor Augen zu behalten, dass „Bildungsprozesse […] nicht «von aussen [sic!]», also etwa durch Lehrer oder Erzieher, herbeigeführt werden [können]. […] [Dennoch, die Verf.] können pädagogische Handlungs- und

Gestaltungsformen durchaus dazu beitragen, Bildungsprozesse zu ermöglichen, zu erleichtern und zu provozieren, etwa indem entsprechende Umgebungen und Erfahrungsräume anregend gestaltet werden" (Fromme/Jörissen/Unger 2008, S. 3).

Subsumieren wir an dieser Stelle unserer bisherigen Ausführungen zur *Participatory Culture*, die durch kreative, demokratische und produktive Handlungsweisen gekennzeichnet ist, zur *Media Literacy* mit ihren vier Ausprägungen (access, analyze, evaluate, produce), unsere Betrachtungen zu den aktuellen politisch-institutionellen Tendenzen der deutschen *Schulbildung*, den Werten von *Erfahrung, Interesse und Produktion* für Lernen und Bildung sowie unsere Verortung von *Medien in der schulischen Bildung*, so ergibt sich bereits eine recht klare Vorstellung von einem möglicherweise geeigneten Setting, das, wie Fromme, Jörissen und Unger (2008) es nannten, Bildungsprozesse ermöglichen, erleichtern und provozieren (vgl. S. 3) könnte.

4.2 Digitale Spiele in Alltag, Schule und der partizipativen Kultur

Neben den bisherigen Überlegungen zu Variablen eines Settings, fehlt es zu diesem Zeitpunkt noch an einem konkreten Gegenstand. Wie eingangs in diesem Kapitel angemerkt, kamen wir aufgrund eigener Erfahrungen zu der Einschätzung, dass Game Development Prozesse eventuell dafür in Frage kommen könnten. Daher wollen wir uns zunächst dem Gegenstand der Digitalen Spiele begrifflich nähern und werden im darauffolgenden Abschnitt deren Verankerung im Alltag Heranwachsender darstellen. Nach der Schilderung von Haltungen (deutscher) Pädagoginnen und Pädagogen zu Digitalen Spielen – persönlich wie in deren Unterricht – werden wir dies mit Wünschen von Schülerinnen und Schülern kontrastieren. Abschließend möchten wir in diesem Unterkapitel die kreativen Beschäftigungen mit Digitalen Spielen im Fokus der Participatory Culture herausstellen.

4.2.1 Digitale Spiele – Eine Annäherung an den Gegenstand

Was wir bisher als Digitale Medien betrachtet haben, soll nun etwas genauer umrissen werden. Der Kern Digitaler Medien liegt, im Unterschied zu klassischen Medien, in ihrer technischen Entwicklung unter Verwendung von Computern. Natürlich haben PC und Software längst auch die Erstellung klassischer Medien beeinflusst. So werden Artikel für Zeitungen, Magazine oder Bücher nicht mehr an Schreibmaschinen geschrieben, sondern an Computern; in Radiosendungen werden weder Schallplatten noch CDs oder Tonbänder eingesetzt, sondern Musik in Form von Dateien eingespeist und Beiträge mittels Computertechnik geschnitten, bearbeitet und zur Verfügung gestellt; die Steuerung des Fernsehprogramms funktioniert nur noch mit Computern; Filmmaterial wird auf Chips gespeichert, der Schnitt erfolgt am Rechner und das Hinzufügen von Effekten ist ebenso digital. Es ließen sich tausende Beispiele dafür finden, dennoch meinen wir mit „Digitale Medien" etwas anderes. Wir verstehen darunter Medien, die ohne die technische Komponente einer zu Grunde liegenden Programmierung, einer binären Struktur nicht sein könnten. Wie Zorn (2010) jedoch herausstellt, müsse dabei stets klar sein, dass „[n]icht ihre Digitalität […] das Besondere dieser Medien aus[macht], sie ist nur die Grundlage dafür, dass Daten numerisch vorliegen und damit automatisiert verarbeitet werden können. Daraus kann das Neuartige dieser Medien entstehen: die automatisierte Generierung medialer Inhalte" (S. 17). Die für Digitale Medien basalen Binärstrukturen und Algorithmen nehmen gewissermaßen Einfluss auf die Inhalte. Sie sind reaktiv in Bezug auf unser Handeln, jetzt und zuvor.

Wir folgen Schelhowe (vgl. 2007, S. 46ff) und Zorn (vgl. 2010, S. 15ff), die diesen Ansatz vorgeschlagen haben, jedoch nicht in allen Punkten. Unsere Kritik bezieht sich dabei auf die grundlegende Annahme, dass Digitale Medien prinzipiell und in gewisser Hinsicht ohne menschliche Willkür Inhalte generierten. Dies mag zutreffend sein für Beispiele wie etwa Suchmaschinen[48], für viele Bereiche des Web 2.0 und insbe-

---

[48] Wir nehmen die Suchmaschine „Google" als eingängiges Beispiel: Welche Treffer wir bei einer Suche nach einem Begriff erhalten, ist von vielen Faktoren abhängig. Zunächst muss deutlich sein, dass kein Mensch diese Ergebnisliste zusammenstellt. Nicht einmal die Katalogisierung, also die Aufnahme möglicher Ergebnisse in eine Datenbank, passiert von Menschenhand. Dazu werden so genannte „Spider" eingesetzt, von Menschen geschriebene Programme, die aber nur aufgrund ihrer Algorithmen im weiteren Sinne selbstständig agieren, sich wie Spinnen durch ein Netz von Informationen bewegen und ganz automatisiert Inhalte clustern. Sie suchen dabei nach einzelnen Worten, die auf Webseiten verwendet werden, sie suchen nach Verlinkungen dieser Seite mit anderen und nehmen auf diese Weise eine Einschätzung bezüglich des Inhalts und der „sinnvollen" Katalogisierung vor. Diese ohnehin schon durch ein gewisses „Eigenleben" katalogisierten Inhalte werden nun aber auch nicht jeder Person gleichartig präsentiert. Abhän-

sondere auch für Digitale Spiele, wie wir später zeigen werden, mit Betrachtung jedoch von etwa statischen Webseiten fällt diese Differenz zu klassischen Medien thin geringer aus. Zorn (2010) zählt etwa digitales Fernsehen zum Ensemble der klassischen Medien (vgl., S. 17), da die bloße Digitalität aus ihrer Sicht nicht allein ausreiche. Statische Internetseiten wiederum gehören für sie zu den Digitalen Medien. Vergleicht man aber die basalen Prozesse beider, so lässt sich eben nicht die automatisierte Generierung von Inhalten als grundlegendes Unterscheidungsmerkmal erkennen. Bei beiden steht zu Beginn die (computerbasierte) Erstellung mit Hilfe technischer Mittel. Das so willkürlich gestaltete Medienprodukt wird kodiert (und in Datenpakete zerteilt), über Datenleitungen bereitgestellt, vom Nutzer willkürlich abgerufen und durch ein technisches Gerät dekodiert und schließlich für den Nutzer dargestellt. Der entscheidende Unterschied muss also an anderer Stelle zu finden sein. Doch trotz dieser Kritik möchten wir den Ansatz von Schelhowe und Zorn nutzen, da er für unseren Gegenstandsbereich, den Digitalen Spielen, zutreffend scheint.

Digitale Spiele sind folglich erstens aus unserer Sicht dadurch gekennzeichnet, dass sie programmiert sind, ihnen also Algorithmen zu Grunde liegen. Daher ist es zweitens wesentlich, dass Digitale Spiele einer technischen Plattform bedürfen, die diese Datenstrukturen für den Spieler in audiovisuelle Darstellungen übersetzt und die über irgendeine Eingabeschnittstelle[49] verfügt, die es dem Nutzer oder den Nutzern ermöglicht, mit dem Spielprogramm zu interagieren. Drittens wird der konkrete Inhalt Digitaler Spiele während der Laufzeit generiert. Digitale Spiele reagieren dabei auf die (Nicht-) Eingaben des Nutzers oder der Nutzer und passen den Inhalt, die verfügbaren Spielzüge, die Ansichten und vieles mehr während der Laufzeit darauf

---

gig von früheren Suchen, dem aktuellen Standort (über Abgleich der IP-Adresse) und weiteren Variablen, sowohl individuellen als auch gemeinschaftlichen, verändert sich die Ergebnisliste. Das Medienobjekt wird also dynamisch erstellt.

[49] Eingabeschnittstellen sind sehr vielfältig. Bei der Verwendung dieses allgemeinen Begriffs meinen wir die Gesamtheit der Möglichkeiten. Gängige Eingabeschnittstellen sind heutzutage beispielsweise Maus und Tastatur, GamePads, Joysticks, Kameras (z. B. EyeToy für Sony PlayStation oder Kinect für Microsoft Xbox360), Lage- und Bewegungssensoren (z. B. bei vielen Smartphones, der Wii Remote für Nintendo Wii oder Sony PlayStation Move) oder berührungsempfindliche Oberflächen (z. B. Tanzmatten, das Wii Balance Board für Nintendo Wii sowie auch sämtliche Touchscreens).

an. Biermann, Fromme und Unger (2010) stellen in diesem Zusammenhang heraus, dass „die Entfaltung [...] [der Inhalte der Spiele, die Verf.] beinahe vollständig an entsprechende Nutzereingaben gebunden" (S. 63, Verweis auf Klimmt 2006) sei. Somit lassen sich für Digitale Spiele folgende Merkmale festhalten: Digitalität (Algorithmen, Daten (-pakete), technische Plattformen) und Interaktivität (Eingaben des Nutzers, auf die das Spiel mit Veränderungen des aktuellen Inhalts und/oder der Darstellung reagiert).

Aus spieltheoretischer Sicht können Spiele nach Caillois in zwei Grundtendenzen geteilt werden. Es gebe „Ludus", das regelgeleitete Spiel, und „Paidia", das freie Spiel (vgl. Caillois 1982, S. 20). Digitale Spiele unterliegen schon ob ihrer Programmiertheit bestimmten Regeln. Daher lassen sie sich grundlegend als „ludisch" klassifizieren. Selbst wenn „frei" mit einem Digitalen Spiel umgegangen wird, in dem Sinne etwa einer kontraintentionalen Nutzung oder des nicht-erfüllen-Wollens des vorgegebenen Spielziels, so kann der Nutzer das Regelsystem jedoch nie ganz außer Kraft setzen[50]. Damit bieten Digitale Spiele immer einen begrenzten und vordefinierten Handlungsrahmen.

Seit mehr als einem halben Jahrhundert gibt es nun Digitale Spiele, wobei das 1958 von William Higinbotham entwickelte „Tennis for Two" als das erste gilt. Mit diesem Startpunkt nahmen Digitale Spiele ihren Weg über Spielhallen in die Wohnzimmer und seit Neuerem auch als portable Begleiter in die Taschen vieler Menschen. Sie sind inzwischen längst keine Randerscheinung mehr. Digitale Spiele sind ein wichtiges Wirtschaftsgut[51], das einen Milliardenmarkt bedient, sowie ein anerkanntes Kulturgut, wie etwa der Deutsche Kulturrat (vgl. 2009) herausstellte. In Berlin eröffnete im Januar 2011 die Dauerausstellung „Computerspiele. Evolution eines Mediums"

---

[50] Im Rahmen der späteren Betrachtungen der Potentiale Digitaler Spiele innerhalb der Participatory Culture werden wir sehen, dass durch Modding, also einem Eingriff in die Programmstruktur, sehr wohl solche Änderungen möglich sind (siehe Abschnitt 4.2.4). Wir gehen aber an dieser Stelle davon aus, dass das Spiel „nur" genutzt und nicht bearbeitet wird. Biermann, Fromme und Unger (2010) haben dafür in Analogie zu den Entwicklungen im Internet den Begriff „Spielkulturen 1.0" (S. 63) vorgeschlagen.

[51] In Deutschland erlöste die Branche der Digitalen Spiele 2009 etwa 1,8 Milliarden Euro (vgl. PWC 2010). In den Jahren zuvor war es sogar noch mehr (z. B. 2007: 2,3 Milliarden Euro) (vgl. Berg 2008). Bis 2014 wird wiederum ein Wachstum von 5,4 Prozent prognostiziert (vgl. PWC 2010).

im Computerspielemuseum, welche die „Kulturgeschichte der Games" zeigen und „die Welt des ‚Homo Ludens Digitalis'" erfahrbar machen will (vgl. Computerspielemuseum 2011). Werden diese Fakten nun zusammengenommen, scheint es unstrittig, dass Digitale Spiele in unserer Gesellschaft relevant sind[52].

4.2.2 Digitale Spiele im Alltag von Heranwachsenden in Deutschland

Entsprechend dieser wirtschaftlichen, gesellschaftlichen und kulturellen Relevanz ist es nicht verwunderlich, dass es einige interessante Studien zum Gebrauch, des Vorkommens und der Verbreitung Digitaler Spiele in Europa und Deutschland gibt[53]. Da unser Fokus jedoch explizit auf Schule gerichtet ist, berücksichtigen wir an dieser Stelle nur jene Studien, welche Aussagen über Kinder und Jugendliche[54] treffen. Recht aktuelle und differenzierte Befunde liefern die KIM-Studie (Kinder + Medien, Computer + Internet) sowie die JIM-Studie (Jugend, Information, (Multi-) Media) vom Medienpädagogischen Forschungsverbund Südwest (mpfs) aus dem Jahr 2010. Den Daten der KIM-Studie liegen persönliche Interviews mit 1.214 Kindern im Alter zwischen sechs und 13 Jahren, sowie Fragebogenerhebungen mit jeweils einem der Elternteile zu Grunde (vgl. mpfs 2010a, S. 3f). Die Erhebungen für diese KIM-Studie wurden im Juni und Juli 2010 durchgeführt. Die Daten der JIM-Studie 2010 wurden in Telefonbefragungen von 1.208 Jugendlichen im Alter zwischen 12 und 19 Jahren,

---

[52] Gestützt wird dies letztlich auch durch die öffentlichen Diskussionen des Phänomens, die beispielsweise um „Gewalt", „Sucht" aber auch um „Spaß" und „Lernen" kreisen; die, wie Schelhowe es formuliert, zum Teil auch undifferenzierte Pauschalurteile seien (vgl. 2008, S. 107). In jedem Fall, unabhängig ob Fürsprecher oder Gegner, scheinen Digitale Spiele eben mindestens so relevant, dass deren Betrachtung und Austausch darüber in Alltag, Nachrichten und Magazinen von Belang sei. Auch die Entwicklung einer wissenschaftlichen Disziplin „Digital Game Studies" mit, wie Biermann, Fromme und Unger (2010) feststellen, „eigenen Zeitschriften, Handbüchern, Fachorganisationen und universitären Lehrstühlen" (S. 62) ist mehr als nur ein Indiz für die Bedeutung der Digitalen Spiele und ihrer zugehörigen Phänomene.

[53] Lohnenswert, jenseits der hier fokussierten Altersstruktur (Kinder und Jugendliche im Schulalter), ist etwa die Betrachtung der Studien der International Software Federation of Europe (ISFE) aus den Jahren 2008 und 2010 (Personen ab 16 Jahren) oder auch der Studien, die Electronis Arts veröffentlichte (Personen ab 14 Jahren). Die Daten dieser Studien werden hier nicht verwendet, da die Ergebnisdarstellung überwiegend für alle Altersgruppen (14+/ 16+) erfolgt und daher zur Betrachtung von Schülerinnen und Schülern nicht differenziert genug sind.

[54] Kinder und Jugendliche nehmen wir als einen Personenkreis von Schule an. In Abschnitt 4.2.3 widmen wir uns demgegenüber einem zweiten Personenkreis: den PädagogInnen.

die in Telefon-Haushalten der Bundesrepublik leben, im Mai 2010 erhoben (vgl. mpfs 2010b, S. 4).

Der mpfs präsentiert in der KIM-Studie 2010 ein Diagramm, ähnlich dem Folgenden:

Abb.2: Nutzungshäufigkeit von Digitalen Spielen durch 6- bis 13-Jährige

Kategorie	(fast) jeden Tag	ein-/mehrmals pro Woche	seltener	nie
Jungen	22%	52%	11%	16%
Mädchen	9%	41%	18%	32%
12/13 Jahre	18%	51%	17%	14%
10/11 Jahre	17%	54%	13%	16%
8/9 Jahre	16%	44%	16%	24%
6/7 Jahre	11%	35%	12%	43%

Quelle: Eigene Darstellung nach KIM-Studie 2010, n=1.214 (vgl. mpfs 2010a, S. 44).

Es lässt sich ablesen, dass die Frequenz der Nutzung von Digitalen Spielen bei den 6- bis 13-Jährigen mit zunehmendem Alter steigt. So nutzten zwar bereits mehr als die Hälfte der 6- bis 7-Jährigen, aber bereits 84 Prozent der 10- bis 11-Jährigen und 86 Prozent der 12- bis 13-Jährigen Digitale Spiele mindestens gelegentlich. Demgegenüber wird in der JIM-Studie 2010 festgestellt, dass „bei den 12- bis 13-Jährigen nur zehn Prozent zu den Nicht-Spielern" (mpfs 2010b, S. 36) gezählt werden konnten[55],

---

[55] Es ist auffällig, dass es zwischen den Daten der KIM-Studie und der JIM-Studie eine Diskrepanz gibt. Bei der KIM-Studie wird der Anteil der Nicht-SpielerInnen bei den 12- bis 13-Jährigen mit 14 Prozent angegeben, während in der JIM-Studie von 10 Prozent bei den 12- bis 13-Jährigen gesprochen wird. Es lässt sich vermuten, dass die Differenz in der Zusammensetzung der Stichproben begründet sein könnte. An dieser Stelle kann und soll dies aber nicht abschließend geklärt werden, da es in unserem Interesse um die Darstellung der Tendenzen gehen soll. Es ist für uns daher von nicht gravierender Relevanz, ob 14 Prozent oder 10 Prozent Digitale Spiele nicht nutzen, sondern umgekehrt, dass mehr als 80 Prozent der 12- bis 13-Jährigen Digitale Spiele mindestens selten nutzt.

während es mit steigendem Alter mehr Nicht-Spieler seien (vgl. ebd.). Leider werden in der JIM-Studie 2010 keine genaueren Abstufungen zu Altersgruppen oder Bildungsgängen getroffen. Es wird jedoch mit Blick auf jene 979 Jugendlichen, die mindestens selten spielen, festgestellt, dass sich bezüglich der Nutzungsdauern zwar Unterschiede zwischen den Altersgruppen fänden[56], diese aber zwischen Jungen und Mädchen weitaus signifikanter seien (vgl. ders., S. 37). Somit spielten nicht nur weniger Mädchen mit Digitalen Spielen, sie nutzten sie auch weniger zeitlich intensiv (vgl. ebd.). Divergenzen zwischen den Bildungsgängen wurden in der Vorjahresstudie, der JIM-Studie 2009 (mpfs), benannt. Hier wurde angegeben, dass Jugendliche mit geringerem Bildungshintergrund signifikant mehr Zeit mit Digitalen Spielen verbrächten als Realschüler und Gymnasiasten (vgl. mpfs 2009, S. 41).

Generell lassen sich aus den Daten dieser Studien folgende für uns relevante Aussagen festhalten:

- Die zeitintensivste Nutzung und die größten Anteile von SpielerInnen lassen sich in der Gruppe der *10- bis 15-Jährigen* finden.
- Jungen sind über alle Altersgruppen wesentlich *stärker* vertreten als Mädchen, sowohl bei Nutzungshäufigkeit als auch bei zeitlicher Intensität der Nutzung.
- Durchschnittlich spielen mehr als 80 Prozent der Heranwachsenden im Alter zwischen 10 und 15 Jahren Digitale Spiele mindestens selten. Etwa ein Viertel der Jungen und ein Zehntel der Mädchen spielen dabei täglich oder beinahe täglich, jeweils etwa die Hälfte mindestens einmal pro Woche.

Somit zeigt sich, dass Digitale Spiele zur Alltagswirklichkeit vieler Heranwachsender gehören. Sie sind, wie bereits eingangs erwähnt, keine Randerscheinung, sondern sind ein integraler Bestandteil des Medienensembles in unserer Gesellschaft.

---

[56] Mit einer durchschnittlichen Nutzungsdauer von 92 Minuten täglich führen die 14- bis 15-Jährigen die Statistik an (vgl. mpfs 2010b, S. 37).

4.2.3 Haltungen (deutscher) Pädagoginnen und Pädagogen zu Digitalen Spielen in Kontrastierung mit Wünschen von Schülerinnen und Schülern

Trotz dieser lebensweltlichen Relevanz[57] sind Digitale Spiele in der formellen Bildungslandschaft, vor allem der Kinder- und Jugendbildung in Deutschland keineswegs selbstverständlich. Wir wollen in diesem Abschnitt anhand der Ergebnisse verschiedener Studien aktuelle Haltungen und Tendenzen herausarbeiten.

Im Jahr 2006 veröffentliche Electronic Arts den quantitativen Teil einer Studie der Fachhochschule Köln, die sich unter anderem mit dem Informations- und Fortbildungsinteresse von deutschen Pädagoginnen und Pädagogen beschäftigte[58]. Der erste Befund, den die Studie liefert, ist, dass das prinzipielle Interesse an Informationsangeboten zu Digitalen Spielen bei den Pädagoginnen und Pädagogen zweigeteilt sei. Von den 265 in ihren jeweiligen Bildungseinrichtungen Befragten bekundeten 134 ein grundsätzliches Interesse, 131 Personen teilten mit kein grundsätzliches Interesse daran zu haben (vgl. Witting/Czauderna 2006a, S. 9). Dabei zeige sich ein „klassisches Paradoxon: Diejenigen, die mit Computer- und Videospielen am wenigsten vertraut sind, haben das geringste Interesse, mehr über Computer- und Videospiele zu erfahren" (dies., S. 13).

---

[57] Wir sind hier gemäß unseres Fokus bisher nur auf Kinder und Jugendliche eingegangen. Wie aber andere Studien (z. B. EA-Studien Band 1, Band 2 und Band 4, in denen Personen ab 14 Jahren befragt wurden; ISFE Studien 2008 und 2010, in denen Personen ab 16 Jahren befragt wurden) zeigen, sind Digitale Spiele in allen Gesellschaftsschichten und beinahe allen Altersstrukturen präsent. So kommt beispielsweise die EA-Studie Band 4 „Spielplatz Deutschland" zu folgender Einschätzung: „Computer- und Videospielen ist Volkssport: In allen Altersgruppen, in allen Einkommensgruppen, in allen Bildungsschichten, in Single-, Mehrpersonen- und Familienhaushalten – überall wird gespielt" (Electronic Arts GmbH/Jung v. Matt/GEE Magazin 2006, S. 10).

[58] Die Studie ist dahingehend geteilt, als dass zum einen PädagogInnen an Einrichtungen aufgesucht wurden und zum anderen eine Onlineerhebung vorgenommen wurde. Die Daten der Onlineerhebung fallen dabei merklich positiver aus als die Befunde der Fragebogenerhebungen an den Bildungseinrichtungen vor Ort. Witting und Czauderna (2006a) vermuten, dass dieser Umstand mit einer generell höheren Affinität gegenüber Medien bei Teilnehmern der Onlinebefragung zusammenhinge (vgl. S. 49). Wir ziehen es daher an dieser Stelle vor nur jenen Teil der Erhebung zu berücksichtigen, in dem PädagogInnen in den Einrichtungen befragt wurden, da wir entsprechend vermuten, dass das real-durchschnittliche Bild hier treffender dargestellt werde.

Die Begründungen derjenigen, die kein grundsätzliches Interesse äußerten, veranschaulicht die folgende Grafik:

Abb.3: Gründe für grundsätzliches Desinteresse an Informationen über Digitale Spiele

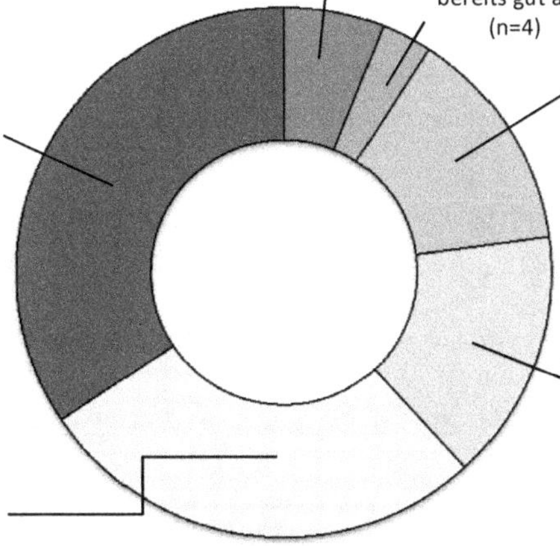

- Ich halte das Thema Computer- und Videospiele durchaus für interessant, sehe jedoch für mein Arbeitsfeld keine Relevanz. (n=45)
- Sonstiges (n=8)
- Ich kenne mich bereits gut aus. (n=4)
- Über Computer- und Videospiele habe ich mir bisher einfach noch keine Gedanken gemacht. (n=18)
- Ich halte das Thema Computer- und Videospiele durchaus für interessant, mir fehlt jedoch die Zeit, um mich zu informieren. (n=36)
- Von Computer- und Videospielen halte ich gar nichts und möchte mich mit dem Thema auch nicht weiter auseinander setzen. (n=20)

Quelle: Eigene Darstellung nach EA Studie Band 3, n=131 (vgl. Witting/Czauderna 2006a, S. 14).

36 Personen glaubten, dass Informationen zu Digitalen Spielen durchaus interessant für sie sein könnten, gaben aber an, dass ihnen die Zeit fehle, um sich damit zu beschäftigen. Kein Interesse an Informationen zu Digitalen Spielen äußerten 18 Befragte, da sie sich bisher noch keinerlei Gedanken zu dem Thema gemacht hätten. Dass sie von Digitalen Spielen nichts hielten und sich auch nicht mit dem Thema auseinandersetzen mochten, gaben zwanzig Personen an. Der Großteil (45 von 131) der Befragten, die kein grundsätzliches Interesse an Informationen zu Digitalen Spielen hatten, gab an für dieses Thema keine Relevanz im eigenen Arbeitsbereich erkennen zu können. Gerade diese beiden zuletzt genannten Umstände, also die starke Ablehnung kombiniert mit Unwillen sich damit auseinanderzusetzen und die nicht vermutete Relevanz für das eigene Handeln, sind unter Berücksichtigung unserer Ausführungen in den vorigen Abschnitten jedoch mit einer gewissen Besorgnis zu betrachten. Damit wird eine Haltung suggeriert, in der der (mediale) Alltag von Kindern und Jugendlichen keine Rolle spiele und/oder eine unrealistische Einschätzung

My Video Game.

dessen bei den Pädagoginnen und Pädagogen vorliegen könnte. Beides scheint zur Wahrnehmung der pädagogischen Rolle im Sinne des unter anderem in Abschnitt 4.1.1 beschriebenen Ziels formeller Bildung aus unserer Perspektive ungünstig. Digitale Spiele haben gesellschaftliche, ökonomische und kulturelle Relevanz und gehören somit in jedem Fall zu eben jener Welt und Gesellschaft, auf die Schule vorbereiten soll. Ob Digitale Spiele in der formellen Bildung thematisiert werden, sollte also keineswegs eine Frage des bloßen Willens der Lehrkraft sein, sondern durch die nicht negierbare Relevanz dieser Phänomena innerhalb unserer Gesellschaft gegeben sein.

Ein weiteres Ergebnis der Studie ist eine Hierarchisierung von verschiedenen Interessensdimensionen in Bezug auf Informationen zu Digitalen Spielen[59].

Abb.4: Interessenhierarchie bezüglich Informationsangeboten zu Digitalen Spielen

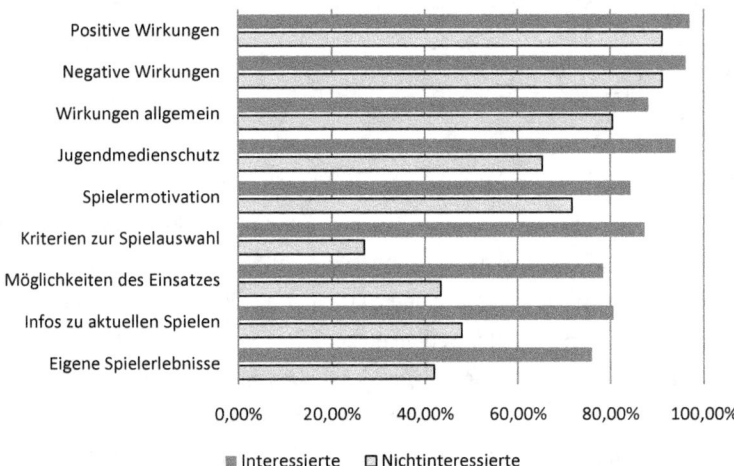

Quelle: Eigene Darstellung nach EA Studie Band 3, n=238 (vgl. Witting/Czauderna 2006a, S. 25).

---

[59] Die Stichprobe umfasst hier sowohl diejenigen, die in den Bildungseinrichtungen befragt wurden, mit grundsätzlichem Interesse an Informationen als auch jene ohne grundsätzliches Interesse. Letztere „sollten angeben, welche Inhalte ihr Interesse wecken *könnten*" (Witting/Czauderna 2006a, S. 15, Hervorh. im Orig.).

Es zeigte sich, dass Aspekte der Wirkungsforschung (positive Wirkungen, negative Wirkungen, Wirkungen allgemein) bei den befragten Pädagoginnen und Pädagogen unabhängig von ihrem grundsätzlichen Interesse an Informationsangeboten am stärksten und auch in etwa gleich stark als Inhalte von Belang angesehen wurden. Bei allen anderen möglichen Kategorien zeigte sich dagegen eine deutliche Trennung der grundsätzlich Interessierten und der grundsätzlich Nicht-Interessierten. Belange des Jugendmedienschutzes und Gründe der Spielermotivation befanden die Befragten als wissenswert, wobei die Nicht-Interessierten insbesondere Informationen zum Jugendmedienschutz signifikant weniger attraktiv fanden. Ein besonders drastischer Unterschied zeigte sich im Interesse an Kriterien zur Spielauswahl sowie auch bei Ideen zum Einsatz von Digitalen Spielen im eigenen Arbeitsfeld, Informationen zu aktuellen Spielen und dem Bedürfnis nach eigenen Spielerlebnissen. Diese vier Kategorien, die wie Witting und Czauderna (2006a) es nennen, den höchsten pädagogischen Impetus zu besitzen scheinen (vgl. S. 26), wurden bei den grundsätzlich Interessierten weitaus häufiger als relevante Inhalte benannt als bei den grundsätzlich Nicht-Interessierten.

Dieses Ergebnis wird im qualitativen Teil der Erhebung[60] gestützt und auch begründet. So stellen Witting und Czauderna (2006b) fest, „dass jene Pädagogen, die über eigene Spielerfahrung verfügen und mit Computer- und Videospielen sozialisiert worden sind [...], größeres Interesse an Informationen zum Einsatz von Computer- und Videospielen in der pädagogischen Praxis zeigen als jene Pädagogen, die über kaum Spielerfahrung verfügen" (S. 8f). Durchaus interessant ist, dass dieser Befund auch mit den Vermutungen deutscher Schülerinnen und Schüler korreliert. In einer Umfrage auf schülerVZ[61] zum Thema „Medien in der Schule"[62] aus dem Jahr 2010

---

[60] Der qualitative Teil wurde nicht im Rahmen der EA-Studien veröffentlicht.
[61] Die Internetplattform „schülerVZ" (SchülerVerzeichnis) ist ein so genanntes Social Community Angebot der VZ-Netzwerke, das sich an Schülerinnen und Schüler richtet. Es ist unter http://www.schuelervz.net erreichbar [zuletzt geprüft am 29.02.2012].
[62] Die Stichprobe der Studie umfasste 6.176 Schülerinnen und Schüler. Mädchen (50,9 Prozent) und Jungen (49,1Prozent) waren etwa gleichverteilt. 72,5Prozent der Befragten war zwischen 14 und 17 Jahren alt (vgl. Keilhauer 2010, S. 2). Für diese quantitative Erhebung, die mittels Onlinefragebogen durchgeführt wurde, gibt es zwei Literaturangaben (Keilhauer 2010 und Initiative Keine Bildung ohne Medien 2010), in denen jeweils unterschiedliche Ergebniskomplexe

geht hervor, dass Heranwachsende davon ausgehen, dass die Gründe, weshalb sich einige Lehrerinnen und Lehrer weniger mit Medien auskennen, in fehlender Erfahrung der Lehrkräfte (86 Prozent volle oder ehere Zustimmung) und mangelndem Interesse (74 Prozent volle oder ehere Zustimmung) liegen (vgl. Keilhauer 2010, S. 4). In diesem Zusammenhang ist ebenfalls aufschlussreich, dass nur fünf Prozent der befragten Jugendlichen davon ausgehen, dass alle ihre Lehrerinnen und Lehrer wissen, was die Heranwachsenden in ihrer Freizeit mit Medien machen. 38 Prozent glauben, dass dies auf die meisten ihrer Lehrkräfte zutreffe, aber 46 Prozent meinen, dass es nur wenige Lehrpersonen seien, die sich mit dem medialen Alltag Heranwachsender auskennen. Ein Zehntel der Befragten geht sogar davon aus, dass keine Lehrerin und kein Lehrer weiß, wie der mediale Alltag von Schülerinnen und Schülern aussieht (vgl. ebd.). In der qualitativen Studie der Fachhochschule Köln (Witting/Czauderna 2006b) wird demgegenüber deutlich gemacht, dass grundsätzlich an Informationsangeboten zu Digitalen Spielen interessierte Pädagogen auch ein prinzipielles Interesse am (medialen) Alltag ihrer Schülerinnen und Schüler haben. So sagte eine Interviewpartnerin exemplarisch: „Ich denke, dass es ganz interessant ist zu sehen, womit sich meine Schüler so in der Freizeit eben beschäftigen, um einfach ein kompletteres Bild von den Schülern zu bekommen" (S. 9). Diese Aussage impliziert neben dem Interesse aber auch eine Unsicherheit und korreliert mit den Annahmen der Heranwachsenden aus der schülerVZ-Umfrage, sowie den Ausführungen des BITKOM-Präsidenten, dass es eine Diskrepanz zwischen der (medialen) Lebenswirklichkeit der SchülerInnen und ihren LehrerInnen gäbe (vgl. BITKOM 2010, siehe auch Abschnitt 2.2.4). So scheinen der Studie der Fachhochschule Köln zufolge die Kenntnisse über den medialen Alltag Jugendlicher auf Seiten der Pädagoginnen und Pädagogen tatsächlich unzureichend zu sein. Diese Lücke wird von den Lehrkräften jedoch erkannt und ein tieferes Verständnis dieser Medienkultur auch gewünscht (vgl. ebd.). Es ist anzunehmen, dass dies auch von den Schülerinnen und Schülern durchaus begrüßt werden würde. Ein Schüler aus der VZ-Umfrage fordert beispielsweise: *„Die Lehrer sollten mehr Interesse an dem privaten Umfeld zeigen!!"*

---

präsentiert werden. Keilhauer wendet sich der Analyse der geschlossenen, Ratings- und Skalierungsfragen zu und im Dokument der Initiative Keine Bildung ohne Medien werden die Freitextantworten ausgewertet.

(Initiative Keine Bildung ohne Medien 2010, S. 3, Hervorh. im Orig.). Exemplarische Gründe für eine solche Forderung werden von den Jugendlichen unisono etwa als „*da sie* [die LehrerInnen, die Verf.] *dann mehr verstehen können was wir an verschiedenen Medien wie TV oder Spielkonsolen finden*" (dies., S. 4, Hervorh. im Orig.) und „*Die Lehrer könnten die Interessen der Schüler besser nachvollziehen*" (ebd., Hervorh. im Orig.) formuliert. Es scheint also für beide Seiten durchaus relevant zu sein den medialen Alltag der Schülerinnen und Schüler zu berücksichtigen und ebenfalls beide Seiten scheinen sich davon eine verständnisvollere Basis zu erhoffen.

Dabei wünscht sich die Mehrheit der in der schülerVZ-Umfrage befragten Jugendlichen explizit „ein stärkeres Anknüpfen an die eigenen Medienerlebnisse und Medieninteressen im Unterricht" (dies., S. 2). Im geschlossenen Frageteil der VZ-Erhebung kommt zum Ausdruck, dass dies bereits teilweise der Fall ist. So geben 70 Prozent an, dass ihre Erfahrungen mit Internet und Computer einbezogen würden. In Bezug auf Digitale Spiele sind dies aber weitaus weniger: nur 18 Prozent der befragten Heranwachsenden sind der Auffassung, dass ihre Erfahrungen mit Spielen berücksichtigt würden (vgl. Keilhauer 2010, S. 4).

Generell kämen Medien, gemäß der Angaben der Schülerinnen und Schüler, am häufigsten in Projekttagen oder Projektwochen zum Einsatz (vgl. ders., S. 3), gleichzeitig zeigte die Erhebung, dass aber bei 90 Prozent der Befragten der Wunsch bestehe, dass Medien insbesondere im „normalen" Unterricht eine größere Rolle spielten (vgl. ders., S. 4).

Die neuere Studie „How are digital games used in schools?" aus dem Jahr 2009, die unter anderem auch die Haltung von Pädagoginnen und Pädagogen fokussierte, liefert gerade in Hinblick auf die Nutzung Digitaler Spiele im Unterricht bemerkenswerte Befunde. An der quantitativen Studie, die zwischen Oktober 2008 und Februar 2009 auf europäischer Ebene (in neun Sprachen) durchgeführt wurde, beteiligten sich 528 Lehrkräfte aus verschiedenen europäischen Ländern (vgl. Joyce/Gerhard/Debry 2009, S. 63). Ein grundsätzliches Interesse an Medien kann bei den Teilnehmern deshalb vermutet werden, da es sich um einen Onlinefragebogen handelte. Der Verweis auf diese Erhebung wurde auf diversen Internetseiten staatlicher Bildungseinrichtungen sowie in deren Newslettern veröffentlicht. Es ist entsprechend davon auszugehen, dass eine grundsätzliche Aufgeschlossenheit gegenüber Digitalen Medien und Lehr-Lernthemen bei einem Großteil der Teilnehmerinnen und Teilnehmer vorhanden war. Dieser Umstand ist deshalb herauszustellen, da er möglicherweise Einfluss auf die Resultate hat, wie es auch in der Studie von Witting und Czauderna (2006a) der Fall war (vgl. S. 49). Ein solcher Positivierungseffekt muss bei Betrachtung der folgenden Studienergebnisse also immer latent vermutet werden. Auch muss stets berücksichtigt werden, dass es sich um eine Studie auf europäischer Basis handelt und die Ergebnisse auch solche Länder beinhalten, die auf diesem Gebiet als sehr fortschrittlich gelten, wie etwa die Niederlande oder Großbritannien. Die Ergebnisse sind also nicht eins zu eins auf die Situation in Deutschland übertragbar, liefern aber einen guten Überblick über aktuelle, fortschrittliche Entwicklungen und potentielle Hindernisse.

In ihrer Ergebnisbeschreibung stellen Joyce, Gerhard und Debry (2009) dar, dass insgesamt 373 Pädagoginnen und Pädagogen (dies entspricht über 70 Prozent) angaben, Digitale Spiele in ihrem Unterricht bereits einmal eingesetzt zu haben (vgl. S. 69). Besonders oft seien dabei die sprachlichen Fächer (sowohl Muttersprache als auch Fremdsprachen) benannt worden, aber auch der Einsatz in Geschichte, Geographie und Mathematik sei nicht unüblich. Selten dagegen würden Digitale Spiele im Kunst- oder Musikunterricht eingesetzt (vgl. Joyce/Gerhard 2009, S. 40). Das nachfolgende Diagramm (Abbildung 5) zeigt eine Verteilung jener Bereiche, in denen Digitale Spiele den Angaben der Befragten zufolge zur Förderung eingesetzt würden.

Abb.5: Bereiche zu deren Förderung Digitale Spiele eingesetzt werden

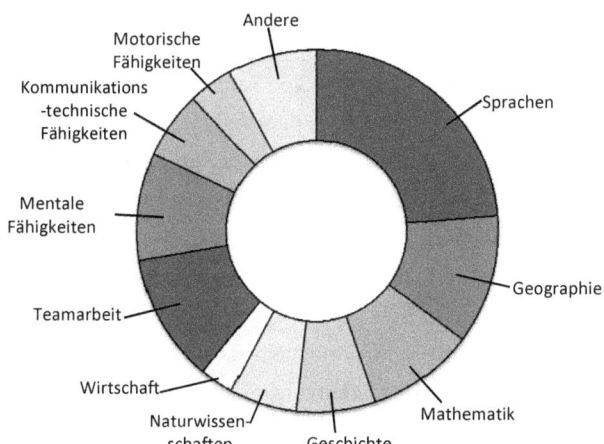

Quelle: Eigene Darstellung nach „How are digital games used in schools?", n=373 (vgl.Joyce/Gerhard/Debry 2009, S. 76).

Damit wird deutlich, dass Digitale Spiele keineswegs ein Phänomen für einen separaten Medienunterricht sind, sondern offenbar in vielen Bereichen der schulischen Bildung eingesetzt werden (können)[63]. Dabei, und dieses betonen die Autoren, seien längst nicht alle Lehrkräfte, die Digitale Spiele im Unterricht einsetzten, selbst Experten auf dem Gebiet der Spiele. Der Großteil (57 Prozent) schätze seine Spielerfahrungen aber als moderat ein. Nur 28 Prozent der Pädagoginnen und Pädagogen, die Digitale Spiele in ihrem Unterricht nutzen, sehen sich als Anfänger in Bezug auf Digitale Spiele (vgl. Joyce/Gerhard/Debry 2009, S. 72).

Die Gründe für den Einsatz von Digitalen Spielen im Unterricht aus Sicht der Pädagoginnen und Pädagogen variieren, jedoch rangiert der Faktor „Erhöhung der Motivation der SchülerInnen" vor allen anderen deutlich (vgl. Joyce/Gerhard 2009, S. 40). Die Autoren fassen weiterhin zusammen: „More specifically, teachers say, for example, that they use digital games to increase pupils' autonomy in learning, and to personalize, and sometimes reward, learning" (ebd.). In diesen Aussagen finden wir nun deutliche Anknüpfungspunkte an unsere Ausführungen im dritten Kapitel (Interesse,

---

[63] Somit wird die in Abschnitt 4.1.1 theoretische Überlegung, dass Medien eben kein separat zu behandelndes Phänomen seien, hier durch deren praktische Verortung vollständig gestützt.

My Video Game.

Erfahrung, Individualität, Problemlösungen)[64]. Somit ergibt sich ein kohärentes Bild in Bezug auf den Nutzen des Einsatzes Digitaler Spiele in der formellen Bildung. Vermittlungsmedium (Digitale Spiele) und das damit von den Pädagoginnen und Pädagogen erwünschte Ziel (Lerninhalt, Förderung von Fähigkeiten und Fertigkeiten) scheinen so eng miteinander verwoben, dass das Interesse, welches durch das Digitale Spiel bei den Schülerinnen und Schülern geweckt wird, den Prozess des Erwerbs gleichsam interessant mache. Somit überwiege erstens der intrinsische Reiz (Interesse i.w.S.), wodurch die Voraussetzung geschaffen werde, dass Bildungsprozesse (im Sinne Deweys und Paperts) überhaupt stattfinden könnten und zweitens werde somit, wie wir auch in Unterkapitel 3.2 herausgestellt haben, der Weg das Ziel.

Gegenüber diesen als positiv erachteten Effekten, gebe es aber auch einige Hürden, die den Einsatz von Digitalen Spielen im Unterrichtsgeschehen erschweren. In der folgenden Übersicht (Abbildung 6) werden die von den befragten Lehrkräften gewichteten Hindernisse dargestellt:

Abb.6: Hürden des Einsatzes von Digitalen Spielen im Unterricht (absolute Nennungen)

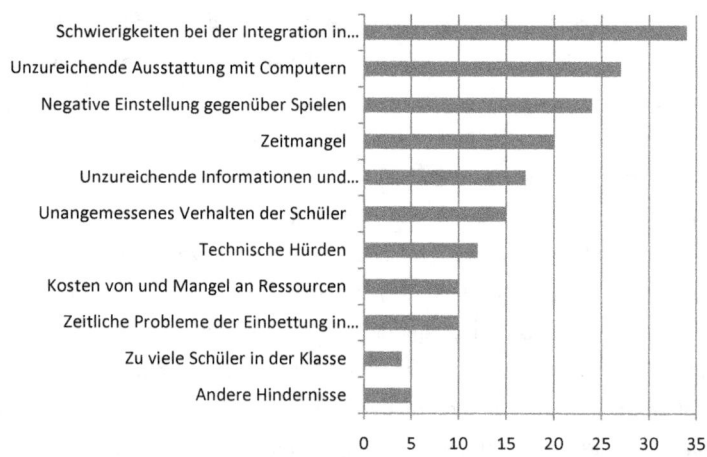

Quelle: Eigene Darstellung nach „How are digital games used in schools?", n=528 (vgl. Joyce/Gerhard/Debry 2009, S. 79).

---

[64] Wir klammern den Einsatz von Digitalen Spielen als Belohnung an dieser Stelle aus, da er einerseits offenbar selten zu Tage trat und andererseits einer klassisch behaviouristischen Denkweise folgt.

Als größtes Hindernis können innerhalb der Studie die Lehrpläne identifiziert werden. Dies scheint im Wesen Digitaler Spiele selbst begründet zu sein. Joyce und Gerhard (2009) führen aus: „the cross-disciplinary approach of the games is not comcompatible with the division between different subjects in secondary schools" (S. 40). Unsere Gedanken in Abschnitt 4.1.1 zur Eröffnung divergenter Weltsichten durch Medien und der damit verbundenen Unmöglichkeit der Separierung dieser innerhalb von Bildung scheinen also insbesondere auch auf das Feld der Digitalen Spiele zuzutreffen[65]. Damit ist wiederum deutlich, dass fachübergreifende Ansätze notwendig sind, um Digitale Spiele ihrer vollen Potentiale entsprechend in den Unterricht zu integrieren. Parallel könnten auch die Hindernisse „Zeitmangel" und „Zeitliche Probleme der Einbettung in Stundenpläne" auf diese Weise relativiert werden, da fachübergreifender Unterricht, bestenfalls in Form von Projektunterricht, den engen Stundenrhythmus überwinden kann und sich somit ein weiterer zeitlicher Rahmen zur Beschäftigung mit einem Gegenstand ergeben könnte. Anderen Hürden, wie „Negative Einstellung gegenüber Spielen", „Unzureichende Informationen und Unterstützung" und „Technische Hürden", ist bestenfalls mit entsprechenden Angeboten zu begegnen. Informationsangebote, wie Witting und Czauderna (2006) sie im Blick hatten, könnten hier Abhilfe leisten. Hindernissen, die die Ausstattung, Kosten und mangelnde Ressourcen betreffen, wäre durch die Bereitstellung eben jener geforderten (technischen) Mittel entgegenzuwirken. Wobei an dieser Stelle nochmals betont werden muss, dass es keinesfalls genügen kann, „Millionenbeträge in die Ausstattung von Computerräumen an Schulen" (Josting 2004, S. 292) zu stecken. Allerdings ist eben auch wahr, dass ohne die notwendige Verfügbarkeit beispielsweise von Computern, Laptops, Internetzugängen oder Software, eine Integration dieser in formelle Bildungsprozesse unmöglich ist. So ist es

---

[65] Dass es durchaus auch verschiedenste Ansätze zum Einsatz (oder meist eher „nur" der Thematisierung) von Digitalen Spielen im Fachunterricht gibt, soll an dieser keineswegs bestritten werden. In der LfM-Studie „Computerspiele und virtuelle Welten als Reflexionsgegenstand von Unterricht" (Fileccia/Fromme/Wiemken 2010) werden etwa exemplarische Anknüpfungspunkte innerhalb der Kernlehrpläne (Nordrhein-Westfalens) ausgelotet und durch die Auswertung von Experteninterviews mit SchülerInnen und LehrerInnen bisherige und mögliche Einsatzgebiete und -arten analysiert. Der „Best-Practice-Kompass. Computerspiele im Unterricht" (LfM 2010), welcher auf dieser Studie basiert, benennt 91 konkrete Beispiele zur Thematisierung von Digitalen Spielen im Fachunterricht. Fachübergreifende Unterrichtsvorschläge sind im Best-Practice-Kompass vorhanden, aber in der Unterzahl.

My Video Game.

nicht verwunderlich, dass es etwa Aufenanger (2005) angemessen erscheint „für jede Schülerin bzw. jeden Schüler eine solche Einheit [einen Computer, die Verf.] zu fordern" (S. 153).

Doch neben dieser volitional-organisatorischen Frage der Einbindung von Digitalen Spielen in Schule, wie sie die in diesem Abschnitt betrachteten Studien stellen, muss es auch um eine inhaltliche Ausrichtung gehen. Dabei ist festzustellen, dass alle Ansätze dieser bisher betrachteten Studien von „fertigen", meist kommerziell produzierten Spielen ausgehen. Digitale Spiele werden benutzt. Dass dies durchaus positi-positive Auswirkungen zu haben scheint und auch im Sinne einer gesellschaftlichen Bildung notwendig ist, ist nach den vorigen Betrachtungen nicht mehr anzuzweifeln. In den Ergebnissen der schülerVZ-Umfrage zeigte sich demgegenüber aber auch deutlich, dass es den Wünschen der Heranwachsenden entsprechend „neben der Anwendung insbesondere um das **Erstellen von Medien**" (Initiative Keine Bildung ohne Medien 2010, S. 1, Hervorh. im Orig.) gehen solle. Während dieser Forderung in Bezug auf einige Medien bereits teilweise nachgekommen wird, wie etwa im geschlossenen Frageteil der schülerVZ-Erhebung deutlich wird[66], so findet die produktionsorientierte Seite von Digitalen Spielen nur vereinzelt Beachtung im Kontext formeller Bildung[67]. Dies wäre aber in Hinblick auf unsere Ausführungen zur Participatory Culture (siehe Abschnitt 2.2.3) und unter Berücksichtigung unseres Bildungsverständnisses (siehe Unterkapitel 3.2) eine an dieser Stelle logische Konsequenz. Doch um diesen Schluss zu prüfen, scheint es uns notwendig den Blick im nächsten Abschnitt zunächst auf die informellen produktionsorientierten Tendenzen, die in Bezug auf Digital Games und vor allem Digital Game Design zu Tage treten, zu richten, um einen Eindruck zu gewinnen, ob und inwiefern diese in der (Jugend-) Kultur bereits vorhanden sind und Überlegungen der Nutzbarmachung dessen in der formellen Bildung anzustreben.

---

[66] In der schülerVZ-Umfrage ergaben sich folgende Daten für die Medienproduktion im schulischen Kontext: 30 Prozent haben Fotografien erstellt, 20 Prozent haben Videofilme erstellt und 15 Prozent haben eigene Internetseiten gestaltet.

[67] Zwei exemplarische Projekte zum Digital Game Development in formellen Lern- und Bildungskontexten werden kurz in Unterkapitel 4.4 vorgestellt.

4.2.4 Verortung Digitaler Spiele innerhalb des Fokus' der Participatory Culture

Die kreativ-produktiven Strömungen, die sich in Zusammenhang mit Digital Games zeigen, sind mannigfaltig. Unter Berücksichtigung der Konvergenz der Medienwelten ist es nicht verwunderlich, dass diese Auseinandersetzungen auch oft crossmediale Züge tragen. So ist etwa die Veröffentlichung der eigenen Schöpfungen im Internet beinahe elementar und auch die Eigenproduktionen selbst sind oftmals einem anderen medialen Genre zuzuordnen als dem Gegenstand der Digital Games.

Wie bei Büchern, Filmen, TV-Serien, Comics und vielen weiteren Mediengattungen, gibt es beispielsweise auch im Fokus der Digital Games *Fan Fiction*, von Fans geschriebene Geschichten rund um die Spielfiguren und -welten, ebenso wie *Fan Art*, bildnerisch-künstlerische Auseinandersetzung mit Spielfiguren und -welten (siehe Abbildung 7).

Abb.7: Beispiele von Fan Art zu der Nintendo Spielfigur „Super Mario"
(v.l.n.r.: „Close up of Mario, Goomba, 1-Up" - gehäkelte Figuren, „mariofornathanIMG_1772" - Geburtstagstorte, „Super Mario" - Zeichnung)

Quellen (v.l.n.r): anenemyairplane (2009) via flickr.com: http://www.flickr.com/photos/enemyairship/ 4160006052/in/photostream [zuletzt geprüft am 29.02.2012]; alwayscakes (2008) via flickr.com: http://www.flickr.com/photos/23830531@N08/2687126481/ [zuletzt geprüft am 29.02.2012]; JAtothemuthafinC (2007) via deviantart.com: http://browse.deviantart.com/?q=super%20mario&order=9&offset =48#/da1el6 [zuletzt geprüft am 29.02.2012].

Auch das *Cosplay*, kurz für Costume Play, welches überwiegend mit Mangas und Animé in Verbindung gebracht wird, ist für den Bereich der Digital Games nicht unüblich. Dabei geht es um die möglichst detailgetreue Darstellung eines Charakters durch Verkleidung und Schauspiel. Vorrangig werden dabei aber Spielcharaktere favorisiert, die der japanischen Comictradition entlehnt sind. Eine weitere Art der kreativ-produktiven Beschäftigung mit Digital Games wird unter dem Begriff *Machi-*

nima[68] zusammengefasst. Darunter werden filmische Eigenproduktionen verstanden, die mit Hilfe von Game Engines entstehen, indem Szenen innerhalb eines talen Spiels oder einer virtuellen Welt gestellt, gefilmt, geschnitten und vertont werden[69].

Die zur Beantwortung der Eingangsfrage interessantesten Produktionsströmungen finden sich im Bereich des *Moddings* und der Erstellung von *Fan Sequels*. Modding ist die Veränderung eines bestehenden kommerziellen Spiels[70] und Fan Sequels sind selbst programmierte Digitale Spiele, die auf bereits bestehende, kommerzielle Spiele referieren[71]. Laukkanen (2005) charakterisiert diese Arten der kreativ-produktiven Auseinandersetzung mit Blick auf Jenkins' Ideen (siehe Abschnitt 2.2.3) als „illustrative example of the so-called ‚participatory culture'" (S. 5) und Loh und Byun (2009) stellen weiterhin fest: „[t]he idea of making video games by modification (or game *modding*) is in the same vein as constructionism, or ‚learning by building'" (S. 409, Hervorh. im Orig.). Damit, wir nehmen die vorgenannten Aussagen zusammen, treffen diese Aktivitäten, den Kern unserer bisherigen Ausführungen. Sie lassen sich als

---

[68] Machinima ist ein Kunstwort, das sich aus den englischen Begriffen „machine" und „cinema" zusammensetzt.

[69] Um einen Eindruck von Machinima zu bekommen, ist unter anderem der Besuch der Internetpräsenzen von Machinima Deutschland (http://goodnews.antville.org/, zuletzt geprüft am 29.02.2012) oder der Academy of Machinima Arts and Sciences (http://www.machinima.org/, zuletzt geprüft am 29.02.2012) lohnenswert. Auf Videoplattformen im Internet sind weiterhin zahlreiche Beispiele zu finden.

[70] Game Modding gibt es in verschiedenen Ausprägungen. Angefangen von der Verwendung von innerhalb des Spiels zur Verfügung gestellten Leveleditoren bis hin zur vollständigen Veränderung von Programmcode, Grafiken, Geschichten und Sounds (Effekte, Musik und Sprache), werden zahlreiche Abstufungen der Tiefe des Eingriffs in ein vorhandenes Spiel in der Fachliteratur unterschieden. Wir möchten es in unserem Kontext recht allgemein halten und beziehen uns auf die Definition, die Tero Laukkanen (2005) vorschlägt: „‚modding' refers to the participatory practice where amateurs modify and extend released games with their own creations" (S. 15).
Eine Sammlung von Mods, also den veränderten Spielen, ist in der Modding Datenbank ModDB (http://www.moddb.com, zuletzt geprüft am 29.02.2012) verfügbar.

[71] Ein Beispiel für ein solches Fan Sequel ist das 2008 veröffentliche „Zak McKracken. Between time and space", ein von Fans erstelltes Nachfolgespiel zu „Zak MacKracken and the Alien Mindbenders", welches Lucasfilm Games 1988 auf den Markt brachte. Auf der Projekthomepage des Fan Sequels (http://www.mckracken.net, zuletzt geprüft am 29.02.2012) stellt das Team sich und das Projekt umfangreich vor und bietet mit einen eigenen Forum anderen Fans Platz zum Austausch.

projektorientiertes, konstruktionistisches Erfahrungslernen innerhalb einer partizipativen Kultur anhand von und mit Digitalen Medien charakterisieren. Dabei werden, erinnern wir an Zorns Ergebnisse, die sie in ihrer Dissertation dargestellt hat (siehe Abschnitt 3.2.3), weitreichende Bildungspotentiale evoziert.
Nun sind solche informellen Produktionsgruppen gerade in Bezug auf ihre soziale Interaktion und Organisation erstens bisher nicht hinlänglich erforscht und zweitens ist zu vermuten, dass Strukturen innerhalb eines formellen Bildungssettings durch die gegebenen institutionellen Faktoren anders gedacht werden müssen. Das technisch-methodische Vorgehen aber, im Sinne von Phasen und Bestandteilen, scheint universell und durch die strukturellen Eigenheiten Digitaler Spiele bedingt. Daher werden wir uns nachfolgend einer exemplarischen Form von Digital Game Development zuwenden, um eine Vorstellung zu bekommen, wie komplex die darin notwendigen Prozesse, Tätigkeiten und Entscheidungen sind und inwiefern curriculare Inhalte tangiert werden.

4.3 Grundzüge des Digital Game Development

Die Entwicklung Digitaler Spiele ist gemeinhin eng mit dem Begriff des Programmierens verbunden. Oft besteht sogar die Vorstellung, dass das Beherrschen einer komplexen Programmiersprache Voraussetzung für die Erstellung eigener Digitaler Spiele sei. Wir möchten im ersten Abschnitt darstellen, warum diese Annahme in unseren Augen nicht zutreffend ist und berücksichtigen dabei auch die Argumentationen von Papert und Schelhowe. Anschließend werden wir uns den Bestandteilen Digitaler Spiele widmen sowie deren Beziehungen zu curricular festgeschriebenen Fachdisziplinen an einem Beispiel umreißen. Nachfolgend betrachten wir Digital Game Development als Prozess, dessen einzelne Konstruktionsphasen und insbesondere auch das Verhältnis von sequentiellen und iterativen Schrittfolgen und deren Verortung innerhalb des konstruktionistischen Erfahrungslernens.

4.3.1 Digital Game Development und Programmieren

„Programming is not the equivalent of game design" (Salen/Zimmerman 2005, S. 15) stellen Salen und Zimmerman heraus und formulieren damit sehr treffend eine hier grundlegende Haltung zu Digital Game Development, die allen Ausführungen voranzuschicken ist. Die Entwicklung Digitaler Spiele bedarf vieler Kompetenzen und Prozesse innerhalb derer das Programmieren, wenn überhaupt, nur einen kleinen Anteil einnimmt. Mit den heutigen Möglichkeiten, die entsprechende Game Development Umgebungen[72] bieten, sind Programmierkenntnisse sekundär geworden, sodass auch Programmierlaien innerhalb kürzester Zeit eigene Spiele erstellen können. Dies wirft die Frage auf, ob die strukturalen Zusammenhänge, in denen jene beschriebenen starken Bildungspotentiale liegen (siehe z. B. Abschnitt 3.2.3), noch erfahrbar wären.

In Paperts Ausführungen klingt nie ein Zweifel am grundsätzlichen Einsatz von Programmiersprachen zum konstruktionistischen Lernen im digitalen Zeitalter an. Eine Sprache, um mit dem Rechner zu kommunizieren, ist in seinen Augen wie eine Fremdsprache. Es sei ganz ähnlich dem Französischen oder Spanischen, eben eine Sprache, die erlernt wird, um sich selbst damit ausdrücken und mit der „Maschine" kommunizieren zu können (vgl. Papert 1994, S. 44). Das Problematische fand Papert nun aber in der Abstraktheit der vorhandenen Programmiersprachen selbst. Er vergleicht überspitzt (damalige) Programmierer mit antiken Priestern, „die dem Volk die Macht vorenthielten [...] und [...] das in ihren Augen machtvollste Wissen in einer Sprache beließen, die das gemeine Volk nicht verstehen konnte" (ders., S. 58). Die „Macht" über die „Maschine" werde also über Befehle, ausgedrückt in einer ihr verständlichen Maschinensprache, der Programmiersprache, erreicht. Der Schritt der Demokratisierung konnte, so Papert, nur in der Vereinfachung der Sprachen liegen. Er „erkannte die Notwendigkeit von Computersprachen, die »vulgarisiert« werden konnten – d.h. die der Allgemeinheit und besonders Kindern zur Verfügung gestellt werden konnten" (ebd.). Diese Erkenntnis beflügelte Papert und seine Kollegen zur

---

[72] Wir denken hier vor allem an Authoring Tools und WYSIWYG-Editoren, auf die wir später näher eingehen werden.

Entwicklung von Logo. Doch trotz der Erfolge, die Papert und andere in den Projekten mit Logo verzeichneten, setzte sich diese Programmiersprache bis heute keineswegs flächendeckend durch.

So ist es nicht verwunderlich, dass auch Schelhowe viele Jahre später zu der Einschätzung gelangt, dass das Erlernen einer Programmiersprache für die meisten Schülerinnen und Schüler nicht besonders wertvoll, langweilig und überkomplex im Verhältnis zum für die Heranwachsenden sichtbaren Nutzen sei. Sie beschreibt ihre Eindrücke:

> „Unterricht, der auf das Programmieren-Lernen und auf die Syntax von Programmiersprachen gerichtet ist, hat wenig mit ‚Allgemeinbildung' zu tun. Dies ist Spezialwissen, das für die meisten SchülerInnen nicht interessant ist, sondern zur Abgrenzung der ‚ExpertInnen' beiträgt. [...] Für die SchülerInnen, die sich - auch wenn sie nicht in ihrer Freizeit Computer zusammengebastelt haben - für einen Informatikkurs entschieden, bestätigte sich der spontane Eindruck, dass dies eine Veranstaltung für SpezialistInnen und Freaks sei. So stand nicht selten [...] das Programmieren selbst mit den gängigen imperativen Programmiersprachen und komplizierter Syntax im Vordergrund. [...] Mit dem, was Mädchen und den größten Teil auch der Jungen an den Digitalen Medien fasziniert und interessiert, hat dies zunächst wenig zu tun" (Schelhowe 2007, S. 91).

Die Frage, die sich also aufdrängt, ist, wie also Strukturen erschaffen, verändert, erweitert, erfasst und erfahren werden können, wenn das scheinbar notwendige Erlernen komplexer Programmiersprachen die Lust auf Erfahrung und das Interesse, das für Lern- und Bildungsprozesse so wichtig sei, offenbar verleiden kann.

Im Falle des Digital Game Development ist die Frage relativ einfach zu beantworten: mit Autorenprogrammen, so genannten Authoring Tools, in der Art von Editoren, idealerweise dem WYSIWYG[73]-Prinzip folgend. Über bekannte Eingabeprozeduren, wie etwa Drag&Drop, lassen sich Elemente platzieren und Aktionen über Schaltflächen zuweisen. Dabei ist es nicht ausgeschlossen, dass in Authoring Tools auch

---

[73] WYSIWYG ist die zugegeben kryptische Abkürzung für „What You See Is What You Get". WYSIWYG-Editoren werden in vielen Bereichen des Erstellens Digitaler Medien (-inhalte) eingesetzt. Im Gegensatz zur Festlegung von Vorgängen, Inhalten und Eigenschaften der Medienelemente in einer (komplexen) Programmier- oder Beschreibungssprache (z. B. HTML), werden diese mit Hilfe des Editors in jedem Stadium der Erstellung visuell dargestellt. So ist der derzeitige Stand immer einfach sichtbar, überprüfbar und veränderbar.

Skriptsprachen eingesetzt werden, aber auf einem deutlich geringeren Niveau. So besteht einerseits eine geringe Einstiegshürde[74] und andererseits kommt der Prozess des Konstruierens auch sehr nah an die Idealvorstellungen Deweys und Paperts, die die charakteristischen Verbindungen einzelner Bestandteile im Blick hatten. Abstrakte Beschreibungen in komplizierten Programmiersprachen „verschleiern" diese Zusammenhänge. Wer diese Sprache nicht fließend beherrscht, hat aufgrund der kryptischen Terme keine Chance diese Verbindungen zu erkennen. Paperts Beispiel der Fremdsprache ist also sehr treffend. Stellen wir uns eine unbebilderte Aufbauanleitung eines Möbelstücks in chinesischer Sprache vor, so werden wir keine Möglichkeit haben diese zu verstehen, wenn wir dem Chinesischen nicht mächtig sind. Daher ist es notwendig nach probaten Mitteln zu suchen, die ohne Spezialkenntnisse den Zugang zu einem Objekt oder Problem ermöglichen. Für die Aufbauanleitung von Möbeln verwendet ein schwedischer Konzern daher ausschließlich Bilder[75]. Sehr ähnlich stellt sich das Verhältnis von Programmcode zu Authoring Tool dar. Die folgenden Abbildungen machen es deutlich:

Abb.8: Programmcode in Python

```
def add5(x):
    return x+5

def dotwrite(ast):
    nodename = getNodename()
    label=symbol.sym_name.get(int(ast[0]),ast[0])
    print    '%s [label="%s' % (nodename,label),
    if isinstance(ast[1], str):
        if ast[1].strip():
            print '= %s"];' % ast[1]
        else:
            print '"]'
    else:
        print '"];'
        children = []
        for n, child in enumerate(ast[1:]):
            children.append(dotwrite(child))
        print    '%s -> {' % nodename,
        for name in children:
            print '%s' % name,
```

Quelle: http://en.wikipedia.org/wiki/File:Python_add5_syntax.png [zuletzt geprüft am 29.02.2012].

---

[74] Wir erinnern an Abschnitt 2.2.3, in welchem es um die geringen Einstiegshürden in Bezug auf Online-Communitys ging. Die dort genannten Kennzeichen (gering notwendiges Hintergrund-/Spezialwissen, keine langen Übungs-/Einarbeitungsphasen und verhältnismäßig einfache Bedienbarkeit) treffen auch auf Authoring Tools im Bereich der Digital Games zu. Das Partizipationspotential wird somit für dieses mediale Phänomen durch Autorenwerkzeuge erheblich gesteigert.
[75] Ein Beispiel ist hier einsehbar: http://www.ikea.com/assembly_instructions/aneboda-wardrobe___DS09_PUB.PDF [zuletzt geprüft am 29.02.2012].

Digital Game Development und formelle Lern- und Bildungssettings

Abb.9: Oberfläche des Authoring Tools „Visionaire"

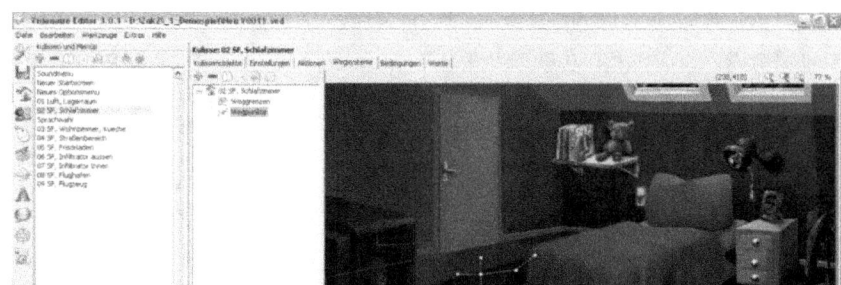

Quelle: http://images.siteface.net/siteface/CMS/11/images/Visionaire_Screen_4_small.jpg [zuletzt geprüft am 29.02.2012].

Für diejenigen, die nicht mit Python oder einer ähnlichen Programmiersprache vertraut sind, wird es schwierig sein zu erkennen, was der Algorithmus in Abbildung 8 bewirkt. Im Screenshot des Authoring Tools (siehe Abbildung 9) dagegen ist deutlich ein Zimmer zu erkennen. Die Farben sprechen dafür, dass das Bild einen nächtlichen Moment zeigt. Die Punkte und Linien, ergeben mit den Kategorien im linken Fensterbereich ebenfalls sofort Sinn. Es handelt sich um „Weggrenzen" und „Wegpunkte". Es wird also so sein, dass sich eine Figur innerhalb der „Weggrenzen" bewegen kann und an „Wegpunkten" stehen bleibt. Egal, ob diese Interpretation nun fehlerfrei ist oder nicht, wird in jedem Fall eine konkretes Bild einer Struktur sichtbar. Bei der Verwendung eines solchen Authoring Tools zum Erstellen eigener Produkte werden diese Strukturen beim Konstruieren selbst erfahren. Sie sind dort veränderlich und jede Veränderung wirkt sich auf das fertige Konstrukt aus. Es kann ausprobiert werden, die Folgen sind sichtbar, aber keineswegs irreversibel. Ein Authoring Tool bietet so betrachtet einen „sicheren" Erfahrungs- und Spielraum, der auf einfache, direkte Art Möglichkeiten des Konstruierens bietet und somit unserer Vorstellung von aussichtsreichen Lern- und Bildungsprozessen (siehe Kapitel 3) entspricht.

My Video Game.

Nehmen wir nun die Aussage von Salen und Zimmerman (2005), die wir diesem Abschnitt voranstellten, nochmals in den Blick: „Programming is not the equivalent of game design" (S. 15). Programmieren, wie wir zeigten, ist für unsere Zwecke nachrangig. Es bleibt aber bisher offen, was denn Digital Game Development kennzeichne. Daher werden wir uns im nächsten Abschnitt den Bestandteilen eines Digitalen Spiels widmen und darauffolgend erörtern, in welchen Prozessen diese schließlich zu einem Digitalen Spiel zusammengesetzt werden.

4.3.2 Die Elemente eines Digitalen Spiels und ihre Beziehung zu Fachdisziplinen

Um es vorwegzuschicken: Nicht jedes Digitale Spiel besteht aus den gleichen Bausteinen. Abhängig von Genre, von ludischer oder eher narrativer Ausprägung, von Plattform, Ein- und Ausgabemöglichkeiten sind viele verschiedene Elemente in unterschiedlichen Ausprägungen und in divergenten Verbindungen notwendig. Begreift man Digitale Spiele aber, wie Järvinen es zum Beispiel beschreibt (vgl. 2008, S. 49ff), als Systeme, so lassen sich durchaus gemeinsame Elemente auf struktureller Ebene ausmachen. Järvinen stellt dazu eine Gleichung mit neun Bestandteilen[76] auf, die zwar detailliert und in sich überaus schlüssig ist, sich in unserem Kontext aufgrund ihrer Komplexität und der Unterscheidung der Elemente nach ihrer Bedeutung für das System jedoch nicht vorrangig anbietet. Wir ziehen daher einen strukturellen Ansatz vor, der die Elemente nicht nach ihrem Sinn oder ihrer Wirkung innerhalb des Systems gliedert, sondern nach deren Wesen im Fokus ihrer „handwerklichen" Erstellung. Wir wählen folgend diese vier Überkategorien: *Regeln, visuelle Elemente, auditive Elemente und sprachliche Elemente*. Es würde an dieser Stelle aber nun zu weit führen, alle Ausprägungen dieser Elemente detailliert aufzuschlüsseln, gerade auch in Hinblick darauf, dass nicht alles für jedes Spiel allgemeingültig sein kann. Daher halten wir hier eine Beschreibung exemplarischer Ausprägungen für adäquat.

---

[76] Die Gleichung lautet: „game system = components + environment + ruleset + information (+theme) (+interface) + players + context" (Järvinen 2008, S. 56).

Regeln bilden das Grundgerüst. Darunter sind nicht nur die für den Spieler relevanten Spielregeln zu fassen, sondern auch alle Zusammenhänge und Abläufe, alle Eigenschaften, Möglichkeiten und deren Kombinationen. Über Regeln werden also beispielsweise die Spielwelt sowie alles in ihr, die Handlungsoptionen des Spielers, seine Interaktionsmöglichkeiten und auch seine Anleitung durch das Spiel, die Steuerung des Spiels wie auch alle Ereignisse und deren Ausgänge definiert. Gibt es eine Story, so verorten wir auch diese innerhalb der Kategorie Regeln, da diese Geschichte wiederum handlungsleitend ist und für den Spieler über Regeln erfahrbar wird. Gibt es Charaktere, so sind diese wie Objekte auch durch Regeln definiert. Fragen wie ‚Wer ist dieser Charakter?', ‚Was kann dieser Charakter?' und so fort werden durch Regeln festgesetzt. Regeln in diesem weiten Sinne sind im Gegensatz zu den anderen Überkategorien elementar. Während Digitale Spiele durchaus ohne auditive Elemente auskommen können, ohne sprachliche Elemente und manche sogar ohne visuelle Elemente, so liegt aber allen Digitalen Spielen ein Regelsystem zu Grunde.

Visuelle Elemente meint die Gesamtheit aller grafischen Darstellungen – statische wie auch animierte. Dazu zählen etwa GUI[77], Objekte, Charaktere, Welten, Effekte und alles nur denkbar durch den Spieler visuell zu erfassende. *Auditive Elemente* sind alle Bestandteile, außer Sprache, die hörbar sind. Generell fallen darunter zwei Kategorien: Musik und Soundeffekte. *Sprachliche Elemente* sind sämtliche Texte, Beschriftungen, Dialoge, Monologe, Erklärungen usw. Sie werden als Anzeigetexte in visueller Form und/oder als Ausgabetexte in auditiver Form eingebunden.

Wie aber sind diese Elemente mit den typischen curricularen Fachdisziplinen in Beziehung zu setzen? Dies lässt sich ebenso wie die Elemente selbst nicht prinzipiell generalisieren, da die fachliche Zuordnung auch von dem konkreten Inhalt determiniert wird[78]. Daher werden wir hier ein sehr kurzes Beispiel heranziehen, um auch die fachliche Komplexität deutlich zu machen.

---

[77] GUI bedeutet „Graphic User Interface". Es ermöglicht dem Spieler über graphische Anzeigen zum Beispiel mit Objekten im Spiel zu interagieren, Spielstände und Messwerte abzulesen.

[78] So erfordert etwa das Erstellen einer Flugzeugsimulation Wissen im Bereich der Aeronautik, was bei vielen anderen Spielen (etwa bei Arcadespielen wie Tetris, Adventures wie Day of the Tentacle oder Jump 'n Run Spielen wie Sonic the Hedgehog) irrelevant ist.

Gehen wir davon aus, dass eine Spielfigur in der Rolle eines NPC[79] erstellt werden soll. Beispielhaft orientieren wir uns an einer vergleichsweise einfachen Figur wie etwa der Voodoo Lady (siehe Abbildung 10) aus der Adventurereihe „Monkey Island" (Lucasfilm Games 1990-2010/LucasArts 1997-2000/Telltale Games 2009).

Abb.10: Voodoo Lady aus Tales of Monkey Island (Telltale Games 2009)

Quelle: Homepage zu „Tales of Monkey Island". Online: http://www.talesofmi.de/images/charaktere/voodoolady.jpg [zuletzt geprüft am 29.02.2012].

Der Ausgangspunkt bei der Erstellung einer Figur ist die Klärung der Frage, welche Rolle dieser innerhalb des Spiels zukommt. Unser Beispielcharakter die Voodoo Lady ist, wie ihr Name vermuten lässt, eine Voodoo-Priesterin und Schicksalsleserin. Die vom Spieler steuerbare Hauptfigur Guybrush Threepwood sucht sie auf, um von ihr durch kleinere Zaubereien Hinweise zur Lösung eines Problems zu bekommen. In dieser Rolle braucht eine solche Figur also gewisse Eigenschaften und Fähigkeiten, eine Biographie, einen bestimmten Sprachduktus und vor allem einen definierten Wissenshorizont – eben alles, was einen „echten" Charakter ausmacht. Diese Eigen-

---

[79] NPC ist die Abkürzung für Non-Playable Character oder auch Non-Player Character und bezeichnet dementsprechend eine nicht vom Spieler steuerbare Spielfigur.

heiten werden zum einen durch Regeln der Spielwelt (z. B. durch das Wann und das Wo) vorgegeben, zum anderen bedingen sie selbst wieder neue Regeln – sie gehören in unserer Systematik zu der Kategorie der Regeln. Man könnte die notwendigen Überlegungen zu eben diesen charakteristischen Persönlichkeitsmerkmalen verschiedenen Fachdisziplinen zuordnen, zum Beispiel *Ethik*, *Sozialkunde* oder auch *Deutsch*.

Nun wäre diese Figur nach (vorläufigem) Abschluss der Charaktererarbeitung noch nicht sichtbar und müsste visualisiert werden (= visuelle Elemente). Dazu würde sie (analog oder gleich digital) gezeichnet werden, was typischer Weise dem *Kunstunterricht* zuzuordnen wäre. Doch auch Bewegungsabläufe wie Laufen, Gehen, Springen, Kriechen, Greifen, Fallen, Blinzeln, Sprechen spielen eine Rolle, soll die Figur nicht nur regungslos sein. Das Wissen über solche Abläufe tangiert wiederum andere Disziplinen etwa *Biologie* und *Sport* – natürlich auch abhängig davon, welche Bewegungen ausgeführt werden sollen. Die einzelnen Phasen einer Bewegung werden wiederum gezeichnet (analog oder gleich digital animiert). Nicht unberücksichtigt bleiben hier auch *physikalische* Sachverhalte. In Hinblick auf die visuellen Elemente ist dies etwa der Einfluss von Licht auf das Aussehen der Figur (inklusive Schatten, Reflexion, Brechung, Streuung), in den Regeln ist es die Festlegung der Gültigkeiten etwa von Schwerkraft, Fallgeschwindigkeiten und anderen Natur- und physikalischen Gesetzen.

Nun hätte die Figur bereits einen Charakter und ein Aussehen, sie könnte auch schon auf gewisse Faktoren reagieren. Um sie sprechen zu lassen, müssten nun noch Dialoge (und Monologe) verfasst werden, wobei alle denkbaren Kombinationen von Objekten, Zeitpunkten und Ansprechvarianten zu berücksichtigen sind. Diese Elemente sind in unserer Systematik sprachliche Elemente. Für das Verfassen von Dialogen böte sich abermals der *Deutsch-* oder aber anderer *Sprachunterricht* an. Das Einsprechen der Dialoge könnte nun beispielhaft dem *Musikunterricht* zugeordnet werden. Der Sprecher lernt seine Stimme bewusst und sehr kontrolliert einzusetzen, Stimmungen zu vermitteln und übt den Umgang mit Betonungen, Pausen und Varianzen. Auch das Pegeln und Schneiden der Aufnahmen ist notwendig und erfordert neben Bedienkompetenzen eines entsprechenden Programms auch das Erkennen von Lautstärken sowie dem Verhältnis von tieferen Tönen und helleren Tönen.

Das Zusammensetzen aller dieser Bestandteile ist die übergeordnete Rahmung der Einzelelemente und wird im nachfolgenden Abschnitt gesondert betrachtet.

Zusammenfassend haben wir an dieser Stelle nur sehr grob und auf niedrigem Niveau beschrieben, welche Fachdisziplinen allein bei der Erstellung einer nichtspielbaren Figur angesprochen werden. Sicher ließe sich dieses Gedankenbeispiel stark verfeinern und ausdifferenzieren, aber der Kern unseres Anliegens wurde sichtbar. Trotz einfachem NPC und Beschreibung der notwendigsten Schritte, wurden schon *neun* denkbare und/oder notwendige Fachdisziplinen benannt, die nicht nur nebeneinander stehen können, sondern fließend ineinander übergreifen und denselben Gegenstand haben.

Neben den bereits benannten Bildungspotentialen, die durch die Konstruktionstätigkeiten zu Tage treten, werden also auch die materialen Inhalte, über die sich Schule noch immer weitestgehend definiert, angesprochen – allerdings anhand eines konkreten lebensweltlichen Gegenstands, der gleichzeitig nah und fern (siehe dazu Abschnitt 3.2.2) ist und der innerhalb einer entdeckenden, experimentellen Konstruktionssituation erfahrbar und gestaltbar wird. Ergänzend sei natürlich auch auf die Förderung logisch-technisch-medialer Fähigkeiten und Fertigkeiten verwiesen, die durch die Komplexität des Gegenstands, der permanent notwendigen Vergegenwärtigung der nötigen Schritte, deren konzeptioneller Ausarbeitung und deren (medialer) Gestaltung begünstig werden.

4.3.3 Der prozessuale Charakter von Digital Game Development

Die Elemente der vier von uns unterschiedenen Überkategorien werden im Laufe des Entwicklungsprozesses konkret bestimmt, kreiert und zu einem Ganzen, dem Digitalen Spiel, verbunden. Es gibt dabei viele Möglichkeiten, wie Digital Game Development verlaufen kann. Denkbar wäre etwa Design, also Entwurf, und Produktion strikt zu trennen und nacheinander „abzuarbeiten", aber aus unseren eigenen Praxiserfahrungen, gemäß dem Großteil der entsprechenden Fachliteratur und insbesondere in Hinblick auf unseren Ansatz des projektorientierten konstruktionistischen

Erfahrungslernens eignet sich ein Modell, indem Design und Produktion miteinander zyklisch verwoben sind und einander bedingen, besser. Wir werden uns nachfolgend einem solchen Modellentwurf widmen.

Beim Digital Game Development gibt es Phasen der Konzeption und Phasen der Umsetzung, die in dem Modell, das wir hier zu Grunde legen wollen, stets sequentiell aufeinander folgen. Typischerweise wird die Beendigung einer jeder dieser Phasen im Voraus als Milestone geplant und somit ein Zeitplan erstellt. Es kann dabei durchaus sein, dass dieser Milestoneplan nicht immer eingehalten werden kann, er dient aber, wie bei Gudjons' viertem Merkmal der Projektmethode beschrieben (siehe Abschnitt 3.2.4), der Orientierung und der Strukturierung; „er ist die Triebfeder des Projekts, seine organisierende Mitte" (Gudjons 2008, S. 83).

Bevor wir aber die einzelnen Phasen und deren Verbindungen genauer betrachten, müssen zunächst Prämissen, wie einzunehmende Blickwinkel und arbeitsteilige Grundhaltungen deutlich sein. Passend zu der von uns gewählten Art des Digital Game Development bietet sich insbesondere der von Fullerton (2008 [2004]) vorgeschlagene *spielerzentrierte Ansatz* (vgl. S. 10ff) an. Dazu müsse während des Entwicklungsprozesses immer wieder der Blickwinkel des späteren Spielers eingenommen werden, um die eigenen Entscheidungen permanent auf Plausibilität, Usability[80] und Relevanz zu prüfen. Denn, wie Salen und Zimmerman (2004) definieren, sei Digital Game Development „[...] the process by which a *designer* creates a *context* to be encountered by a *participant,* from which *meaning* emerges"[81] (S. 41, Hervorh. im Orig.). Es sei also primäres Ziel des Digital Game Development ein Spiel nicht um seiner Selbst Willen zu erschaffen, sondern damit es (durch andere) spielbar sei. Fullerton (2008) sieht „getting inside the heads of the players" (S. 11) daher als immerwährende Notwendigkeit und Knizia (2004) formuliert dazu passend die

---

[80] Usability ist der branchenübliche Terminus für Bedienerfreundlichkeit.
[81] Dieses Zitat erweckt, lässt man es allein stehen, eventuell einen missverständlichen Eindruck. Salen und Zimmerman (2004) definieren die Begriffe „designer", „context", „participant" und „meaning" in ihrer Darstellung noch weiter aus (vgl. S. 41). So wird etwa deutlich, dass mit „a designer" sowohl eine Einzelperson als auch ein Team gemeint sei, und dass „participant" letztlich den späteren Spieler meint.

Fragen, die Entwickler Digitaler Spiele sich in dem Zuge immer wieder stellen sollten: „[...] there are some fundamental design questions about the player's point of view: Who am I? What am I trying to achieve? What are my main choices? How do I win?" (S. 22). Zusammenfassend ist also der vorgenannte Perspektivenwechsel während der Erstellung immer wieder gefordert.

Zusätzlich ist der interpersonelle Austausch im Zuge der fortwährenden Überprüfung der eigenen Entscheidungen hilfreich. Doch nicht nur deshalb ist es vor allem in der Wirtschaft üblich, dass Digitale Spiele durch Produktionsgruppen erstellt werden. Im Development Prozess werden, wie im vorigen Abschnitt bereits kurz angeführt, viele verschiedene Disziplinen und Fähigkeiten angesprochen, welche, wie auch Crawford (1997 [1984]) bereits vor über 25 Jahren feststellte, nur selten in einer Person vereint seien (vgl. S. 63). Durch ein arbeitsteiliges Vorgehen, welches aber durch ein sehr hohes Maß an Kollaboration, Kooperation und Kommunikation geprägt sein müsste, würden starke Synergien freigesetzt. So ist es keineswegs verwunderlich, dass etwa Squire (2008) Digital Game Development als „a deeply social experience" (S. 187) charakterisiert und auch Fullerton (2008 [2004]) postuliert: „Game production can be one of the most intense, collaborative processes you'll ever experience" (S. 6). Dabei ist es selbstverständlich, dass die einzelnen Arbeiten je nach Verteilung in der Gruppe auch parallel durchgeführt werden können. Allerdings bedarf ein solches Vorgehen einer sehr ausgeprägten Kommunikationskultur. Es empfiehlt sich daher tägliche Kurzbesprechungen, wie sie beispielsweise in der Projektmanagementmethode Scrum[82] vorgesehen sind, einzuhalten, in denen der aktuelle Arbeitsstand dargelegt, Probleme angesprochen oder Fragen gemeinschaftlich diskutiert werden können[83].

---

[82] Scrum ist eine Methode des agilen Projektmanagements, das derzeit im wirtschaftlichen Kontext verstärkt angewandt wird. Scrum arbeitet stark hierarchisch mit verteilten Rollen und klaren Verantwortungsbereichen. Andererseits bietet Scrum den einzelnen Bereichen intern mehr Entscheidungsfreiheit und sorgt durch eine sehr klare Kommunikationsregelung für permanenten Austausch der Beteiligten, sodass jeder zu jedem Zeitpunkt weiß, woran andere gerade arbeiten, was als nächstes getan werden muss und kurzfristige Reaktionen auf Änderungen möglich sind. Empfehlenswert ist das Nachlesen in: Gloger, Boris (2009): Scrum. Produkte zuverlässig und schnell entwickeln. 2. Auflage. München: Hanser.

[83] Dies entspräche auch dem siebten Merkmal der Projektmethode nach Gudjons (siehe Abschnitt 3.2.4).

Unter permanenter Vergegenwärtigung des spielerzentrierten Ansatzes sowie des Verständnisses der Arbeitsteilung, Kooperation und Kommunikation, können wir uns nun den einzelnen strukturellen Phasen des Digital Game Development in unserer Perspektive widmen. Dieses hat, jedenfalls in der Form, in der wir es verstanden wissen wollen, sowohl eine sequentielle als auch eine iterative Dimension (siehe Abbildung 11).

Abb.11: Schematische Darstellung von Digital Game Development

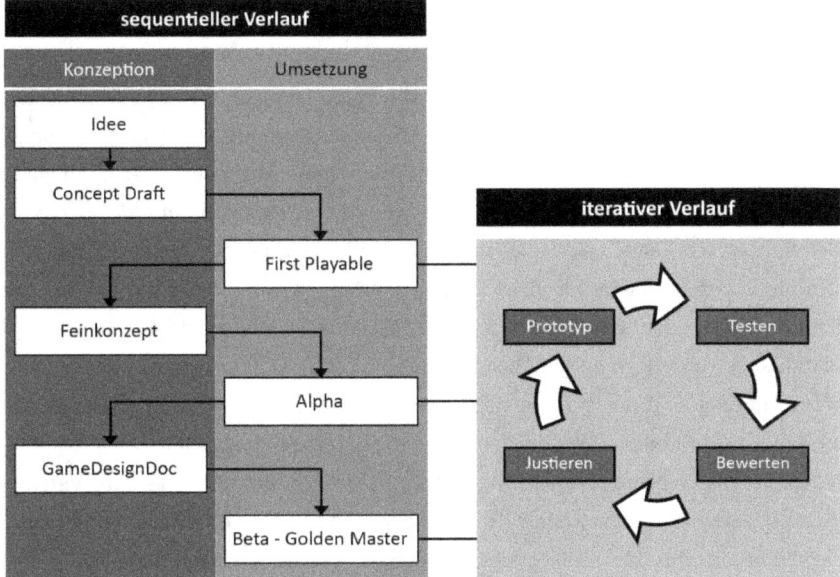

Quelle: Eigene Darstellung. Teil des iterativen Verlaufs nach Beschreibungen von Salen/Zimmerman (2004, S. 11).

Wie die Abbildung zeigt, steht die Ausarbeitung einer konkreten *Idee* am Beginn des Prozesses. Sie beinhaltet das Spielthema, erste Vorstellungen von der Spielwelt und vom Spielziel. Im darauffolgenden *Concept Draft* werden die Beschreibungen der groben Spielmechanismen, des Spielziels und der Steuerung etwas verfeinert. Weiterhin werden die ersten visuellen Skizzen für die wichtigsten Objekte, Charaktere, GUI und das Spielfeld bzw. die Spielwelt (meist von Hand) gezeichnet.

Dieser grobe Plan dient als Vorlage zur Erstellung eines ersten Prototypen, der so genannten *First Playable*. Es ist, wie insbesondere Fullerton (2008 [2004]) herausstellt, wichtig möglichst früh in die Produktion einzusteigen, da die Erfahrungen, die in der Spielerrolle gemacht werden, auch von den erfahrensten Spielentwicklern nur selten vorherzusehen seien (vgl. S. 11). Dem konkreten spielerischen Ausprobieren der eigenen Überlegungen komme somit ein großer Stellenwert zu.

Der interne Ablauf einer jeden Umsetzungsphase ist selbst iterativ. Dabei steht die Erstellung eines *Prototyps* an erster Stelle, welcher dann *getestet* (im Sinne von „gespielt") wird und die so gemachten Erfahrungen schließlich *bewertet* werden. Auf Grundlage dieser Einschätzungen werden *Anpassungen* vorgenommen. Der neue Prototyp wird wiederum getestet, die Erfahrungen bewertet und eventuell wieder Justierungen vorgenommen. Dieser zyklische Prozess endet in jeder Umsetzungsphase erst dann, wenn das Development Team keine kritischen Beanstandungen mehr hat. Die vorgenommenen Veränderungen, Entscheidungen und die Erfahrungen werden schriftlich fixiert und in die nächste Konzeptphase integriert. So finden sich die Entscheidungen, die beim Testen der First Playable getroffen wurden, im *Feinkonzept* wieder. Das Feinkonzept beinhaltet dann die ausdifferenzierten Beschreibungen der Regeln, des Ablaufs, des Spielbeginns, des Fortschritts, des Ziels, der Steuerung und auch die Festlegungen der Stilrichtung des visuellen Erscheinungsbildes sowie der auditiven Elemente und des Sprachduktus.

Auf Basis des Feinkonzepts wird typischerweise wiederum eine spielbare Version, die so bezeichnete *Alpha* erstellt. In der Alpha sind für gewöhnlich alle Spielmechanismen bereits integriert. Diese müssen noch nicht fehlerfrei sein und auch die Verwendung von Platzhaltern für grafische, akustische und sprachliche Elemente ist legitim. Beim Testen der Alpha steht vor allem das Spielgefühl und die Konsistenz im Zentrum der Aufmerksamkeit. Es wird wiederum der iterative Prozess durchlaufen.

Die Ergebnisse, Anpassungen und Entscheidungen, die daraufhin zu Tage treten, werden im *GameDesignDoc* (auch GameDesignDocument oder kurz GDD) festgehalten. Dieses Schriftstück beschreibt detailliert alle möglichen Fälle zu jeder möglichen Zeit, die im späteren Spiel auftreten können. Es ist gewissermaßen ein vollständiges Drehbuch, welches alle Eventualitäten abdeckt und genaue Festlegungen über notwendige Grafiken, Soundeffekte, Musiken, Texte, Sprachausgaben, etc. trifft. Das

GameDesignDoc ist somit das konzeptionelle Herzstück im Game Development Prozess und dient als detaillierte Anleitung für die weitere Arbeit aller beteiligten Bereiche und Personen.

Die *Beta*-Version wird auf Basis dieser Anleitung erstellt. Sie enthält alle notwendigen Einzelelemente (Regeln, visuelle Elemente, auditive Elemente, sprachliche Elemente) und ist voll funktionsfähig. Im weiteren iterativen Verlauf werden Fehler beseitigt, kleinere Elemente verändert und das Balancing[84] vorgenommen. Durch dieses zyklische Vorgehen wird das Spiel immer weiter verbessert bis schließlich eine Version vorliegt, die keinerlei Fehler mehr enthalten sollte und die in den Augen der Game Developer nicht mehr verbessert werden kann oder soll. Diese finale Version wird als Golden Master bezeichnet und schließt den Game Development Prozess ab[85].

Dieses Vorgehen ist nicht nur wirtschaftlich effektiv, sondern birgt insbesondere in Perspektive des konstruktionistischen Erfahrungslernens enorme Potentiale. Bei Salen und Zimmerman (2004) heißt es exemplarisch:

> „Iterative design is a play-based design process. Emphasizing playtesting and prototyping, iterative design is a method in which design decisions are made based on the experience of playing a game while it's development" (S. 11).

Entscheidungen werden also aufgrund von Erfahrungen getroffen. Die daraufhin gemachten Änderungen werden wiederum getestet und gespielt, um abzugleichen, ob die Anpassungen den erwünschten Effekt bewirken. Falls nicht, wird in anderer Weise justiert und abermals getestet und so fort. Damit korreliert ein solches Vorgehen exakt mit den in Abschnitt 3.2.3 beschriebenen konstruktionistischen Zügen des „Diving-In" und „Stepping-Out". Durch den Rollenwechsel von Entwickler zu Spieler in der Phase des Testens, tauche ich in den Gegenstand ein. Ich lasse das Spiel auf mich wirken, ich agiere in und mit ihm. So mache ich beim Spielen, beim

---

[84] Im Balancing werden etwa Punktevergaben, Zeitvorgaben, etc. angepasst, um ein ausgewogenes Verhältnis zu erreichen und somit den Spielspaß und die Spieldauer positiv zu beeinflussen.
[85] Unberücksichtigt bleiben hier weitere Schritte, die im vor allem in den Bereichen des kommerziellen Online- bzw. SocialGaming, auf eine Verlängerung der „Lebenszeit" eines Spiels abzielen, dazu gehören beispielsweise Community Management und auch Aspekte der Monetarisierung („item selling").

Ausprobieren eben Erfahrungen, im Sinne von Deweys „Handeln" und „Erleiden" (siehe Abschnitt 3.2.2). Diese Erfahrungen muss ich anschließend systematisieren und bewerten – somit befinde ich mich im „Stepping-Out", dem reflexiven Teil des konstruktionistischen Erfahrungslernens. Auf Basis dieser Erfahrungen und deren Bewertungen müssen neue oder andere Lösungen für bestimmte Problematiken gefunden und eingearbeitet werden, zur Unterstützung des weiteren Vorgehens werden diese schriftlich in der folgenden Konzeptionsphase fixiert.

Digital Game Development lässt sich daher vollumfänglich als Methode des konstruktionistischen Erfahrungslernens, wie wir es vorhergehend dargelegt haben, charakterisieren.

4.4 Befunde exemplarischer Projekte von Digital Game Development in formellen Lern- und Bildungskontexten

Angesichts der in den vorigen Abschnitten beschriebenen Erkenntnisse bezüglich der Ansprache curricularer Inhalte und weitergehender Meta-Fähigkeiten, Kreativität, Eigenverantwortung, Planung und produktorientiertem Arbeiten in einer Gruppe, dem zu Grunde liegenden Bildungsverständnis in konstruktionistischer Perspektive bei gleichzeitiger Anknüpfung an ein mediales Phänomen des lebensweltlichen Alltags, das ganzheitlich und strukturell bearbeitet und erfahren wird, und unter dem methodischen Verständnis der Projektmethode, liegt die Vermutung nahe, dass Digital Game Development insbesondere auch im Kontext formeller Lern- und Bildungssettings lohnend sein könnte. Seif E-Nasr und Smith (2006) beschreiben die positiven Aspekte des Einsatzes im curricularen Kontext wie folgt:

> „Design activities provide meaningful, engaging contexts for students to explore skills and concepts and understand how they can be applied in the real world. During the design process, skills such as analysis, synthesis, evaluation, and revision must be used, providing opportunities for learning content and metacognitive skills such as planning and monitoring. Students can receive ongoing feedback from peers and experts when constructing working artifacts. Feedback also comes during the process of construction as students work to understand how and why their designs fail, can be optimized, and so on. Finally, real design problems have multiple solutions, allowing students to see and

evaluate alternatives. This leads to iterative activities where students incrementally build, evaluate, discuss, and revise their constructions" (S. 2).

Diese theoretische Annäherung wird im Folgenden mit Ergebnissen aus zwei Projekten, die Digital Game Development im schulischen Kontext eingesetzt haben, abgeglichen und erweitert. Dabei muss voran gestellt werden, dass es im Laufe der letzten Jahrzehnte immer wieder Leuchtturmprojekte gab, die je nach Ausrichtung im weiteren oder engeren Sinne mit unseren Gedanken korrespondierten. Die Auswahl erfolgte daher unter Berücksichtigung mehrerer Kriterien. Zunächst war es zur Aufarbeitung der Befunde wichtig, dass die Projekte in ausreichendem Umfang dokumentiert wurden und diese Dokumentationen auch öffentlich zugänglich sind. Weiterhin wurden Projekte ausgeschlossen, die nicht im curricularen Kontext stattfanden und/oder nur als Internetseminar angeboten wurden, da die Betrachtung solcher Projekte zwar durchaus als lohnend einzuschätzen ist, aber im Fokus unserer Fragestellung zu weit führen würde. Auch Projekte, die nur über einen sehr kurzen Zeitraum, etwa einem Tag, durchgeführt wurden, werden hier nicht berücksichtigt, da die zu erwartenden Effekte gemäß der im dritten Kapitel dargestellten, notwendigen zeitlichen Dimension, vermutlich deutlich geringer ausfallen dürften als bei Projekten mit längerer Laufzeit. So kristallisierte sich eine kleine Menge an möglichen Projekten heraus. Wir entschieden uns zwei Beispiele zu nehmen, die sich in mehreren Hinsichten unterscheiden, um in der gebotenen Kürze eine möglichst breite Einsicht zu erhalten.

Erstens werden wir die Befunde des *„Game Design Project"* betrachten, welches einmalig unter Leitung von Kafai 1991 an einer Bostoner Grundschule durchgeführt wurde. Dieses Projekt ist einer der ersten Versuche Digital Game Development in einem curricularen Kontext einzubinden, wobei der Fokus klar auf der Programmierung mit Logo lag.

Zweitens werden wir uns den Ergebnissen der Projektreihe *„Making Games in Schools"* (kurz: MGiS) von Robertson, Nicholson und Howells zuwenden, welche 2006 unter dem Namen „Adventure Author" als Pilotprojekt startete und bis heute an verschiedenen schottischen Grund- und Sekundarschulen durchgeführt wird. Der Fokus dieser Projektreihe liegt auf der Verwendung eines Authoring Tools.

4.4.1 „Game Design Project" (Vereinigte Staaten von Amerika)

Das „Game Design Project" wurde 1991 im Zuge der Projektreihe „Project Headlight"[86] durchgeführt und gilt bis heute als Meilenstein des „learning through design". Kafai führte das Projekt mit 16 Bostoner Viertklässlern über einen Zeitraum von sechs Monaten im Rahmen ihres Dissertationsvorhabens durch. Sie beschreibt ihre wissenschaftliche Absicht wie folgt:

> „It was my intention to implement the Game Design Project as one model of a constructionist learning environment – a place where children, each at their own pace, could learn through building a complex product for use by others" (Kafai 1995, S. 1).

Damit ist deutlich, dass sich Kafai ganz wesentlich an den Grundsätzen des Konstruktionismus orientierte[87] und, wie sie sagt, Digital Game Design als lohnenswerte Methode in einem formellen Lernsetting implementieren wollte. Dabei legte Kafai die Prämisse zu Grunde, dass gerade die Erstellung eines Digitalen Spiels geeignet sei:

> „Programming games was seen as a medium for children's personal and creative expression: In the design of their games, children could engage their fantasies and build relationships with other pockets of reality that went beyond traditional school approaches" (dies., S. 286).

Die allgemein gehaltene Aufgabe für jeden einzelnen Heranwachsenden war ein Digitales Lernspiel[88] zur Bruchrechnung für Drittklässler mittels Logo-Programmierung zu erstellen; weitere Vorgaben wurden nicht gemacht (vgl. dies., z. B. S. 1, S. 286). Die SchülerInnen arbeiteten vier Monate lang täglich eine Zeitstunde an ihren Lernspielen. Sie notierten in fünf Minuten handschriftlich Probleme, Erfolge, Fragen, Ideen, Vorhaben und Vorkommnisse in ihrem Programmiertagebuch, programmier-

---

[86] „Project Headlight" war eine kooperative Initiative des MIT, IBM und einer innerstädtischen Grundschule in einem sozialschwächeren Bezirk Bostons, das im Wintersemester 1985/86 ins Leben gerufen wurde, um Ideen und Konzepte für eine zukunftsorientierte Schule zu erproben (vgl. Kafai 1995, S. 33f). Der Einsatz von Computer und Digitalen Medien (soweit damals entwickelt) wurde dabei forciert, wobei Kafai deutlich macht: „Although Project Headlight uses technology extensively, it is not defined as a technology project. Instead, it is an education project. It explores new approaches to learning and teaching in the context of a technology-rich school environment" (dies., S. 34).

[87] Kafai promovierte unter anderem bei Papert, dem „gedanklichen Vater" des Konstruktionismus, und Harel, eine seiner stärksten Verfechterinnen.

[88] Jede/r SchülerIn erstellte ein eigenes Spiel.

ten dann jeweils 45 Minuten an den Computern und tauschten sich am Schluss der Stunde zehn Minuten aus (vgl. dies., S. 31). Am Ende der gesamten Projektphase wurden die erstellten Lernspiele in einer Art Messe anderen SchülerInnen, Eltern und LehrerInnen präsentiert.

Kafai zeigt auch deutliche crosscurriculare Bezüge des Projekts auf: „[...] computer work (documentation, game), drawing and graphical design (advertisement, cover design), audio and video (advertisement), and personal presentations (to class members and visitors) [...]" (ebd.), wobei sich die Ansätze von der Ansprache verschiedener Fachdisziplinen, wie wir sie im vorigen Unterkapitel beschrieben haben, nicht unwesentlich unterscheidet. Vermutlich aber ist dies den zur Zeit der Projektdurchführung eingeschränkten technischen Möglichkeiten geschuldet, denn wie die Autorin im Ausblick ihrer Arbeit zu verstehen gibt, hält sie die Verwendung von Toolkits durchaus für angebracht (vgl. dies., S. 308).

Die Befunde, die Kafai in ihrer Dissertation liefert sind vielfältig und uneingeschränkt positiv. So verbessere sich unter anderem das Lernklima, die Kooperation und Kollaboration, das Lernverhalten eines jeden einzelnen und auch die „Effektivität" gemessen an Vergleichsgruppen (vgl. dies., S. 286ff). Es scheint, als beweise Kafai damit die Eignung von Digital Game Development als konstruktionistischer Methode, aber wir müssen uns vor Augen führen, dass sich das, was Kafai unter „Game Design" versteht, in einigen Punkten deutlich von dem unterscheidet, was wir darunter fassen. So bleiben unserem Erachten nach wichtige Aspekte, wie arbeitsteiliges Vorgehen, unberücksichtigt, während für uns weniger signifikante Punkte, wie das Programmieren, deutlich betont werden.
Tendenziell weist Kafais Projekt auch Bezüge auf, die nicht unbedingt dem entsprechen, was als Idealperspektive von Lernen und Bildung (siehe Kapitel 3) betrachtet wurde. So ist etwa die Vorgabe ein Lernspiel zu mathematischen Brüchen zu machen insofern kritisch zu betrachten, als dass es, und so hat Kafai ausgewertet, auch darum ging zu evaluieren, was die Kinder über Brüche lernten (vgl. dies., S. 41).
Dabei ist eben die Schwierigkeit, dass Brüche nicht genuin formal-struktureller Bestandteil des Spiels waren, sondern materialer, also konkret inhaltlicher Natur. In

unseren Ausführungen in Abschnitt 4.3.2 haben wir exemplarisch dargestellt, wie beispielsweise physikalische Zusammenhänge in Bezug auf Licht (Streuung, Brechung, Bündelung, Spiegelung, Reflexion, Absorption) strukturell über das grafische Erscheinungsbild eingebunden sind. Dabei sind sie nicht selbst Thema des Spiels, sondern werden im Laufe der Konstruktion zu relevanten Feldern. Durch die Vorgabe Brüche zum Thema zu machen, können die SchülerInnen, wie Kafai gezeigt hat, zwar wesentlich besser als in „normalem" instruktionellen Unterricht Brüche erfahren und begreifen, die Möglichkeiten des Digital Game Development werden damit aber unserer Ansicht nach zu gering geschätzt, da hier eben jene einengende Perspektive eingenommen wird, die die Methode zum bloßen Inhaltsmittler auf materialer Ebene macht.

Die „Nebeneffekte", die Kafai herausstellt, sind für uns aber durchaus bedeutend. Sie stellt in Bezug auf ihr Projekt rückblickend fest:

> „Students were having ‚hard fun', the kind of motivation that combines the pleasure of accomplishing something with the intense concentration and motivation involved in achieving it" (dies., S. 290).

Wir glauben, unter Berücksichtigung der vorangegangen Kapitel, dass diese Kernerkenntnis für Digital Game Development Vorhaben im formellen Lern- und Bildungskontext kennzeichnend ist und auf den besonderen Wert für intrinsisch motiviertes, lernerzentriertes, konstruktionistisches Erfahrungslernen deutlich verweist.

4.4.2 „Making Games in Schools" (Vereinigtes Königreich Großbritannien und Nordirland)

Ein weiteres Projekt, das Digital Game Development in einen curricularen Kontext integrierte, führten Robertson und Howells 15 Jahre nach Kafai durch. Unter dem Projektnamen „Adventure Author" erstellten dreißig 9- bis 10-jährige SchülerInnen aus Dundee (Schottland) innerhalb ihrer wöchentlichen ICT-Schulstunden[89] eigene Digitale Spiele in einem Zeitraum von vier Monaten.

---

[89] ICT bedeutet „Information and Communication Technology" und ist dem deutschen Begriff der IuK-Technik, der Informations- und Kommunikationstechnik, gleichzusetzen.

Ausgangspunkt des Projekts war eine in 2004 beschlossene Reform des schottischen Schulwesens, die der von uns in Unterkapitel 3.1 beschriebenen deutschen Initiative zu Bildungsstandards nicht unähnlich ist. Robertson und Howells (2007) formulieren:

> „The new curriculum (*A Curriculum for Excellence*) establishes a set of principles for learners from the ages of 3-18, based around developing pupils' capacities as: confident individuals, responsible citizens, effective contributors and successful learners" (S. 1, Hervorh. im Orig.).

Sie fokussieren mit ihrer Arbeit, wie sie sagen, den Punkt des erfolgreichen Lerners (vgl. ebd.) und nehmen dazu auch Kafais Projekt in den Blick. Robertson und Howells kommen zu dem Schluss, es handele sich dabei um eine „ground breaking study" (dies., S. 4), wobei sie aber in technischen Neuerungen, wie grafischen Autorenwerkzeugen, einen entscheidenden Vorteil sehen: „This shifts the emphasis away from low level programming, enabling learners to focus on the other roles as designers or writers" (dies., S. 5).

Im Projekt „Adventure Author", dem ersten Projekt der „Making Games in Schools" Reihe, wurde daher zur Erstellung eines Spiels das „Aurora Toolset" des kommerziellen Spiels „Neverwinter Nights" (Atari, ab 2002) eingesetzt. Die wöchentlichen Einheiten der SchülerInnen gliederten sich dabei jeweils in eine zwanzigminütige Einführung in eine (den SchülerInnen noch unbekannte) Funktion des Toolsets, vierzig Minuten Einzelarbeit am eigenen Spiel[90] und einer abschließenden Diskussion um Fortschritte, Probleme und Fragen von etwa zwanzig Minuten.

Robertson und Howells bestätigen in ihrer Auswertung die meisten Befunde, die bereits Kafai lieferte, betonen aber besonders den Wert der Verwendung des Authoring Tools[91].

---

[90] Dieser Teil wurde in zwei Gruppen durchgeführt, da die Anzahl der vorhandenen Computer jeweils nur für die Hälfte der teilnehmenden Schüler ausreichte. Jeder Gruppe standen dabei vierzig Minuten zur Verfügung.

[91] Wir möchten an dieser Stelle aber anmerken, dass das verwendete Aurora Toolset kein echtes Autorenwerkzeug im Sinne unseres Abschnitts 4.3.1 ist. Wir würden es vielmehr als Leveleditor bezeichnen, da Handlungsrahmen (Genre und verfügbare Aktionen) und Gestaltungsrahmen (Charaktere, Landschaften, Soundeffekte und Musiken) passend zum Spiel Neverwinter Nights

Darüberhinaus habe die Methode nicht nur einen ausgeprägten motivationalen Effekt (vgl. dies., S. 10), sondern sei insbesondere bestens geeignet, um alle SchülerInnen gleichermaßen anzusprechen:

> „All abilities of children were engaged and enthused by the work, including children who had not previously shown a willingness to engage in classroom tasks, children who often struggled with more conventional tasks and children who were already high achievers in many respects" (ebd.).

Schwächere SchülerInnen oder solche, die mit konventionellem Unterricht Probleme hätten, engagierten sich dabei innerhalb des Projektkontexts im Klassenverband. Robertson und Howells führen dazu exemplarisch eine Aussage der Klassenlehrerin an:

> „The headteacher recognised the power of the workshop sessions to help with this: 'It ticks a lot of boxes for me . . . even the poorest children have taken off and have been able to help other pupils'" (dies., S. 17).

Damit stellen die Autorinnen einen besonderen Aspekt heraus, der bei Kafai so nicht zum Tragen kam, auch wenn diese selbst ihr Projekt in einem sozialschwachen Bezirk durchführte. Durch das Projekt bekämen alle SchülerInnen das Gefühl etwas zu leisten und auch für andere eine wertvolle Hilfe zu sein. Dies führe eben dazu, dass Selbstvertrauen gestärkt und Kooperationen über den ursprünglichen Peer-Kontext hinaus angestrengt würden (vgl. ebd.).

Der verzeichnete Erfolg motivierte Robertson und Howells das Projekt unter dem Reihentitel „Making Games in Schools" bis heute fortzuführen. Interessant sind dabei die Anpassungen, die im Laufe der Zeit vorgenommen wurden. Allem voran stand die Entwicklung eines eigenen Autorenwerkzeugs auf Grundlage des Aurora Toolsets, das nach dem Pilotprojekt „Adventure Author" genannt wurde. Aber auch hier ist es den SchülerInnen derzeit nicht möglich eigene grafische und auditive Elemente, sowie Sprachaufnahmen einzubinden und auch die Anpassung des Regelwerks ist nur begrenzt im Rahmen der Vorgaben möglich (Robertson/Nicholson/Howells 2011a). Besonders herausstechend ist aber, dass Howells und Robertson

---

vordefiniert sind. Die tatsächliche Crosscurricularität, auch wenn die Autoren diese betonen, sowie die Entscheidungs- und Gestaltungsfreiheiten werden somit eingeschränkt.

nun gemeinsam mit Nicholson die Rolle der Lehrkräfte innerhalb des Projekts in den Blick nehmen. Sie bieten neben Videotutorials zur Verwendung des Autorenwerkzeugs auf ihrer Projekthomepage auch diverse Materialien an, die Lehrkräften helfen sollen, Digital Game Development innerhalb der schottischen Exzellenzinitiative und deren festgelegten Standards zu verorten (vgl. Robertson/Nicholson/Howells 2011b). Leider können wir keine Aussagen dazu treffen, ob und wie diese Materialien genutzt werden, da sich in den Dokumentationen, welche in Form von Weblogs[92] der teilnehmenden Schulklassen bzw. deren Lehrkräften angefertigt werden, keine Hinweise darauf finden lassen.

Eine weitere Änderung ist im organisatorischen Ablauf auszumachen. Die LehrerInnen und SchülerInnen werden zu Projektbeginn vor Ort von Trainern „geschult" und arbeiten danach weitestgehend ohne Einfluss von außen. Eine Kollaboration verschiedener Fachlehrer ist nachwievor nicht auszumachen. Dies könnte aber eben auch in der in unseren Augen ausbaufähigen crosscurricularen Ausrichtung des Projekts liegen, die vorrangig die Entwicklung von Story, Plots und Dialogen fokussierte und andere Elemente eines Digitalen Spiels nur tangiert. Weiterhin ist das Projekt im traditionellen ICT-Unterricht angesiedelt, auch wenn in den oben angesprochenen Lehrermaterialen fächerübergreifende Kompetenzen nach den Exzellenzstandards verzeichnet sind.

4.5 Zusammenfassung der Betrachtungen

Wir haben in diesem Kapitel nun mehrere zur Beantwortung unserer Forschungsfrage interessante Befunde herausgestellt. Die Einbettung Digitaler Medien in formelle Lernsettings ist heutzutage keineswegs eine Frage des Wollens. Es ist ein Desiderat, um Heranwachsende in ihrem Alltag begleiten und auf ein selbstbestimmtes Leben in unserer modernen Gesellschaft vorbereiten zu können. Digitale Spiele stellen dabei einen besonders komplexen Bereich dar, der aber in der Öffentlichkeit oft stigmatisiert wird, im Alltag (insbesondere) von vielen Jugendlichen aber einen festen

---

[92] Eine Liste der bisherigen Blogs präsentieren Robertson, Nicholson und Howells auf ihrer Projekthomepage unter: http://judyrobertson.typepad.com/adventure_author/mgis-project-blogs.html [zuletzt geprüft am 29.02.2012].

Platz einnimmt. Die (schul-) pädagogischen Reaktionen darauf stellen sich jedoch erstaunlich verhalten dar. Deutlich wird dies insbesondere an den Einstellungen von Lehrkräften. So zeigte knapp die Hälfte der in den Einrichtungen befragten PädagogInnen in der Studie von Witting und Czauderna (2006a) kein grundsätzliches Interesse an Informationsangeboten zu Digitalen Spielen (vgl. S. 9), wobei der Großteil das Thema selbst zwar für durchaus interessant hielte, aber keinerlei Relevanz für den eigenen Arbeitsbereich sähe (vgl. dies., S. 14). Sind Informationen zum Thema gewünscht oder wenigstens vorstellbar, so stehen Wirkungsfragen deutlich im Vordergrund. Möglichkeiten des Einsatzes interessieren weitaus weniger. Es wird also eine überwiegend bewahrpädagogische Haltung eingenommen, die vor „schlechten" Wirkungen schützen will, aber immerhin auch „gute Wirkungen" anerkennt. Werden Digitale Spiele im Unterricht eingesetzt, so stehen beinahe immer „fertige" Spiele im Zentrum. Lehrkräfte setzen sie hauptsächlich aufgrund ihrer motivationsfördernden Wirkung ein (vgl. Joyce/Gerhard 2009, S. 40). Damit aber werden die Digitalen Spiele häufig zum bloßen „Transporteur" von materialen Inhalten und somit zu eben jenem „Trick", der Heranwachsende zu formalem Unterricht locken soll, wie er im Sinne Paperts (1994) unerwünscht ist (vgl. S. 41).

Wir haben gezeigt, dass in der Entwicklung Digitaler Spiele weitaus mehr und vielfältigere Lern- und Bildungspotentiale stecken. Die Befunde, welche Kafai sowie Robertson und Howells aus ähnlich gelagerten Praxiserprobungen von Digital Game Development liefern, sind uneingeschränkt positiv und in dieser Form durchaus richtungsweisend. Allerdings gehen wir zum Teil von anderen Prämissen, gerade in Bezug auf Programmierung im Gegensatz zu Kafai oder in Bezug auf Gestaltungsfreiheit gegenüber Robertson und Howells, aus.

5 Anlage der Studie und Methodenwahl

Mögliche und vor allem auch realistische Ansätze zur Implementierung von Digital Game Development als konstruktionistische Methode in einem formellen Lern- und Bildungssetting lassen aber sich nur aufdecken, wenn neben den bereits beleuchteten theoretischen Überlegungen auch die Gegebenheiten in der Praxis näher untersucht werden. Wir haben uns dazu entschieden, auf der einen Seite Lehrkräfte als Experten von Unterrichtspraxis und Schulprojekten zu befragen und auf der anderen Seite mit Schülerinnen und Schülern Gruppendiskussionen durchzuführen, um ihre Relevanzen und Orientierungen zu ergründen.

In Unterkapitel 5.1 wird zuerst auf die genutzten Erhebungsmethoden bezüglich der Informanten eingegangen und deren Verwendung begründet. Anschließend wird der Zugang zum Feld beschrieben sowie die Sampleauswahl vorgestellt. In Unterkapitel 5.3 wird dann die Auswertung nach der dokumentarischen Methode fokussiert.

5.1 Die Erhebungsmethoden: Experteninterview und Gruppendiskussion

Um uns der Beantwortung unserer Eingangsfrage zu nähern, bedarf es eines geeigneten Vorgehens in der Erhebung und anschließenden Auswertung der Daten. Es ist in unserem Interesse mögliche Ansätze der Implementierung von Digital Game Development in einem formellen Lern- und Bildungssetting zu finden. Prinzipiell geht es hier um die Enthüllung und Identifizierung von spezifischen Kenntnissen und Erfahrungen im Handlungs- und Verantwortungsbereich von Akteuren an der Institution Schule. Dies sind zum einen LehrerInnen als Experten in der Gestaltung sowie Durchführung von Unterricht und Schulprojekten, und zum anderen Schülerinnen und Schüler[93][94].

---

[93] Wir entscheiden uns hier für die Fokussierung auf 10- bis 15-Jährige, da diese, wie in Abschnitt 4.2.2 auf Basis der Daten der KIM-Studie und JIM-Studie festgestellt, Digitale Spiele am häufigsten und intensivsten nutzen und eine entsprechende Vertrautheit mit dem Gegenstand prinzipiell zu erwarten war.

[94] Neben der Erhebung von Daten von LehrerInnen und SchülerInnen wäre es möglich, institutionelle Daten zu Struktur, Organisation und Intention von Schule, beispielsweise von Schuldirektorinnen und Schuldirektoren, Kultusministerium oder zuständigem Landesverwaltungsamt

Um die spezifischen Kenntnisse und Erfahrungen von LehrerInnen im Handlungs- und Verantwortungsbereich zu erkunden, bietet sich die Erhebungsmethode des Experteninterviews nach Meuser und Nagel an. Bei diesen bildet „nicht die Gesamtperson den Gegenstand der Analyse, d.h. die Person mit ihren Orientierungen und Einstellungen im Kontext des individuellen oder kollektiven Lebenszusammenhangs" (Meuser/ Nagel 2005, S. 72, Hervorh. im Orig.), sondern der „organisatorische [...] oder institutionelle [...] Zusammenhang" (ebd.), in welchem die interviewte Person (=Informant[95]) lediglich einen Faktor darstellt. Es sollte dabei „nicht nur das klar präsente (bewusste) Sonderwissen erfragt werden, das Experten/innen nach klassischen wissenssoziologischen Theorien auszeichnet, sondern auch das implizite Expertenwissen, das sich auf typische kollektive Handlungsmuster, Routinen und relevante Strukturen und Rahmenbedingungen bezieht und nicht in expliziter Form vorliegt" (Fileccia/Fromme/Wiemken 2010, S. 65, Hervorh. im Orig.). In Experteninterviews findet in der Regel mit Hilfe des Leitfadens (siehe Anhang D) eine Vortheoretisierung statt (vgl. Meuser/Nagel 2005, S. 82), hier die Thematik einer möglichen Einbindung eines fächerübergreifenden Projektes in den Unterricht.

In der Expertise „Computerspiele und virtuelle Welten als Reflexionsgegenstand von Unterricht" für die Landesanstalt für Medien Nordrhein-Westfalen im Jahr 2010 wurden im Rahmen der Erhebung ebenfalls LehrerInnen und SchülerInnen in Form von Experteninterviews befragt (vgl. Fileccia/Fromme/Wiemken 2010, S. 65). Bei den Einzelinterviews mit Schülerinnen und Schülern stellte sich heraus, dass diese sich in Anwesenheit der erwachsenen Interviewer nicht frei ausdrücken wollten oder konnten, sie sind in ihrer „Schülerrolle" verblieben (vgl. dies., S. 66). Das damalige Projektteam reagierte an dieser Stelle mit dem Arrangement eines Gruppeninterviews, welches dieser eingenommenen Rolle bedeutend entgegenwirken konnte, da sich „[d]ie Erwartung, dass die Befragten in einem solchen Setting bereit und in der Lage sind, offener über ihre Erfahrungen mit der Institution Schule und mit neuen Medien zu sprechen, [...] [aufgrund der Befragung in der Gruppe] weitge-

---

zu erheben, um auch Ansätze an diesen Stellen zu offenbaren. Auf die Verfolgung dieser Idee wird hier jedoch aus Gründen des Umfangs verzichtet.

[95] In der qualitativen Forschung wird bei dem Gesprächspartner, im Vergleich zu der überwiegend im quantitativen Bereich verwendeten Begrifflichkeit „Proband", von „Informant" gesprochen.

hend erfüllt [hat]" (dies., S. 66f). Das Gruppeninterview eignete sich für die intendierte freie Meinungsäußerung der SchülerInnen demnach durchaus mehr, da „sich die Informanten in Anwesenheit der Mitschüler freier äußerten und nicht dauerhaft in ihrer Schülerrolle verblieben sind" (dies., S. 78). Darüber hinaus knüpften im durchgeführten Gruppeninterview die SchülerInnen häufig an das Gesagte ihrer MitschülerInnen an, „erweiterten und kommentierten deren Aussagen, sodass sich interessante Diskurse entwickelten" (ebd.). Diese gruppendynamische Charakteristik soll im Rahmen unserer Erhebung ebenfalls bei den zu befragenden SchülerInnen Anwendung finden. Jedoch wird hier nicht wie bei der Expertise mit Hilfe des Gruppeninterviewverfahrens, sondern mit dem Gruppendiskussionsverfahren erhoben. Gemeinsam haben beide Verfahren die geringere Hemmschwelle in der Bereitschaft zur Meinungsäußerung. Bei der Gruppendiskussion wird aber zum einen lediglich leitfadenorientiert gearbeitet und somit auch keine festen Fragen vorbereitet und zum anderen stehen der Austausch individueller Standpunkte der Informanten und die Vermittlung dieser sowie sozial gebundene Meinungen, kollektive Einstellungen und Orientierungsmuster im Fokus (vgl. Schäffer 1996, S. 257). Hier verdeutlicht sich auch ein weiterer gravierender Unterschied zu den Experteninterviews mit den Lehrerinnen und Lehrer, die nicht wie oben beschrieben auf die Erhebung von „Orientierungen und Einstellungen im Kontext des individuellen oder kollektiven Lebenszusammenhangs" (Meuser/Nagel 2005, S. 72) zielen.

Die hier genutzte Methode des Gruppendiskussionsverfahrens nach Bohnsack, Przyborski und Schäffer (2006) hat genau die (insbesondere bei den Schülerinnen und Schülern) benötigten Stärken „in der Möglichkeit der Rekonstruktion *kollektiver Orientierungen*, also des milieu- und kulturspezifischen Orientierungswissens innerhalb [...] von Organisationen und Institutionen" (S. 7, Hervorh. im Orig.). Die erwarteten Beschreibungen und Erzählungen der Schülerinnen und Schüler in der Gruppe ermöglichen in der Regel den Zugang zu ihrem impliziten Wissen[96]. Für uns relevant

---

[96] Laut Bohnsack, Przyborski und Schäffer (2006) konstituiert „ein derart gemeinsam geteiltes atheoretisches Wissen [wie in Gruppendiskussionen] einen konjunktiven Erfahrungsraum, [...] [der] ein unmittelbares Verstehen [...] [von zur selben Generation oder zum selben Milieu gehörenden Individuen ermöglicht] (S. 11)". Relevant sind dazu insbesondere die Vorüberlegungen

ist an dieser Stelle auch die anschließend mögliche Adaption für notwendige Ansätze der Implementierung von Digital Game Development in ein formelles Lern- und Bildungssetting auf Basis des gewonnenen Datenmaterials, denn „[d]ie handlungsleitende Qualität dieses Orientierungswissens eröffnet den Zugang zur Handlungspraxis" (ebd.). Gemeint sind damit die besonders nah an der Realität des ursprünglichen Handlungsraumes und der gewohnten Gesprächssituation erhobenen Daten. Bei den Gruppendiskussionen wurde explizit darauf geachtet, die Erhebungssituation sehr nah an sonstigen alltäglichen, lockeren Situationen anzulehnen, wie zum Beispiel der Charakter eines gewöhnlichen Gruppengesprächs in der großen Hofpause oder einer Diskussion im Raum der Schülervertretung fernab der klassenraumtypischen Lehrer-Schüler-Konversationssituation. Dennoch kann bei einer solchen Erhebung natürlich in keiner Art und Weise von einer alltäglichen Kommunikation und Situation gesprochen werden, da die Situation künstlich herbeigeführt ist. Doch durch eine sprachliche Gleichstellung von Informanten und Forschenden und die klare Kommunikation, dass es sich nicht um eine Prüfungssituation handele, alle Informationen vertraulich behandelt werden und die Durchführung in gewohnter Umgebung mit vertrauten Gruppenmitgliedern kann die Besonderheit wenigstens gemildert werden.

Es lässt sich also an dieser Stelle festhalten, dass wir uns bei der Erhebung auf zwei Zielgruppen festlegten. Zum einen die Lehrkräfte, welche in offenen leitfadenorientierten Experteninterviews befragt wurden[97] und zum anderen die Schülerinnen und Schüler, deren kollektiven Erfahrungsraum wir uns durch Gruppendiskussionen nähern wollten. Bei den Erhebungen agierten wir mit der Zielsetzung, den Informanten besonders viel Freiraum für eine breite Ausführung ihrer Gedanken zu geben und wollten möglichst selbstlaufende Interviews bzw. Diskurse bei den Gruppendiskussionen mit großen narrativen Anteilen auf Seiten der Informanten initiieren, wie es beispielsweise von Bohnsack, Przyborski und Schäffer (vgl. 2006, S. 15) sowie von Schäffer (vgl. 1996, S. 257) vorgeschlagen wird. Denn genau dieses „zurückhal-

---

zum „konjunktiven Erfahrungsraum", also der verbindenden Regelmäßigkeit, von Bohnsack und Przyborski (2006), die auf Bohnsack (1989) und Mannheim (1980) basieren (vgl. S. 235).

[97] Der Interviewleitfaden ist als Anhang C beigefügt.

tend[e] Interviewverhalten [...] [des Interviewführers kann die Informanten] ermuntern, über die ihrem Relevanzsystem nahestehenden Themen zu sprechen" (ebd., Hervorh. im Orig.)[98] und sollte uns somit den Zugang zu den Horizonten, Einstellungen und dem impliziten Wissen der Informanten erleichtern.

5.2 Zugang zum Feld und Sampleauswahl

Die beiden an der Studie beteiligten Schulen befinden sich im Bundesland Sachsen-Anhalt und unterliegen dem dort gültigen Schulgesetz. Die Schulaufsicht obliegt dem Land, wobei die Schulen dem Kultusministerium als oberster Schulbehörde und dem Landesverwaltungsamt als weiterer Behörde unterstehen (vgl. Ministerium der Justiz des Landes Sachsen-Anhalt 2005, §82).

5.2.1 Sample der Erhebung

Die in die Untersuchung involvierten Schulen wurden gewählt, da sich diese in ihren Voraussetzungen, Gegebenheiten und Historien wesentlich voneinander unterscheiden, und somit vielfältigere Ergebnisse zu erwarten waren.

- Schule A (Sekundarschule)

Schule A befindet sich im Zentrum einer Gemeinde mit ca. 10.000 Einwohnern, in direktem Einzugsgebiet einer Großstadt mit mehr als 200.000 Einwohnern und zog 2007 in ein neu errichtetes Gebäude um.
In der staatlichen Sekundarschule werden SchülerInnen der Klassenstufen fünf bis zehn im Haupt- und Realschulbildungsgang unterrichtet. Insgesamt gibt es zehn Klassen mit insgesamt ca. 250 Schülerinnen und Schülern. Die Schule wird zweizügig

---

[98] Dies könne aber insbesondere zu Beginn der Erhebung problematisch verlaufen, wenn die Informanten den Interviewer bitten Fragen zu stellen und sich erkundigen, ob das Interesse hinlänglich befriedigt wurde. Schäffer (1996) empfiehlt hier, insofern es die Situation überhaupt erlaube, die Abwehr in Form eines Hinweises, dass der Interviewer das Themeninteresse mit den Interviewten teile (vgl. ders., S. 258). Kann dies nicht entsprechend erfolgen, „spielen sich Diskussionsformen ein, die auf ein traditionelles Interview im Sinne von Frage und Antwort hinauslaufen, was nicht intendiert ist" (ebd.).

geführt, wobei nicht in jeder Jahrgangsstufe aufgrund der niedrigen Schülerzahlen immer zwei Klassen existieren. Das Kollegium besteht aus 21 Lehrerinnen und vier Lehrern. Die mediale Ausstattung der Schule ist überdurchschnittlich, da zwei Computerräume, mehrere Beamer und dazugehörige Projektionsflächen, Breitbandinternetverbindung sowie bewegliche Computersysteme für die Klassenräume vorhanden sind. Die Schule bietet über den Unterricht hinaus vielfältige Möglichkeiten für die Schülerinnen und Schüler, in Arbeitsgemeinschaften tätig zu werden. Das Angebot umfasst klassische Themengebiete, wie Musik, Kochen und Theater, aber auch innovative Inhalte, wie Sanitätsdienst, Solar, Schülerfirma, Skat, Börse, Berufsbewerber, Rettungsschwimmer und die Schülerakademie.

- Schule B (Freie Schule)

Schule B befindet sich im Zentrum einer Gemeinde mit ca. 10.000 Einwohnern im ländlichen Raum. Der Schulbetrieb wurde zum Schuljahr 2008/2009 aufgenommen. Derzeit befindet sich die Schule in den Vorbereitungen für den Umzug in eine nahegelegene Stadt mit ca. 30.000 Einwohnern, da die räumlichen Kapazitäten nach Angaben der Schulleitung am aktuellen Standort nicht ausreichend vorhanden seien.

Die Schule befindet sich in freier Trägerschaft eines gemeinnützigen Vereins. Nach dem Schulgesetz des Landes Sachsen-Anhalts handelt es sich bei der Schule um eine staatlich genehmigte Ersatzschule (vgl. Ministerium der Justiz des Landes Sachsen-Anhalt 2005, §15). Diese bietet staatlichen Schulen entsprechende „Bildungs-, Ausbildungs- und Erziehungsziele" (dies., §16). In der inneren und äußeren Gestaltung der Bildungsinstitution können diese variieren, müssen aber weiterhin als den staatlichen Schulen als gleichwertig eingestuft werden können. Besonders relevant im Kontext dieser Studie ist, das Ersatzschulen, wie Schule B nur dann genehmigt werden, wenn „eine Sonderung der Schülerinnen und Schüler nach den Besitzverhältnissen der Eltern nicht gefördert wird" (ebd.). Hierdurch und durch die den staatlichen Schulen entsprechenden Charakteristika ist die Vergleichbarkeit der erhobenen Daten durchaus möglich.

Darüber hinaus hat die Schule den Status einer integrierten Gesamtschule. Hier werden sowohl die Sekundarstufe in Form von Real- bzw. Hauptschulbildungsgang (siehe Schule A) mit den Abschlüssen Haupt-, erweiterter Haupt-, Real- und erweiterter Realschulabschluss als auch der gymnasiale Bildungsgang mit dem Abschluss Abitur als pädagogische und organisatorische Einheit geführt[99]. In diesem differenzierten Unterrichtssystem werden die Schuljahrgänge fünf und sechs dem Typ Sekundarschule und Gymnasium entsprechend unterrichtet. In den Klassenstufen sieben bis zehn erfolgt der Unterricht im Klassenrahmen sowie separat in einer nach Klassenstufe steigenden Anzahl von interessens- und leistungsbezogenen Kursen (vgl. dies., §5a).

Die Schule wurde 2008 gegründet, hat derzeit drei Klassen der Klassenstufen fünf bis sieben mit insgesamt ca. 75 Schülerinnen und Schülern und wird ab dem nächsten Jahr zweizügig geführt. Das Kollegium besteht aus zwölf Lehrerinnen und sieben Lehrern, wobei der Großteil der Lehrkräfte auf Honorar- bzw. Teilzeitbasis beschäftigt ist. Die mediale Ausstattung der Schule ist durchschnittlich. In jedem Klassenraum stehen zwei Computerarbeitsplätze zur Verfügung, die während des Unterrichts Verwendung finden. Darüber hinaus gibt es ein mobiles Computersystem mit dazugehörigem Beamer, welches bedarfsweise für den Unterricht genutzt werden kann. Derzeit ist die Schule aufgrund der örtlichen Lage nur mit einer Schmalbandinternetverbindung ausgestattet, jedoch ist am neuen Standort eine Breitbandverbindung angedacht. Die Schule bietet im Nachmittagsblock von 14:45 Uhr bis 15:30 Uhr jeden Tag Möglichkeiten für die SchülerInnen, in Arbeitsgemeinschaften tätig zu werden. Im Gegensatz zu Schule A gibt es an Schule B ständig wechselnde Angebote für Arbeitsgemeinschaften.

5.2.2 Übersicht der Experteninterviews und Gruppendiskussionen

Vor Beginn der Erhebung an den Schulen wurde ein Pre-Test mit einem Referendar durchgeführt und der orientierende Leitfaden für die Experteninterviews auf Basis des Verlaufs leicht angepasst. Im Juli 2011 wurden fünf Gruppendiskussionen mit

---

[99] Die Daten basieren auf den Gesprächen mit der Schulleitung und wurden teilweise der Schulwebsite entnommen, welche aufgrund der Anonymität allerdings an dieser Stelle nicht genannt wird. Mit diesen Angaben entspricht die Schule dem in §5a festgelegten Schultyp Gesamtschule des landesspezifischen Schulgesetzes in integrativer Form (vgl. Ministerium der Justiz des Landes Sachsen-Anhalt 2005, §5a). Der Status einer staatlich anerkannten Ersatzschule wird derzeit angestrebt.

insgesamt 18 Schülerinnen und Schülern der Klassenstufen sieben und neun an den zwei genannten Schulen durchgeführt. Die Länge der Gruppendiskussionen lag zwischen ca. 13 Minuten und ca. 50 Minuten.

An Schule B konnten zudem drei Experteninterviews mit Lehrerinnen durchgeführt werden. Davon hatte Lehrerin Hanne Meister[100] (Interview Nr. 05) darüber hinaus die Funktion der Schulleitung an dieser Schule. An Schule A war entgegen vorheriger Vereinbarungen mit der Schulleitung keine Lehrkraft zu einem Interview bereit. Auch nach mehrfacher Nachfrage kam es nicht zu einer erfolgreichen Interviewsituation. Bei den an dieser Schule durchgeführten Gruppendiskussionen war die Kooperationsbereitschaft dagegen höher. Trotz der in der Woche der Erhebung stattfindenden Projektinvolvierungen der Klassen wurden drei Gruppendiskussionen realisiert, von denen eine (Gruppendiskussion 06) durch die Klassenlehrerin aufgrund anderer terminlicher Verpflichtungen vorzeitig abgebrochen werden musste. Dieser Umstand war den Interviewern vorher nicht bekannt.

Folgende Tabelle (Tabelle 2) gibt einen Überblick über alle realisierten Experteninterviews und Gruppendiskussionen:

Tab.2: Übersicht der durchgeführten Experteninterviews und Gruppendiskussionen

	Datum	Informant(en)	Schule	Ort
00	31.05.11	Experteninterview: Lars Schmidt* (Pre-Test) (Ph, Ch)	- (Gym)	Bertau**
01	05.07.11	Gruppendiskussion: 3 Schüler und 1 Schülerin (Kl. 7)	Schule B	Astersleben**
02	05.07.11	Gruppendiskussion: 2 Schülerinnen (Kl. 7)	Schule B	Astersleben**
03	05.07.11	Experteninterview: Gabriele Reinbek* (Deu, Ge)	Schule B	Astersleben**
04	05.07.11	Experteninterview: Ariane Stein* (Deu, Ru)	Schule B	Astersleben**
05	05.07.11	Experteninterview: Hanne Meister* (Deu, Wi)	Schule B	Astersleben**
06	06.07.11	Gruppendiskussion: 3 Schüler und 3 Schülerinnen (Kl. 7)	Schule A	Borsigkau**
07	06.07.11	Gruppendiskussion: 2 Schüler (Kl. 9)	Schule A	Borsigkau**
08	06.07.11	Gruppendiskussion: 1 Schüler und 3 Schülerinnen (Kl. 9)	Schule A	Borsigkau**

Quelle: Eigene Darstellung (*Namen anonymisiert, **Ortsnamen geändert).

---

[100] Alle Namen der InformantInnen wurden anonymisiert.

5.3 Zum Auswertungsverfahren

Für eine grundlegende Auswertung der Daten war zuerst eine systematische und einheitliche Transkription des aufgezeichneten Audiomaterials der Interviews und Gruppendiskussionen notwendig. Nach dem im Anhang A befindlichen Transkriptionsglossar aufgeschlüsselten Regeln wurden alle erhobenen Daten in Textform aufbereitet. Bei der Transkription wurden die Informanten der Gruppendiskussionen mit von ihnen selbst gewählten Codenamen bezeichnet[101]. Den interviewten Expertinnen wurde ein anonymisierter Deckname zugewiesen. Sämtliche Ortsangaben wurden insbesondere dann maskiert, wenn sie in direktem Zusammenhang mit den Personen standen, wie zum Beispiel Wohnorte, Schulorte, Ausflugsziele, usw. (vgl. dazu auch Zorn 2010, S. 488). Diese Vorgehensweise wurde zu Beginn der Interviews bzw. der Gruppendiskussionen im Rahmen der einleitenden erklärenden Worte an die Informanten kommuniziert[102].

Bei der Auswertung, welche exemplarisch in Anhang B skizziert ist, diente uns die dokumentarische Methode, die es ermöglicht Erfahrungen und Orientierungen von Individuen zu rekonstruieren. Dass Gruppendiskussionen mit dieser Methode sinnvoll ausgewertet werden können, zeigen exemplarische Forschungen von Schäffer (1996, S. 11), Nentwig-Gesemann (vgl. Bohnsack/Przyborski/Schäffer 2006, S. 15) sowie Krüger und Pfaff (vgl. dies., S. 16). Experteninterviews hingegen wurden mit dieser Methode eher seltener analysiert. Dass dies möglich ist begründet Nohl (2006) in der Form, dass diese aufgrund ihres narrativ fundierten Charakters auf „die Artikulation von *Erfahrungen* und *Orientierungen*" (S. 7, Hervorh. im Orig.) zielen[103].

---

[101] Hier gab es allerdings während der Erhebung zwei Abweichungen: Bei Gruppendiskussion 06 wurde aufgrund der vergleichsweise großen Gruppenstärke davon abgesehen, dass die Schüler sich Codenamen geben sollen und die Namen wurden im Nachhinein anonymisiert. Bei Gruppendiskussion 08 lehnten die Schüler die Möglichkeit, sich Codenamen zu geben, ab. Daraufhin wurden die Namen während der Transkription anonymisiert.

[102] Die Transkriptionen der Experteninterviews und Gruppendiskussionen stehen unter http://www.ibidem-verlag.de/downloads/9783838203737.zip zum Download bereit.

[103] Nohl war bereits 1993 mit der Frage nach der Möglichkeit der Analyse von Experteninterviews mit Hilfe der dokumentarischen Methode im Rahmen einer Studie in der Türkei konfrontiert (vgl. Nohl 2006, S. 15). In weiteren Studien wurden beispielsweise 2006 Existenzgründer und

Deren Zusammenhang zu rekonstruieren ist die Intention der *„dokumentarischen Methode der Interpretation"* (ebd., Hervorh. im Orig.). Insbesondere die Aufdeckung der organisatorischen bzw. institutionellen Zusammenhänge war bei uns Ziel der Auswertung der Experteninterviews mit Lehrkräften. Bei den Gruppendiskussionen mit Schülerinnen und Schülern dagegen spielte die Rekonstruktion der praktischen Erfahrungen in der Gruppe mit ihren Handlungsorientierungen eine übergeordnete Rolle, die laut Nohl (2006) „einen Zugang zur Handlungspraxis" (S. 7) eröffneten, wie bereits in Unterkapitel 5.1 erwähnt.

Die leitende Differenz des Auswertungsverfahrens fände sich zwischen Gesagtem, Berichtetem und Diskutiertem – also dem Thematischen – und dem, was sich in den Äußerungen über die jeweilige Gruppe bzw. den Experten oder die Expertinnen dokumentiert. Schäffer (1996) spricht bei Ersterem vom immanenten und bei Letzterem vom dokumentarischen Sinngehalt bzw. Dokumentsinn (vgl. S. 260). Diese Formulierung greift dabei auf die 1964 von Mannheim aufgestellte Differenzierung zweier verschiedener Sinnebenen zurück (vgl. Nohl 2006, S. 8).

Der immanente Sinngehalt erschließe sich demnach aus der Untersuchung ihrer wörtlich und explizit geschilderten Erfahrungen (vgl. ebd.). Hier müsse noch einmal „zwischen dem subjektiv gemeinten, ‚intentionalen Ausdruckssinn' [also Absichten und Motiven des Erzählenden, die Verf.] und dem ‚Objektsinn' [also der allgemeinen Bedeutung eines Textinhalts oder einer Handlung, die Verf.]" (ebd.) unterschieden werden (siehe Tabelle 3). Empirisch erfassbar und dementsprechend auszuwerten sei davon jedoch nur der objektive Sinn. Diese Analyse finde im ersten Arbeitsschritt statt, der formulierenden Interpretation (vgl. Schäffer 1996, S. 261 sowie Bohnsack/Przyborski/Schäffer 2006, S. 13) bzw. formulierenden Feininterpretation (vgl. Nohl 2006, S. 46), wobei die besprochenen Themen mit Angabe der Zeilennummern nach „Ober-, Unter- und Unterunterthemen gegliedert" (Schäffer 1996, S. 261) würden.

Schäffer (1996) regt an, die formulierende Sprache der notwendigen Zusammenfassung jedes dieser Teilabschnitte möglichst nah an der Ausdrucksweise der Informanten zu wählen, die dabei aber trotzdem eine begriffliche Abstraktion zu leisten

---

Existenzgründerinnen zu ihrem Expertenwissen befragt und später mehrfach leitfadenbasierte Interviews mit Hilfe der dokumentarischen Methode ausgewertet (vgl. ders. S. 15f).

vermag (vgl. S. 261). Im Gegensatz dazu empfiehlt Nohl (2006), diese Zusammenfassung im Formulierungsstil der Forschenden zu erstellen, da „diese Reformulierung des thematischen Gehalts [dazu] dient [...], die Forschenden gegenüber dem Text fremd zu machen" (S. 47). Wir schließen uns an dieser Stelle Nohls Auffassung an, da mit Hinblick auf die Aufdeckung möglicher Ansätze der Implementierung von Digital Game Development in ein formelles Lern- und Bildungssetting sowohl Gruppendiskussionen als auch Experteninterviews eine Rolle spielen. Die Reformulierung erlaubt darüber hinaus den Aufbau einer gewissen Distanz zu den Aussagen der Informanten. Diese ist insbesondere aufgrund der Tatsache notwendig, da wir als Forscherteam zugleich Interviewer bzw. Interviewerin waren, die Transkriptionen anfertigten und auch die Auswertung durchführten. Außerdem wird unser Vorgehen somit der Intention der dokumentarischen Methode gerecht, die sich übergreifend durch die komparative Analyse von qualitativen Daten charakterisieren lässt (vgl. ders., S. 45).

Tab.3: Ebenen des Sinngehalts und ihre empirische Erfassbarkeit

Sinngehalt		empirische Erfassbarkeit	Interpretationsschritt
immanenter Sinngehalt	intentionaler Ausdruckssinn	nicht erfassbar	-/-
	objektiver Sinn	thematisch zu identifizieren	formulierende Interpretation
dokumentarischer Sinngehalt		anhand des Herstellungsprozesses zu rekonstruieren	reflektierende Interpretation

Quelle: Eigene Darstellung nach Nohl 2006, S. 9.

Im gesamten ersten Arbeitsschritt werde bei der Herangehensweise noch nicht auf die Bezugnahmen der Informanten untereinander Rücksicht genommen. Dieser Fokus sei im zweiten Schritt jedoch notwendig, da hier von den „Was- zu den Wie-Fragen" (Bohnsack/Nohl 2007, S. 303) der Analyse übergegangen wird. Der dokumentarische Sinngehalt (siehe Tabelle 3) rekonstruiere „die geschilderte Erfahrung als Dokument einer Orientierung" (Nohl 2006, S. 8), also was das Gesagte über die Gruppe dokumentiert und wie sich die Erfahrung strukturiert (vgl. ebd.). Die sich daraus ergebende „Regelhaftigkeit des Orientierungsrahmens [...] ist grundlegend eine soziale und erkenntnislogisch dem subjektiv gemeinten Sinn der Akteure vorgeordnet" (Bohnsack/Nohl 2007, S. 303). Exemplarisch sei hier eine Geste oder Äußerung eines Informanten, die erst unter Einbezug der Reaktionen der anderen direkt teilnehmenden Informanten ihre Bedeutungszuweisung erhielte. Sowohl Äußerung bzw. Geste als auch Reaktion(en) ließen sich empirisch erfassen und in Relation zueinander setzen. Daraus ergebe sich die zuvor beschriebene Regelhaftigkeit, deren Rekonstruktion den zweiten Schritt der Analyse, die reflektierende Interpretation, ausmache (vgl. ebd.). Bohnsack und Nohl beschreiben den Vorgang als Suche „nach der Klasse von Reaktionen [...], die nicht nur als thematisch sinnvoll erscheinen, sondern die auch homolog oder funktional äquivalent zu der empirisch gegebenen Reaktion sind" (ebd.). Das analytische Vorgehen solle sich demnach bei der Auswertung an den Gesprächsverläufen, dem Aufbau der darin berichteten Handlungen, den durch Informanten behandelten Thematiken und Problemstellungen orientieren (vgl. Nohl 2006, S. 8).

Insbesondere bei den Experteninterviews ist dieses Vorgehen natürlich in der Form nicht realisierbar, da hier nur interaktive bzw. bezugnehmende Momente mit den Interviewern auftreten können. Dennoch begründet Nohl die Eignung des Vorgehens auch für Einzelinterviews, sofern hier erzählgenerierende Fragen gestellt würden. Der Informant sei dann in der Situation, sein Gesagtes, seine Erzählungen und Beschreibungen mit Argumentationen und Bewertungen zu versehen (vgl. Nohl 2006, S. 47), um diesen so intersubjektiv nachvollziehbaren Sinn für den Interviewers zu geben. Diese Differenzierung stellt Nohl auf Basis von Schützes Überlegungen dar[104] (vgl. ders., S. 27f) und spricht folgend bei Beschreibungen und argumentativen Elementen von einem „Vordergrund-Hintergrund-Verhältnis" (ders., S. 28). Dieses ließe sich im Analyseverfahren der dokumentarischen Methode im zweiten Schritt auswerten, da das Vorgehen „im Zuge der formalen Interpretation die Textsortentrennung [aufgreift], wie sie in der Narrationsstrukturanalyse von Fritz

---

[104] Der Fokus bei Schütze lag bei der betrachteten Quelle auf den narrativen Interviews. Diese lassen sich im Sinne der Gesprächsführung und bei sinnhaften Erklärungen mit narrativem Charakter, der durch die offene Frageweise gewährleistet ist, auch auf die Experteninterviews übertragen. Nohl (2007) sagt beispielsweise den Experteninterviews aufgrund der auf Artikulation von Erfahrungen und Orientierungen zielenden Methode einen narrativ fundierten Charakter zu (vgl. S. 7), welcher demnach durch die freien Erzählpassagen die so genannten Zugzwänge des Erzählens von Kallmeyer/Schütze innehat (ders., S. 28f).

Schütze entwickelt worden ist" (ders., S. 47). Bei den Experteninterviews werde demnach im zweiten Schritt nicht wie bei den Gruppendiskussionen durch die Rekonstruktion der Regelhaftigkeit ausgewertet, die erst unter Einbezug der Reaktionen der anderen direkt teilnehmenden Informanten ihre Bedeutungszuweisung möglich wird, sondern zuerst formal unterschieden „zwischen theoretischer Argumentation, Beschreibung und Erzählung [...] [, um] den Erfahrungen der Akteure Rechnung zu tragen" (ders., S. 50). Im Anschluss gehe es darum, „[auf semantischer Ebene] einen Zugang zur Wirklichkeit zu finden, die weder jenseits des Akteurswissen als objektiv definiert wird noch sich im subjektiv gemeinten Sinn der Akteure [...] erschöpft" (ebd.). Tabelle 4 gibt folgend einen Überblick der zu differenzierenden Arbeitsschritte in der re-flektierenden Interpretation der Experteninterviews. Hierbei fokussiere die dokumentarische Methode laut Nohl auf die Absicht des Erlangens von implizitem Wissen, welches sich oft in der Form zeige, dass die Informanten sich ihres Wissens nicht bewusst seien (vgl. ders., S. 51).

Tab.4: Differenzierte Auswertung bei der Reflektierenden Interpretation

Arbeitsschritt	Interpretationsschritt(e)
reflektierende Interpretation (Gruppendiskussionen)	Aufdeckung der Regelhaftigkeit des Orientierungsrahmens (Formalstruktur interaktiv hergestellter Sequenzen)
reflektierende Interpretation (Experteninterviews)	Textsortentrennung (Formale Unterscheidung zwischen theoretischer Argumentation, Beschreibung und Erzählung)
	semantische Interpretation

Quelle: Eigene Darstellung.

Im Anschluss an die formulierende und reflektierende Interpretation erfolgt dann die über die einzelne Gruppe oder den einzelnen Informanten hinausgehende übergreifende Typenbildung im dritten Schritt. Dazu würden sämtliche Daten komparativ gegenübergestellt (vgl. Nohl 2006, S. 53 sowie Schäffer 1996, S. 262). Schäffer (1996) spricht hier von einem sich während des Forschungsprozesses „langsam herausbildende[n] ‚Denkraum' [...] [, welcher] durch allmähliche Anreicherung im Sinne der grounded theory verfestigt [wird] und in Begriffsbildungen objektiviert. [...] [Diese werden] in und durch die komparative Analyse erfaßten Aspekte wiedergeben" (S. 262). Der übergreifende Vergleich habe zum einen den Vorteil „der Ermöglichung und Erleichterung des interpretatorischen Zugriffs [...] [und zum anderen stellt er] zudem eine Methode zur Validierung von Interpretationen [dar]" (Nohl 2006, S. 53). Ermöglicht werde dieser durch einen anfänglichen Abgleich, wie die Informanten mit einem ähnlichen Thema umgehen, welcher Orientierungsrahmen das Thema umfasst und wie dieser gleiches bearbeitet (vgl. ders., S. 55). Nohl (2006) empfiehlt an dieser Stelle für leitfadengestützte Interviews, wie zum Beispiel den durchgeführten Experteninterviews, direkt die Themen, welche laut Erkenntnisinteresse sowieso im Leitfaden verankert sind und gerade darauf zielen, wie die Problemstellungen von den Informanten bearbeitet werden (vgl. ebd.).

Die Typenbildung unterscheide sich bei der dokumentarischen Methode in die sinngenetische und in die soziogenetische Typenbildung. Erstere basiere auf einem einfachen Vergleich, dem so genannten „themenbezogenen tertium comparationis" (vgl. ders., S. 56). Hier werde ersichtlich, „in welch *unterschiedlichen* Orientierungsrahmen die erforschten Personen jene Themen und Problemstellungen bearbeiten" (ders., S. 57, Hervorh. im Orig.), die Gegenstand der Untersuchung sind. Beispielsweise könne ein zuerst nur bei Informant A ersichtlicher Orientierungsrahmen später auch bei weiteren Informanten ausgearbeitet werden. Somit ist die bisher nur auf Informant A gültige Feststellung von der Person selbst lösbar (vgl. ebd.).

Die soziogentische Typenbildung sei demgegenüber mehrdimensionaler, da sie sich aufgrund einer mehrfachen Anwendung des „tertium comparationis", also Variation über mehrere Quellen, komplexer begründen ließe (vgl. ebd.). So sei es möglich, die Zusammenhänge der Orientierungsrahmen gemäß einem zweiten oder dritten Thema aufzudecken.

Der dritte Schritt mit sinngenetischer und soziogenetischer Typenbildung verdichte das vorhandene Datenmaterial sehr stark im Sinne eines „kontrastiven Vergleichs" nach Schütze, da ganz stringent gruppen- und expertenübergreifend nach gleichen Themen gesucht werde, die darüber hinaus in ähnlicher Weise behandelt würden (vgl. Schäffer 1996, S. 262). Alternativ sei aber auch eine maximale Kontrastierung möglich, die durch eine komplett differierende Gruppe oder einen Experten bzw. eine Expertin ermöglicht werden könne. „Deren Interpretation führt dann entweder zur Rekonstruktion eines neuen Typs innerhalb der schon vorhandenen Typik oder zur Revision der vorherigen Typik, da sich ein neuer übergreifender Aspekt als sinnvoller herausstellt" (ders., S. 263). In unserem Vorgehen schließen wir uns letzterer Auslegung an, da wir mit dieser Variation eine „Generierung von ‚Idealtypen'" (ebd., Hervorh. im Orig.) fördern, die im Sinne möglicher Ansätze der Implementierung von Digital Game Development in ein formelles Lern- und Bildungssetting richtungsweisende Aufschlüsse geben können.

My Video Game.

6 Ergebnisse der Erhebung

In diesem Kapitel sollen die Ergebnisse der zuvor dargestellten Erhebung detailiert vorgestellt werden. Dabei werden Typen im Sinne der Auswertung nach den dokumentarischen Methode im ersten Teil für SchülerInnen, mit den Unterbereichen persönliche bzw. organisatorische Aspekte und Digitale Spiele, und im zweiten Teil für die LehrerInnen, mit den Unterbereichen Lehr-/Lernpraxen, (Digitale) Medien und Digital Game Development in der Schule, gebildet. Bei der Zitation von Transkriptionen wurden die Regeln nach dem Glossar in Anhang A übernommen, um beispielsweise für die Auswertung und Typenbildung relevante Betonungen oder Pausen zu veranschaulichen[105].

6.1 Wünsche und Horizonte der Heranwachsenden

In den Gruppendiskussionen mit den SchülerInnen kamen unterschiedlichste Aspekte zum Vorschein, die für die Implementierung von Digital Game Development als Methode in schulischen Kontext berücksichtigt werden müssen. Dies sind zum einen Typen, die persönliche Bedürfnisse wie den Wunsch nach Leistung, Anerkennung, Vertrauen und Zutrauen, kennzeichnen und zum anderen Typen, die auf organisatorische Belange verweisen. Unter besonderer Berücksichtigung der thematischen Ausrichtung unserer Betrachtungen werden Horizonte in Bezug auf Digitale Spiele und deren Struktur ebenfalls betrachtet.

6.1.1 Persönliche Aspekte: Eigene Leistungen, Anerkennung durch andere und Vertrauen

Die ersten Typen, die wir hier betrachten wollen, können als persönliche Aspekte bezeichnet werden. Es geht, kurz gesagt, um Leistung, Wertschätzung, Vertrauen und Arbeit in einer Gruppe.

---

[105] Aufgrund dieser Gegebenheiten sind hier formale Unterschiede zu sonstigen Zitationen vorhanden.

6.1.1.1 Leistungswille, Leistungsdruck, Leistungsbeurteilung

Die Heranwachsenden demonstrierten zu Beginn des Gesprächs eine Abneigung gegenüber Schule und Lehrern, gekoppelt mit einer starken Egoperspektive. Besonders exemplarisch ist eine Aussage von Captain America:

> „Auch wenn die andern sich für den Unterricht interessieren, uns is das sowas von egal (2) wir sitzen hinten dann und spielen Karten (.) und solange uns der Lehrer in Ruhe lässt, is=es uns eigentlich egal, was im Unterricht passiert" (CA, Transkr.07, Z.41-43).

Dabei wurde im Verlauf aller Diskussionen dementgegen deutlich, dass die Jugendlichen durchaus einen starken Leistungswillen haben:

> „[...] durch die Unruhe:: lernt man halt nix" (CA, Transkr.07, Z.179-180).

> „Wir wollen ja eigentlich lernen, aber bei der können wir das nich lernen" (Lisa, Transkr.06, Z.71).

Sie benennen Mängel in Organisation und persönlichem Umgang als besonders hinderliche Faktoren. Weiterhin werden Zeit- und Leistungsdruck als besonders negativ empfunden.

> „Und wenn wir die nich schaffen, dann gib's Ärger oder so, wenn wir die Arbeitsblätter nich schaffen" (Step, Transkr.01, Z.478-479).

> „Und die Kehrdorf [Auslassung des Kommentars] die zwingt och immer, dass wir alles schaffen müssen" (Kai, Transkr.06, Z.496-497).

> „dann knallen die uns da ah sechs, sieben Aufgaben hin und die soll'n wir in=ner halben Stunde lösen und das kriegen wir nich jebacken (2) selbst ich nich (.) obwohl ich schon schnell arbeite" (Captain America, Transkr.07, Z.135-137).

Individuelle Beurteilungen werden gegenüber standardisierten Methoden begrüßt und von den SchülerInnen als fair eingeschätzt.

> „[...] manche p- Schüler passen ja auf im Unterricht (.) und verstehen=s im Unterricht, aber in=ne Klassenarbeiten kriegen=s denn och nich hin" (Max, Transkr.07, Z.185-186).

> „Zum Beispiel unser Englischlehrer Herr Kohlmann der sieht dann das, was man macht:, ob's jetzt weniger Arbeitsblätter sin aber man hat's verstanden, dann is=es okay" (Silensor, Transkr.01, Z.486-488).

So steht der Leistungswunsch der SchülerInnen in Diskrepanz zur wahrgenommenen Unterrichtspraxis, welche durch Druck, zum Teil harsche Umgangsformen zwischen

LehrerInnen und SchülerInnen und durch nicht als adäquat empfundene Mittel der Leistungsbeurteilung gekennzeichnet sei. Dieser Befund zeigte sich an der Sekundarschule deutlicher als an der Freien Schule, wobei die Punkte Leistungsdruck und Leistungsbeurteilung auch von diesen SchülerInnen benannt wurden. Ein möglicher Faktor für das positivere Empfinden der Heranwachsenden der Freien Schule ist der Einsatz von Freiarbeits- und Projektmethoden, die als „locker" empfunden werden.

Projekttätigkeiten werden klar vom sonstigen Unterricht differenziert und von allen SchülerInnen prinzipiell sehr positiv bewertet.

> „Das ist immer so aufgelockert, da hat man kein Unterricht, sondern-. Also Unterricht in einer anderen Art [...]" (Jordan, Transkr.02, Z.77-78).

Bis auf Silensor, der die Arbeit innerhalb eines Projektzeitraums als Lernen definiert (vgl. Silensor, Transkr.01, Z.295) und sogar crosscurriculare Bezüge darstellt (vgl. ders., Z.259-262), herrscht die Auffassung, dass Projektzeiten lernfreie Zeiten seien. Besonders euphorisch fasst es Nero zusammen:

> „Man freut sich halt einfach auch wenn man dann Sonntag so weiß, man muss nächsten Tag in die Schule, freut man sich halt aber trotzdem, weil man, man hat halt Projektwoche, man muss nicht lernen [...]" (Nero, Transkr.02, Z.80-82).

Generell scheinen die SchülerInnen Projektarbeiten also nicht als Lernanstrengung wahrzunehmen. Damit steht Projektunterricht im Gegenverhältnis zu klassischem Unterricht. Der negative Leistungsdruck sowie die als ungerecht empfundenen nicht-individuellen Leistungsbeurteilungen entfallen im Projektzeitraum aus Sicht der SchülerInnen, was sich in einer verminderten Wahrnehmung von Anstrengung ausdrückt. Dabei wird aber der Wille zur eigenen Leistung keineswegs geschmälert, sondern wie in den nachfolgenden Abschnitten dargestellt, in besonderer Weise sogar gestärkt.

6.1.1.2 Wertschätzung und Stolz

Es zeigte sich, dass es den Jugendlichen, ganz im Einklang mit deren Leistungswillen, um Wertschätzung geht. Sie wollen gemocht, respektiert und anerkannt werden. Gruppe 06 stellt exemplarisch bedauernd fest, dass eine neue Schülerin, die sich nicht diszipliniert verhält, ihnen diese Anerkennung durch die Lehrkräfte genommen hätte:

„Lisa: Wir waren ja immer die Vorzeigeklasse in der fünften und sechsten. Und seit sie bei uns rei-

Maja: Ja und seitdem sie dazugekommen ist. Dann ist

Lisa: Seitdem sind wir –

Maja: Mhmm ((zustimmend)).

Sara: Die Klasse, die keiner haben will. @(.)@"

(Lisa/Maja/Sara, Transkr.06, Z.313-317).

Durch Leistungen innerhalb von Projekten wird für die Heranwachsenden Anerkennung wiederum spürbar. Dabei scheinen aber zwei Faktoren für den Wert dieser wichtig zu sein: es soll sich um Respekt von Personen aus dem eigenen Umfeld handeln und das Produkt, das diese Anerkennung hervorruft, muss auf eigenen Entscheidungen beruhen und somit einen persönlichen Wert für die Projektteilnehmer haben.

Gruppe 06 hat auf Anweisung der Lehrkraft innerhalb eines Projektes einen Platz von Müll und Unrat befreit, Unkraut gezupft und die Hecke verschnitten. Sie erlangten dafür Aufmerksamkeit im Rahmen eines Zeitungsartikels. Die Jugendlichen schätzen diese Art der Anerkennung als nicht wertvoll ein:

„Tim: Dafür kamen wir aber in die Zeitung, ja?

Kai: Uih ((verpönend)).

Maja: Wow ((verpönend)). Wow in die **Zeit**ung.

[…]

Maja: @Was fürn Trost@"

(Tim/Kai/Maja, Transkr.06, Z.331-335).

Demgegenüber berichten die Gruppen 07 und 08 von einem Filmprojekt, das sie in den letzten Unterrichtsstunden im Fach Deutsch durchgeführt haben. Sie sind stolz auf die eigene Leistung und erfahren von LehrerInnen und MitschülerInnen deutliche Wertschätzung. Maria äußert sich darüber besonders erfreut:

> „Vor allen Dingen konnten wir dann auf- auf äh auf uns stolz sein, was wir da:: ((einatmend)) geschaffen haben, weil alle Lehrer waren stolz auf uns und haben gesagt, das haben wir gut gemacht. Und ähm auch ganz viele anderen Klassen kamen denn während der Pausen zu uns und wollten diesen Film gucken. Also das war schön" (Maria, Transkr.08, Z.79-82).

Es zeigt sich deutlich, dass die als ehrlich und positiv empfundenen Reaktionen aus dem direkten sozialen Umfeld weitaus bedeutsamer sind als öffentliche, unpersönliche Aufmerksamkeit. Weiterhin scheint es wichtig, dass sich Heranwachsenden mit Ergebnis identifizieren können. Während die Tätigkeiten für Gruppe 06 für die Jugendlichen selbst keine Relevanz hatten, so ist der selbsterstellte Film von Gruppe 07 für die Projektteilnehmer bedeutsam. Sie haben etwas, wie Maria es nennt, „geschaffen". Zu diesem „Schaffen" gehört auch untrennbar der nachfolgend betrachtete Aspekt des Freiraums zu eigenen Entscheidungen.

6.1.1.3 Eigene Entscheidungen und Vertrauen

Der Wunsch eigene Entscheidungen zu treffen zeigt sich immer wieder und über alle Gruppen sehr ausgeprägt. Dabei gibt es mehrere Dimensionen, in welchen eigene Entscheidungsfreiheit gewünscht wird.

Die SchülerInnen gehen dabei oft von einem vorgegebenen Setting aus, in dem Wahlmöglichkeiten des eigenen Betätigungsfeldes als positiv herausgestellt werden. Nero formuliert beispielhaft in Bezug auf Projektwochen:

> „Manchmal kann man sich sogar aussuchen, wo man hingehen möchte. (2) Und ist schon ganz schön" (Nero, Transkr.02, Z.83-84).

Lisa betrachtet diesen Punkt aus einer entgegengesetzten Perspektive und formuliert daher die Beschneidung ihrer Entscheidungsfreiheit durch ihre Lehrerin negativ:

> „Sie sagt uns, ja wer will denn das machen. Keiner hat sich gemeldet. Hat sie gesacht, ja das is: egal, dann zwing ich euch dazu. Na Klasse" (Lisa, Transkr.06, Z.336-337).

Diese Art der Entscheidungsfreiheit kann als Minimalforderung der SchülerInnen interpretiert werden. Stärker scheint jedoch der Wunsch vorhanden auch das Thema eines gesamten Projekts (mit-) entscheiden zu können. Über alle Gruppen lässt sich übereinstimmend dieses Motiv finden, dabei schwingt latent immer die Aussage mit, dass sich die Heranwachsenden nicht ernst genommen oder in ihren Wünschen respektiert fühlen. So zeigt sich Kai enttäuscht:

> „Erst sagt Frau Kobra immer, wir dürfen entscheiden, was wa machen wollen. Schlägt se was vor und denn zum Schluss macht se das, was sie will" (Kai, Transkr.06, Z.294-295).

Dabei manifestiert sich auch der Wunsch nach Orientierung an den persönlichen Interessen und der eigenen Lebenswelt in der Forderung nach Entscheidungsräumen. Die Jugendlichen formulieren es aus einer negativen Perspektive:

> „sonst war das immer so, dass wir- dass es Pflicht war, dies und das zu machen. Und das war halt immer doof, weil- hatte niemand Lust drauf" (Maria, Trankr.08, Z.127-128).

> „da ey dafür interessiert sich kei:ner, wirklich keiner aus unsrer Klasse" (CA, Transkr.07, Z.460-461).

Gleichzeitig zeigt sich aber auch Verständnis für die Vorgabe von bestimmten Inhalten:

> „das ist meist immer das, was uns die Jugend halt nicht so wirklich interessiert, was aber halt wichtig sein soll, für unseren weiteren Lebenslauf und so" (Katja, Transkr.08, Z.114-115).

Dieses Verständnis endet aber in jedem Fall, wenn ihnen das Mitspracherecht völlig aberkannt wird und/oder die Heranwachsenden die Umsetzung als misslungen empfinden.

> „Eigentlich sind die Vorschläge, also dis was sie immer machen, sind eigentlich immer ganz gut. Nur sie können es irgendwie nicht richtig umsetzen zum Beispiel. [...] Und das macht eigentlich Spaß, (.) nur (.) so wie die es umsetzen, wie die Lehrer es versuchen umzusetzen, das ist halt langweilig gestaltet" (Maria, Transkr.08, Z.196-200).

Es wird weiterhin deutlich, dass der Leistungswille der Jugendlichen auch von der Freiheit zur eigenen Entscheidung und Meinungsäußerung, die als Zeichen von Respekt wahrgenommen werden, abhängig ist. Je größer der Entscheidungsfreiraum hinsichtlich Thematik, Organisation und Umsetzung ist, desto mehr wird „ein" Projekt zum „eigenen" Projekt. Damit verbunden sehen die Heranwachsenden ganz klar den Willen zu eigenem Engagement. Captain America umschreibt dies mit Blick auf Projektzeiträume besonders deutlich:

> „wenn uns die Projekte wenigstens (.) wenn wir da mit beein- einbezogen werden, was wir machen dürfen (.) wär natürlich die Mitarbeit in Projekten: viel viel stärker" (CA, Transkr.07, Z.440-411).

> „fänd ich viel cooler halt als wenn wir jetzt irgendwelche andern Projekte machen (.) weil wir da o:ch (.) weil wir da mehr einbezogen werden (.) zum Beispiel auch in die Planung von den Projekten" (CA, Transkr.07, Z.455-457).

Lisa meint es unter Bezug auf eine nicht projektorientierte Unterrichtssituation ähnlich:

> „Ja, da dürfen wir eigentlich machen, was wir wollen aber wir machen unsere Aufgaben nebenbei" (Lisa, Tranksr.06, Z.290-291).

Gesteht die Lehrkraft den SchülerInnen Mitsprache und eigene Entscheidungen zu, so wird das typische Rollen- und demnach Machtverhältnis von LehrerInnen und SchülerInnen als aufgehoben wahrgenommen. Captain America macht im Vergleich von „normalem" Unterricht und Projektzeiträumen deutlich, dass schon die Äußerung der eigenen Meinung von den Lehrkräften im Unterricht unerwünscht sei. Im Projektunterricht, den die Jugendlichen als gut einschätzen, wird die Lehrkraft dagegen als gleichwertiger Gesprächspartner interpretiert, was als besonders positiv betont wird:

> „da kann man halt sagen, was man meint (.) im normalen Unterricht kann man das ja nich so sagen, weil: sonst ((klopft auf den Tisch)) irgend'n dummer Kommentar von den Lehrern kommt" (CA, Transkr.07, Z.404-406).

Neben diesem Gefühl der Gleichberechtigung zeigt sich insbesondere bei der Gewährung von Entscheidungsräumen die Wahrnehmung, dass die Lehrkraft den Heranwachsenden etwas zutraut und ihnen vertraut. Maria schildert ihre Empfindungen bezüglich des bereits genannten Filmprojekts:

> „Ähm, dass wir (2) frei wählen durften, wie wir das gestalten wollen und was wir verfilmen wollen und so was. Das hat am meisten Spaß gemacht, dass er uns da viel Freiraum gelassen hat" (Maria, Transkr.08, Z.69-71).

Durch Ermöglichung eigener Entscheidungen der SchülerInnen, demonstriert die Lehrkraft, dass sie den Heranwachsenden vertraut. Dieser Punkt wird immer wieder aufgegriffen und stellt sich besonders bei den Gruppen der Sekundarschule als relevanter Aspekt dar. Fehlendes Vertrauen kränkt die Heranwachsenden dabei ganz persönlich. Maja schildert, dass ihrer Klasse nur Ausflüge in die nähere Umgebung und unter starker Kontrolle durch die Lehrkräfte erlaubt seien. Dies führt sie auf mangelndes Vertrauen seitens der LehrerInnen zurück:

> „Naja aber ich find das auch manchmal richtig dumm. Alle fahren ins Schwimmbad oder nach **Berlin** und sie sagt, ne das ist viel zu gefährlich oder irgendwie so, ja" (Maja, Transkr.06, Z.370-371).

> „Ja weil F-, weil die Frau Kobra hat Angst, wenn wir da ankommen, dass das sonstwie ausgeht" (Maja, Transkr.06, Z.446-447).

Captain America benennt Vertrauen explizit als Projektvoraussetzung, wobei es ihm um die Benutzung von schuleigener Technik geht und er die Möglichkeit, dass diese Schaden nehmen könnte, als potentielle Misstrauensquelle sieht:

> „die: müssten natürlich och das passende Vertrauen dazu ham, um die D:inge zu benutzen, weil wenn die Dinge danach kaputt sind, kann man se wegschmeißen (.) und och oder wenn man sie repariert, das kostet (.) Geld" (CA, Transkr.07, Z.650-652).

So kennzeichnet der Ruf nach eigenen Entscheidungsräumen tiefergehende Wünsche nach Vertrauen und Zutrauen, nach Respekt und Anerkennung. Fühlen sich die Heranwachsenden ernst genommen, indem sie gleich- und mitspracheberechtigt sind sowie ihre Erfahrungen und Interessen aus der Alltagswelt als wertvoll berücksichtigt werden, und wird ihnen durch die Übertragung von Aufgaben, deren Ausführung und Ergebnisse von den SchülerInnen selbstbestimmt sind, Vertrauen entgegengebracht, so steigert sich ihre Leistungsbereitschaft erheblich. Dabei ist der Wille zur Leistung davon geprägt, dass wiederum der Wunsch nach Anerkennung im eigenen sozialen Umfeld eine enorme Bedeutung hat. Es geht dabei also keineswegs um einen Stil des Laissez-faire, sondern um die Befriedigung innerster menschlicher Bedürfnisse nach eigener Leistungsfähigkeit und sozialer Zugehörigkeit.

6.1.1.4 Arbeit in Gruppen

Auch die Arbeit in Gruppen ist für die Heranwachsenden signifikant. Immer wieder greifen sie diesen Aspekt als wichtigen Bestandteil von Projektarbeit auf und demonstrieren prinzipiell eine Bevorzugung gegenüber anderen Unterrichtspraxen.

> „Na, das is zum Beispiel da gibt's jetzt es gibt auch jetzt also in der Projektwoche gibt's eigentlich nie Einzelarbeit oder irgendwie abschreiben oder sowas" (Dragon, Transkr.01, Z.303-304).

Die Kommunikation mit anderen ist das vordergründige Charakteristikum in den Augen der Jugendlichen.

> „im Unterricht dürfen wir ja nicht mit'nander reden (.) im Grunde jenommen (.) bloß halt, wenn=wer Gruppenarbeit und sowas alles machen" (CA, Transkr.07, Z.407-409).

Dabei geht es zum einen um den persönlichen Austausch mit Freunden, wie Jordan festhält:

> „da macht man dann (.) so, kann man eben auch mit Leuten, mit denen man sich gut versteht, (ebend) auch verständigen (unter)halten" (Jordan, Transkr.02, Z.78-79).

Zum anderen spielt auch das Kennenlernen untereinander eine Rolle. Captain America und Max, die erst im Schuljahr der Erhebung in die Klasse kamen, sehen die Gruppenarbeit innerhalb eines Projektzeitraums als Möglichkeit zur einfacheren Integration:

> „wenn wir zum Beispiel zum Anfang gleich n Projekt jemacht hätten, hätten=wer uns allemann viel besser verstanden" (CA, Transkr.07, Z.415-416).

Doch auch die Wahl der Gruppe ist entscheidend. So zeigt sich immer wieder, dass es den SchülerInnen wichtig ist mitentscheiden zu können, in welcher Konstellation sie arbeiten möchten. Mögen sich die Gruppenmitglieder untereinander nicht, so verkehrt sich das „wir dürfen" in „wir müssen" und wird als negativ gekennzeichnet:

> „Und vor allem, was ich auch scheiße finde wenn (.) wir in Deutsch Gruppenarbeit müssen, dass wir dann aufgeteilt werden. Also die sagt mit wem wir machen müssen" (Lisa, Transkr.06, Z.704-705).

Besonders ausschlaggebend ist dabei, ob der Leistungswille unter den Gruppenmitgliedern homogen ist. Maja erzählt etwa, dass ihre häufig zugewiesene Gruppenpartnerin, keine Beiträge leistet und fühlt sich im Stich gelassen. Jens und Sara pflichten ihr bei:

> „Jens: Ja vor allem, weil die dann immer weg ist, wenn du nen Vortrag hältst.
>
> Maja: Ja darum ja
>
> [...]
>
> Sara: Und denn bleibt alles an- an dir hängen, ne?
>
> (Jens/Maja/Sara, Transkr.06, Z.713-719).

Die Arbeit in der Gruppe wird also deshalb bevorzugt, weil sie für die Heranwachsende eine starke soziale Ausrichtung hat. Es geht dabei nicht um Vereinfachung von Arbeit, sondern um den Austausch von Meinungen und Sichten, um das Vergewissern und Absichern eigener Entscheidungen und um das Gefühl der sozialen Zugehörigkeit. Ist der Leistungswille innerhalb einer Gruppe nicht bei allen Mitgliedern in etwa gleich stark ausgeprägt, so greifen diese Mechanismen aber nicht oder nicht in gewünschter Weise.

6.1.2 Organisatorische Aspekte: Regeln, eigenes Handeln und Medien

Neben den Typen, welche für das ganz eigene Selbst, im Sinne von Menschsein, bedeutsam sind, gibt es auch Typen, die auf die Organisation eines Settings abzielen. Diese werden in diesem Abschnitt beleuchtet.

6.1.2.1 Wunsch nach Regeln und Disziplin

Berücksichtigt man nur die bisher erörterten Typen, so könnte fälschlicher Weise der Eindruck entstehen, die Jugendlichen wünschen sich ein Setting, das anarchische Züge trägt. Doch dies ist ausdrücklich unerwünscht. Vielmehr geht es um die Festlegung und Einhaltung von verlässlichen Regeln für alle. Explizit benannt wird hier erstens der klassische Unterricht, dessen ordnungsgemäßer Ablauf gesichert werden soll. Captain America etwa, der sich zu Gesprächsbeginn selbst als unaufmerksam und desinteressiert beschrieb (siehe Unterabschnitt 6.1.1.1), macht im späteren

Verlauf den Wunsch nach einem geordneten Setting deutlich, da er als Konsequenz von Undiszipliniertheit schlechte Beurteilungen fürchtet:

> „und dann wird wieder dumm rumgebrüllt und (.) dann gibt=s wieder (.) schlimme Noten (.) u:nd da hab ich überhaupt keine Lust drauf" (CA, Transkr.07, Z.178-179).

Das disziplinierte Verhalten der MitschülerInnen steht dabei bei den Heranwachsenden im Fokus. So können hier auch die Überlegungen der Gruppe 01 exemplarisch angeführt werden. Die SchülerInnen an der Freien Schule sitzen in Tischgruppen im Unterricht zusammen und denken im Gespräch über das Verhalten in der Klasse nach:

> „Oborg:[...] Also ich hab ne @komische@ Tischgruppe, die's nur dauernd (laut).
>
> [...]
>
> Silensor: Es jeht. Also es jibt echt Tischgruppen, die machen nur Lärm: da jibt's welche-
>
> Dragon: Es gibt manche, die sind n bisschen bekloppt. Also.
>
> Silensor: Nicht nur manche.
>
> Step: Und manche die sind auch – Manche auch Disziplin, haben auch Disziplin, die benehm' sich dann auch, aber nich immer"
>
> (Oborg/Silensor/Dragon/Step, Transkr.01, Z.118-128).

Der „gute" Lehrer oder die „gute" Lehrerin ist für die Informanten zwar zum einen durch die Gewährung von eigenen Entscheidungsräumen und somit der Demonstration von Respekt und Vertrauen gekennzeichnet (siehe Unterabschnitt 6.1.1.3), zum anderen aber wird er auch als Autoritätsperson anerkannt.

> „Na ja, na der coole Unterricht is meistens so der Lehrer kommt rein (.) und da wird erstmal noch n paar Minuten rumjebrüllt (.) bis der Lehrer das dann unterbricht (.) bis er seine Stimme erhebt (.) und dann geht der Unterricht los" (CA, Transkr.07, Z.117-119).

Dieser soll in seiner Rolle für die Einhaltung der Regeln und der Planung sorgen und eine koordinierende Funktion übernehmen. Maria beschreibt mit Blick auf den vorangegangenen Projektzeitraum an ihrer Schule kennzeichnend:

> „Ja das is- (.) weil (4) ich weiß die Themen machen Spaß. Und denn (2) werden aber die Klassen selber nicht richtig unter Kontrolle gehalten und man sieht äh

eine Klasse rennt da rum, obwohl sie eigentlich da sein sollte. Und denn ist alles durcheinander und zu manchen Stationen kommt man denn nicht und ähm denn steht man unter Zeitdruck, weil man es dann wieder eilig haben muss und denn ist es alles doof. Dann macht es doch keinen Spaß mehr" (Maria, Transkr.08, Z.217-222).

Damit wird der Wunsch der Heranwachsenden nach Orientierung innerhalb von komplexen Systemen und Zusammenhängen deutlich. Es geht für sie dabei nicht um Bevormundung, sondern um Verlässlichkeit und Bewahrung eines für sie angenehmen und produktiven Umfeldes. Diszipliniertes Verhalten wird dabei auch, wie in 6.1.1.2 bei Gruppe 06 deutlich, als Faktor für Anerkennung durch die Lehrkräfte gesehen.

6.1.2.2   Eigene Aktivität

Die Jugendlichen wünschen sich neben klar geregelten Abläufen, ein Setting in dem sie selbst aktiv sein können. Die in 6.1.1.3 explizierten eigenen Entscheidungsräume erstrecken sich nicht nur auf den Wunsch nach Mitbestimmung des „Was", sondern auch ganz konkret des „Wie". So zielt der Wille zur Leistung, wie bereits immer wieder tangiert, auf etwas „Geschaffenes", wie Maria es nannte (siehe Unterabschnitt 6.1.1.2), ab. Die Rolle eines passiven Zuhörers wollen die Jugendlichen weder im klassischen Unterricht noch in Projektzeiträumen einnehmen, da dies ihr Interesse – ganz themenunabhängig – nicht weckt oder sogar bestehendes Interesse vernichtet:

> „Und wer hat schon Lust, die ganze Zeit (.) nur zuzuhören, wie der da vorne redet und redet und redet-" (Maria, Transkr.08, Z.247-248).

> „Also wir ham eigentlich bloß zugehört (.) wir konnten danach zwar auch noch Fragen stellen, aber im Großen und Ganzen, ham=se da eigentlich die ganze Stunde erzählt, die 45 Minuten, die wir da hatten (.) ham=se erzählt und (.) dann war eigentlich (.) für mich war die Sache danach jegessen" (CA, Transkr.07, Z.377-380).

Step hofft exemplarisch, dass die Wahl eines eigenen Projektthemas auch den individuellen Aktionsbereich hin zur eigenen Tätigkeit beeinflussen könnte:

> „Und dass vielleicht n Thema über EM oder so was, dass wir da (.) vielleicht selber was machen können" (Step, Transkr.01, Z.249-250).

So steht der Wille etwas Eigenes zu schaffen für die Heranwachsenden im Vordergrund. Dabei geht es nicht immer um haptische Artefakte, sondern auch um selbstdurchgeführte Recherchen, die Ausarbeitung eigener Ideen und deren Präsentation, gerade auch unter Verwendung Digitaler Medien, wie nachfolgend beschrieben.

6.1.2.3   Digitale Medien

Die Verwendung Digitaler Medien wird von allen Heranwachsenden gewünscht. Bezogen auf ihren Unterricht formuliert Katja exemplarisch, dass sie den Einsatz eines Beamers der Kreidetafel unbedingt vorziehen würde:

> „Das macht mehr Spaß, wenn man mit dem Beamer arbeitet als wie an der Tafel. (.) Tafel is irgendwie immer so langweilig, so altmodisch" (Katja, Transkr.08, Z.321-322).

Gruppe 01 berichtet darüber hinausgehend, dass in ihrem Mathematikunterricht bereits ein Digitales Spiel eingesetzt wurde. Die Heranwachsenden durchschauten schnell, dass sie auch ohne Mathematikaufgaben zu lösen das Spiel beherrschen konnten. Als der Lehrer dies mitbekam, wurde das Spiel nicht mehr eingesetzt.

> „Dragon: Ham wer ähm da gab's so'n Skateboardspiel, aber das Interessante dabei ist, du musstest nich mal Mathe können, um das zu @spielen@, also um da @irgendwie weit zu kommen, ne@.
>
> Silensor: @(3)@
>
> Silensor: Wir ham das halt jemacht, wer am besten cheaten kann. @(3)@
>
> [...]
>
> Dragon: @Da gab's so'ne Tastenkombination@ mit der man einfach so unendlich schnell war ja und dann sich irgendwie so, na da ging's so um Zeit eben damit die Zeit nich ab:läuft und dann konnte man, dann gab's eben so'n Cheat da hat man dann eben, kann man dann unendlich, weil man hat dann irgendwie acht Minuten oder so noch gehabt.
>
> Silensor: Wenn der Lehrer nich dabei stand @(.)@
>
> Dragon: @(.)@
>
> Oborg: Und dann wurde's verboten.
>
> [...]
>
> Oborg: Weil wir nich gelernt ham"
>
> (Dragon/Silensor/Oborg, Transkr.01, Z.391-410).

Die Jugendlichen sehen die eigenen Vorstellungen nicht als besonders oder gar utopisch an. Die technischen Mittel seien ja vor Ort, sie würden nur nicht genutzt, was die Heranwachsenden oft bedauernd äußern:

> „Aber wir haben hier Computerräume und benutzen die kaum" (Lisa, Transkr.06, Z.587).

> „Und hier die: Computer-AG wurde ja auch schon geschlossen. Wo wir einfach mal so ins Internet durften" (Maja, Transkr.06, Z.601-602).

Dabei geht es den SchülerInnen insbesondere um den Aspekt der eigenen Tätigkeiten (siehe Unterabschnitt 6.1.2.2) und des Vertrauens (siehe Unterabschnitt 6.1.1.3), wie bei Maja bereits anklang. Im Vordergrund stehen oft die Verwendung des Internets und der freie Umgang damit. So verständigen sich Tim und Lisa über einen Lehrer, den sie besonders mögen:

> „Tim: Der ist supergeil.
>
> Lisa: Ja, den haben wa in Technik also äh Technik ist der so computermäßig und so und da können wir denn halt einfach ins Internet und alles"
>
> (Tim/Lisa, Transkr.06, Z.256-258).

Gruppe 07 sieht vor allem die jüngeren LehrerInnen, die häufiger als ältere KollegInnen Digitale Medien im Unterricht anböten, als „bessere" Lehrkräfte. Digitale Medien werden dabei als „schülerfreundlich" charakterisiert:

> „das is (.) sind och die einzigsten Lehrer, die sich wirklich: (2) drum kümmern, dass die: (.) Schüler mit [...] mit schülerfreundlichen Medien zum Beispiel Internet und sowas alles in: Kontakt kommen" (CA, Transkr.07, Z.222-225).

Zusammenfassend zeigt sich also, dass Digitale Medien von den Jugendlichen im schulischen Arbeitsprozess explizit gewünscht werden. Dafür ließen sich drei Hauptgründe ausmachen: Erstens wird damit an den alltäglichen Mediengebrauch der Heranwachsenden angeknüpft, zweitens wird eine selbstständige Arbeitsweise, etwa durch eigene Internetrecherchen oder das Erstellen eigener Präsentationen, unterstützt und drittens wird die positive Empfindung, die bei den Jugendlichen mit Digitalen Medien verknüpft ist, auf das schulische Setting übertragen.

6.1.3 Digitale Spiele: Erfahrungen, Vorwissen und Vorstellungen

Bezüglich des hier gewählten Gegenstandsbereichs der Digitalen Spiele zeigten sich die Heranwachsenden in ihren Erfahrungen, ihrem Vorwissen zur Struktur und Vorstellungen eines möglichen Projekts sehr heterogen. Dabei lässt sich eine deutliche Korrelation zwischen eigener Spielerfahrung und Vorstellungen von der Struktur eines Digitalen Spiels ausmachen.

Prinzipiell bestätigen unsere Befunde, dass Digitale Spiele von Jungen stärker und mit größerer Begeisterung genutzt werden, wobei sich eine Homogenität innerhalb der einzelnen Gruppen zeigte. In Gruppe 01 etwa, in der drei Jungen und ein Mädchen waren, erzählten alle von eigenen Spielerfahrungen. In Gruppe 08, in der drei Mädchen und ein Junge waren, zeigten sich alle eher als NichtspielerInnen[106]. Exemplarisch beschreibt die Schülerin Nero, dass Digitale Spiele in ihrem Alltag kaum präsent seien:

> „Also ich eher so seltener. Ich spiels aber auch. Meist bin ich dann eher so, ähm, bei::m Chatroom so drinne" (Nero, Transkr.02, Z.169-170).

Step, in deren Gruppe 01 sonst nur männliche Schüler sind, gibt im Rahmen des Gesprächs an durchaus zu spielen. Dabei bemerkenswert ist aber, dass sie konkret ein Lernspiel als Beispiel anführt, sich aber in Gegenwart der anderen Gruppenteilnehmer rechtfertigt, dass sie nur ein einziges Lernspiel besäße:

> „Ab und zu auch **ein** Lernspiel für die Schule, aber auch nur **eins**" (Step, Transkr.01, Z.375).

Ansonsten benennt sie konkrete Erfahrungen mit Puzzlespielen (Rätselspiele) und Aufbauspielen, wie sie etwa in sozialen Netzwerkangeboten zu finden sind.
Die männlichen Heranwachsenden schildern dementgegen die eigenen Spielerfahrungen detaillierter und oft anhand konkreterer Beispiele, wie etwa Silensor:

> „Öhm:: ja:: (.) ja (.) es jibt halt dieses neue Spiel Minecraft, ich weiß nich, ob du das kennst, das is halt öhm abbauen und aufbauen, individuell und das macht halt immer Spaß, weil's einfach auch kreativ is. Ich spiel's auch mit n paar Freunden noch online" (Silensor, Transkr.01, Z.523-525).

---

[106] Leider können wir keine Aussage treffen, wie es sich in der gleichverteilten Gruppe 06 verhält, da das Gespräch von der Lehrerin vorzeitig abgebrochen wurde.

Der zeitliche Aspekt der Nutzung stellt sich auch entsprechend unterschiedlich dar. Während die Mädchen, wie Nero, zu verstehen geben, dass sie eher selten spielen, nutzen die Jungen, wie Captain America und Max, Digitale Spiel beinahe täglich[107]:

> „Also ich sitz fast (.) fast jeden Tag (.) an der Xbox" (CA, Transkr.07, Z.496).

> „Ja u:nd ich äh (.) spiele o:ch (.) ich spiel PlayStation" (Max, Transkr.07, Z.505).

Genrefavoriten lassen sich dabei nicht eindeutig ausmachen, wobei aber Spiele mit strategischer und/oder logischer Ausrichtung beliebt sind.

Informanten, die häufig oder mindestens gelegentlich spielen, hatten gegenüber Informantinnen, die selten spielen, ein deutlich ausgeprägteres Wissen über Spielstrukturen und stellten systematische Überlegungen an, wie ein Digitales Spiel entstehen könnte. Wir greifen hier beispielhaft zunächst Aussagen von Nero und Jordan auf. Die Ausführungen der beiden Mädchen über die Entstehung Digitaler Spiele sind vergleichsweise kurz und unpräzise.

> „Ähm, naja. Ich glaub man brauch erst ne DVD oder ne CD-Rom. Dort könnte man dann vielleicht irgendwie das Spiel draufladen" (Jordan, Transkr.02, Z.179-180).

> „Wahrscheinlich erstmal ne Ide:::e. Und dann irgendwelche Programme im Computer, mit der man das (jetzt) umsetzen kann. @Waffen oder@ sowas, da machen kann" (Nero, Transkr.02, Z.190-191).

Eine Passage aus Gruppe 01, deren Mitglieder häufiger spielen, ist besonders beispielhaft für diesen deutlichen Unterschied. Die Heranwachsenden der Gruppe 01 glauben, dass MitschülerInnen, die keinen Zugang zu Computern haben, ein solches Projektvorhaben nicht verstehen:

> „Oborg:Ach und wenn manche zuhause kein Computer haben? Was machen die? Ich hab einen, aber ich wollt mal, was wenn jetzt andere –
>
> Silensor: Ja Pech.
>
> Dragon:Ja aber genau das isses ja. Die, die keinen Computer haben, würden sich's damit, würden das halt dann auch nich wirklich so (.) **verstehen** dann"
>
> (Oborg/Silensor/Dragon, Transkr.01, Z.754-758).

---

[107] Um einen falschen Eindruck zu vermeiden, muss an dieser Stelle angemerkt werden, dass alle Informanten das Treffen mit Freunden, sportliche Aktivitäten und oft auch musikalische Hobbys thematisierten.

Dementsprechend völlig entgegengesetzt stellen sich auch die Überlegungen der Gruppe 01 zur Struktur Digitaler Spiele als sehr systematisch und detailliert dar:

„Silensor: Als Anfang haste da halt immer, musste erstmal die **Story** schreiben, damit du die Story hast.

Dragon: Kommt drauf an, **was** für'n Computerspiel du hast, ne?

Silensor: Ja, nehm wir jetzt mal an, du hast Fant –

Step: Und dann die Figuren zeichnen, wie die dann später aussehen sollen und so.

Silensor: Nehm wir jetzt mal an, du hast'n Fantasyspiel, dann schreibste als erstes ne Story, wenn du die Story hast –

[...]

Silensor: Also halt (.) zuerst wird ne Story, denk ich mal, jeschrieben dann werden –

Step: Die Figuren gezeichnet.

Silensor: Ja, die Figuren werden angefangen zu zeichnen (.) und dann die –

Dragon: Und dann auch in 3D so animiert. Also von jeder Seite.

Silensor: Ja (.) ja, wenn sie halt (.) Wenn die Hauptcharaktere eenmal jut sind, dann fang' sie an die Levels zu: jestalten.

Dragon: Na oder die Umgebung dann, ja alles drumrum.

Silensor: Ja, dann (.) die Feinoptik. Also alles ins Feine jehn (.) bis in Detail und denn –

Dragon: Dann eben noch diese äh Steuerung eben, auf diese, auf die, auf die Bilder übertragen, die so dann entstehen.

Silensor: Ja, die **Steuerung** draufschreiben. (.) Mmh. ((zustimmend))

Oborg: Für's Programm (.) ganz viel Nullen und Einsen und dann –

Silensor: Eigentlich müssen die ja jedes Bild **einzeln** animieren.

Dragon: Hast' es.

Silensor: Müssen noch die janzen Bewegungen von den (.) sach ich ma **Figuren** berechnet.

Oborg: Berechnen nich.

Dragon: Malen.

> Step: Doch, berechnen musst du die.
>
> Oborg: Berechnen?
>
> Step: Ja.
>
> [...]
>
> Oborg: Physik äh physikalisch muss dann och was machen, bei manschen Spielen. Bei Minecraft gibt's zum Beispiel kaum physikalische Gesetze.
>
> Silensor: Na doch, Sand fällt runter @oder nich@.
>
> Oborg: Ja, Sand.
>
> Silensor: @(3)@
>
> Oborg: Aber sonst fällt nüscht runter.
>
> Silensor: Ey, das Spiel hat seine eigene Physik"
>
> (Silensor/Dragon/Step/Oborg, Transkr.01, Z.581-631).

So werden aus der eigenen Spielerfahrung einzelne Bestandteile herausgelöst und systematisiert. Dabei werden narrative Elemente („Story"), visuelle Darstellung („zeichnen"), ludische Elemente („Levels", „Steuerung"), informatisch-technische Gegebenheiten („berechnen") und physikalische Gesetzmäßigkeiten konkret benannt und diskutiert.

Weiter gehen noch die Überlegungen von Captain America, der sich vor Kurzem ein Interview mit einem Spielentwickler auf einer Videoplattform angesehen hat und auch sonst sehr großes Interesse an diesem Bereich zeigt. Er überlegt ähnlich systematisierend und ausgehend von einzelnen Bestandteilen, ist dabei aber noch sehr viel detaillierter und spricht auch Bereiche an, die bei Gruppe 01 nicht thematisiert wurden, wie etwa auditive Elemente (Musik und Sprache) und Gültigkeit von Regeln in verschiedenen Genres (vgl. Transkr.07, Z.588-694).

Nur die Gruppen, innerhalb derer die Heranwachsenden Vorstellungen von der Struktur eines Digitalen Spiels hatten, beschäftigten sich auch konkret mit der möglichen Einbettung in den Schulkontext. Wichtig schien dabei stets jene organisatorische Komponente, die bereits in 6.1.2.1 zum Anklang kam. Einig sind sich die Heranwachsenden, dass die Arbeit einer gesamten Klasse an einem solchen Projekt zu Chaos führen würde. Deshalb schlagen sowohl Gruppe 01 als auch Gruppe 07 vor, kleinere Gruppen innerhalb der Klasse zu bilden und vor allem auch eine/n Projektleiterln festzulegen.

> „A:lso man dürfte nich so viele ham irgendwie, nur so'n paar" (Dragon, Transkr.01, Z.811).

> „Na vielleicht sollte man überhaupt erstmal ein' Teamleiter festlegen [...]" (Silensor, Transkr.01, Z.813)

Weiterhin denken die SchülerInnen an ein arbeitsteiliges Vorgehen, wobei Aufgabenpakete je nach Kenntnissen und Fähigkeiten verteilt werden sollten.

> „Und denn überlegt, wer zeichnet jetzt oder so, das is alles nich alle äh auf **einmal** machen (.) °oder aber° -" (Step, Transkr.01, Z.838-839).

> „Na:: da würd ich, würd ich, wenn ich der Klassenlehrer zum Beispiel wär oder der Projektleiter (.) ich würde halt (.) gucken, wer im Zeichnen gut is, wer seine Comp- speziell bei Computer:dingen, wer genug Phantasie hat, um die Landschaft zu erstellen, so würde ich die Gruppen einteilen" (CA, Transkr.07, Z.632-635).

Die Jugendlichen sind sich bewusst, dass ein solches Vorgehen auch Schwierigkeiten in der Koordination birgt. So betont Captain America etwa die Notwendigkeit von Kommunikation innerhalb der Gruppe:

> „natürlich müssten die sich auch unter=nander absprechen zum Beispiel: (.) die Zeichner müssten sich mit den::, die äh Phantasie haben, müssten sich (.) drauf abstimmen, welche: Landschaft die als Kulisse nehmen (.) und die äh Zeichner müssten dann halt auch mit den (.) mit den Technikern zusammenarbeiten" (CA, Transkr.07, Z.635-639).

Sorgen machen sich der SchülerInnen allerdings um die finanziellen Aspekte, insbesondere in Hinblick auf die Anschaffung moderner Technik und entsprechender Software, die sie für ein solches Projekt für unabdingbar halten.

> „Oborg: Und die Computer von'ne Schule nehmen. (.) Nich die eigenen, ich würd die von'ne Schule nehmen.
>
> Dragon: No ja ((stöhnend))
>
> Dragon: Kommt drauf an, was die für ne -, guck dir mal die äh Rechenleistung da an.
>
> Silensor: Ja, aber auf – Was willst darauf, was willste darauf laufen? **Pacman** lassen oder was? @(.)@ Kannste verjessen.
>
> Dragon: @(.)@
>
> Silensor: Das schafft nicht mal das dann.

> Oborg: Nee, **neue**. Nich **die** Computer, neue Computer würd ich nehmen"
> (Oborg/Dragon/Silensor, Transkr.01, Z.738-746).

> „Wobei irgendwas müsste ja erstmal das Programm erstmal machen, das kostet ja och" (Oborg, Transkr.01, Z.848-849).

> „wir zum Beispiel jetzt die als Schule hätten glob ich das Geld nich dazu, um das zu finanzieren" (CA, Transkr.07, Z.628-629).

Auch der zeitliche Aspekt wird von den Heranwachsenden thematisiert. Dabei bringen sie klar zum Ausdruck, dass sie ein solches Vorhaben als längerfristiges Projekt einschätzen.

> „wenn **wir** als Klasse sowas erstellen (.) das würde dauern, das müsste mindestens vier Mo-, vier, fünf, sechs Monate, fast n halbes Jahr bis ein Jahr gehen (.) bis wir ein Spiel vollständig zusammen: (.) erstellt haben und das dann auch spielen können" (CA, Transkr.07, Z.588-590).

Abschließend kennzeichnet aber eine Passage von Captain America die positive Haltung gegenüber einem solchen Projekt:

> „aber s- im: organisatorischen: Sinne würde mir da (.) bei uns, in unsrer Klasse eigentlich kein (.) würde (.) würde eigentlich glaub ich fast nichts schief gehen, weil wir sind halt auch so die Klasse, wir (.) äh (.) wir können (.) wir wissen, was wir zur Verfügung ham und können das dann halt auch so einsetzen wie=s is" (CA, Transkr.07, Z.641-644).

So lässt sich als Essenz festhalten, dass für die Heranwachsenden planvolles Vorgehen, Eigenverantwortung, Arbeitsteilung, Berücksichtigung der Fähigkeiten der einzelnen Gruppenmitglieder und Freiheit von zeitlichem und finanziellem Druck für ein solches Projekt kennzeichnend sein sollten.

6.2 Erfahrungen und Einstellungen der Lehrkräfte

In den Experteninterviews mit den Lehrerinnen sind ebenfalls Gesichtspunkte offenbart worden, die für eine mögliche Implementierung von Digital Game Development als Projektmethode im schulischen Kontext zu berücksichtigen sind. Es geht hier mehr um den organisatorischen und institutionellen Zusammenhang, um eben jenes Wissen, das die Experten in ihrem Bereich auszeichnet. Für uns besonders interessant ist das vorhandene Expertenwissen in der Unterrichts- und Projektorganisation an der Institution Schule. Zu beachten ist die in Abschnitt 5.2.2 erläuterte Tatsache, dass nur von drei Lehrerinnen einer Institution Daten erhoben werden konnten. Die Expertinnen einer Freien Schule mit Freiarbeits- und Projektausrichtung sind darüber hinaus im Normalfall eher bereit offener zu lehren. Das ist zum einen hilfreich, da sie hier weitaus erfahrener sind, als KollegInnen die möglicherweise weniger Kontakt mit Projektarbeit haben. Zum anderen aber stellen sie in Bezug auf die Gesamtheit eine durchaus spezielle Gruppe dar.

Um nun Ansätze einer möglichen fächerübergreifenden Einbindung von Digital Game Development als konstruktionistische Methode aufzudecken und Handlungsoptionen diesbezüglich ableiten zu können, sollen entgegen der Intention von Experteninterviews zum Teil auch die persönlichen Aspekte der Informanten insbesondere in Bezug auf Medienhandeln, im Sinne der Auswertung nach der dokumentarischen Methode (siehe Unterkapitel 5.3) aufgegriffen werden. Wir entscheiden uns an dieser Stelle dafür, um das Vorwissen und die professionelle Haltung in Bezug auf mediale Phänomene zu beleuchten, da dies zu berücksichtigende Faktoren im Rahmen einer Implementierung sind.

6.2.1 Lehr-/Lernpraxen

Der erste Bereich thematisiert die Lehr-/Lernpraxen der Expertinnen. Hier wird Bezug auf die individuelle Ausrichtung von Unterricht und von Projekten an der Schule genommen.

6.2.1.1 Unterrichtsausrichtung

Bezüglich der Unterrichtspraxis der Lehrerinnen lässt sich übergeordnet festhalten, dass hier eine stark *materiale Orientierung* vorliegt. Es zeigt sich ein Fokus auf den zu garantierenden Lernerfolg und die zu erreichenden Ziele aus den vorgegebenen Lehrplänen.

> „[D]ie Schwierigkeit, die ich sehe is eigentlich die, dass ähm (3) Schüler ((laut-untermaltes Ausatmen)) (.) wis- also da nicht nur den Inhalt also in äh andersrum in=ner Schule:, Ziel der Fächer is es ja Inhalt zu transportieren [...] und ähm

das reicht aber im Grunde:, dem Fachlehrer eigentlich aus" (HM, Transkr.05, Z.577-582).

„Ähm, die ähm, äh die die anderen neunzig Minuten (.) in denen muss ich möglichst den Input auch schaffen" (GR, Transkr.03, Z.374-375).

Der primäre Zweck von Schule bestehe also, aus Lehrerperspektive, in der Vermittlung von Inhalten. Um diese Bedingungen zu erfüllen, und da sind sich alle Informantinnen einig, seien „frontale Phasen" in der Unterrichtspraxis unabdingbar (vgl. z. B. GR, Transkr.03, Z.332-333; AS, Transkr.04, Z.46-48 sowie HM, Transkr.05, Z.38-40).

Das Konzept dieser Freien Schule sieht es aber vor, diesen Frontalunterricht mit offenen Phasen zu 90-minütigem Blockunterricht zu kombinieren (vgl. z. B. HM, Transkr.05, Z.257-258). Die Schwierigkeit liege den Aussagen zufolge jedoch in der Vereinbarkeit von Freiarbeit und inhaltlichen Anforderungen.

„Davon sind schon neunzig Minuten Freiarbeit. Das heißt neunzig Minuten, worauf ich **kei:nen** Einfluss habe" (GR, Transkr.03, Z.357-358):

Freiarbeit dient an dieser Schule zusammengefasst nicht der Erarbeitung von Inhalten, sondern deren Festigung in Form von Übungen. Auch in kompletten Freiarbeitsblöcken, in denen die Heranwachsenden neunzig Minuten zu unterrichtsrelevanten Themengebieten und Hausaufgaben arbeiten, stellt sich die Situation nicht signifikant anders dar. Die Materialien sind stets vorgegeben und meist in Form von Arbeitsblättern zugänglich. Reihenfolge der Bearbeitung und Zeiteinteilung ist den SchülerInnen aber weitestgehend freigestellt. Einstimmig erklären die Lehrkräfte, dass sie dieses freie Arbeiten gegenüber Frontalunterricht präferieren. Sie schildern es als für SchülerInnen und LehrerInnen gleichsam befriedigend. Hanne Meister formuliert, was sie als positiv einschätzt:

„[W]enn ich also sehe, wie die Kinder im Grunde sich mit ((einatmen)) (.) den verschiedensten Dingen: beschäftigen: und man eigentlich als Lehrer überflüssig is" (HM, Transkr.05, Z.52-53).

Generell signalisiert der Einsatz von Freiarbeit die Bereitschaft dieser Schule, alternative Lehr-/Lernmethoden in die Praxis umzusetzen und auszuprobieren. Diese Einstellung unterstützen auch weitere Äußerungen der Lehrerinnen, wie zum Beispiel Gabriele Reinbek, die insbesondere aktuelle Themen, welche durch die SchülerInnen selbst aus der Alltagswelt in den Unterricht gebracht werden, als einen relevanten

Unterrichtsinhalt ansieht (vgl. Transkr.03, Z.993-994). Sie überdenkt in dem Zusammenhang auch die eigene Rolle hinsichtlich des notwendigen Vorwissens:

> „Äh und dann setzt das ja immer voraus, dass der Lehrer (.) oder würde das voraussetzen, dass der Lehrer das immer im Vorfeld schon **alles** perfekt (.) recherchiert hat. (.) Aber da- wahrscheinlich muss das gar nicht so sein" (GR, Transkr.03, Z.990-992).

Damit stellt sie die klassische Lehrerrolle in Frage. Ein solch dramatischer Rollenwechsel induziert aber auch Unsicherheiten und ein für LehrerInnen offenbar unbehagliches Gefühl:

> „Und ich weiß auch, dass ma da ganz schö:n in schludern kommt, wenn man da nicht hundertprozentig drüber Bescheid weiß" (GR, Transkr.03, Z.908-909).

So wird deutlich, dass bei einer Implementierung neben Fragen der Projektorganisation, die auch immer auf die Rollen von LehrerInnen und SchülerInnen referieren, die persönlichen Befindlichkeiten in Betracht gezogen werden müssen.

6.2.1.2 Projektausrichtung

Wie bereits angemerkt, spielen Projektwochen an dieser Schule eine bedeutende Rolle. Um direkte Ansätze zu Tage zu bringen, soll in diesem Bereich die derzeitige Organisation von Projekten kurz in Typen zusammengefasst werden.

Im Durchschnitt werden an der Schule pro Jahr fünf Projektwochen durchgeführt (vgl. GR, Transkr.03, Z.205-206). Sowohl die Einführungswoche mit der Einschulung der künftigen fünften Klasse als auch die jährliche Klassenfahrt werden von den Informanten als Projekte klassifiziert. Darüber hinaus gibt es klasseninterne und klassenübergreifende Projekte. Dabei werden die Themen in der Regel vom Lehrerkollegium festgelegt (vgl. HM, Transkr.05, Z.104-115). Lediglich die zum Ende des Schuljahres liegenende Projektwoche ist so konzipiert, dass die Schülerinnen und Schüler in gewissem Maße das Thema mitentscheiden können, wie Hanne Meister erklärt:

> „Und dann ham wir zum abschlie- äh Abschluss des Schuljahres immer eine (.) Projektwoche, wo die Kinder das Thema m- bisschen auch mitbestimmen können" (HM, Transkr.05, Z.122-124).

Dabei beschränkt sich der Entscheidungsraum der Heranwachsenden auf die endgültige Themenfestlegung aus einer vorgegebenen Auswahl. In allen diesen Projektwochen sind immer Vorgehen, Organisation, Pläne, Materialien und zu erreichende Ziele von den Lehrkräften vorgegeben. Generell unterscheiden sich Projektwochen aber grundlegend von Unterricht (vgl. GR, Transkr.03, Z.218-219). Ariane Stein formuliert hier präzise:

> „Also zunächst wird der gesamte Stundenplan aus den Angeln gehoben. Das ist der Grundsatz" (AS, Transkr.04, Z.83).

Bezüglich der Projektplanung sind die Zusammenarbeit des Kollegiums in größeren Projekten und eine Verteilung über mehrere Unterrichtsfächer charakteristisch. Teamsitzungen sind dafür unentbehrlich, wie es Hanne Meister beschreibt:

> „[D]ie fachliche äh für den fachlichen Input und au- äh aus dieser:: Konstellation heraus ergibt sich die Notwendigkeit der Zusammenarbeit, in der Regel ist es so (.) wir ham ähm allwöchentlich Teamsitzungen" (HM, Transkr.05, Z.211-213).

In diesen Sitzungen werden grundlegend mögliche Themen diskutiert, Problematiken besprochen und Lösungen gesucht (vgl. AS, Transkr.04, Z.140-143). Insbesondere der Klassenlehrer trägt für Projekte die Verantwortung, wie unter anderem Gabriele Reinbek zeigt:

> „Da gibt's ne Projektgruppe dann. Das heißt der der Klassen**lehrer**, der das koordinieren muss [...] der hat natürlich immer den Hauptanteil dann dran" (GR, Transkr.03, Z.454-457).

In der Regel umfasst eine solche Projektgruppe etwa drei LehrerInnen, die organisatorisch und durchführend involviert seien (vgl. GR, Transkr.03, Z.461-462). Die fächerübergreifende Verortung der Projekte ist mit einer Zusammenarbeit des Kollegiums verbunden. Gemäß dem thematischen Schwerpunkt wird immer eine entsprechende Fachlehrkraft herangezogen (vgl. GR, Transkr.03, Z. 481-483) und in den Teamsitzungen diskutiert, welche weiteren Fächer in welcher Form zum Projekt beitragen können (vgl. GR, Transkr.03, Z.464-465 sowie Z.264). Leitend ist dabei möglichst alle Fächer anzusprechen:

> „Also ähm wenn das ein großes Projekt ist, also wo wirklich vorher geguckt wird, ((einatmend)) äh welches Fach, also s- wir wir versuchen alle Fächer abzudecken" (GR, Transkr.03, Z.448-450).

Wichtig scheint allen Informantinnen auch die Langlebigkeit von den entstandenen Projektinhalten, speziell auch die mögliche Weiterführung in den Folgejahren und die Erweiterung des Projektes (vgl. AS, Transkr.04, Z.124-127 sowie HM, Transkr.05, Z.232-234).

Das Potential von Projekten und Projektphasen wird von den Lehrerinnen speziell für Leistungsschwächere als sehr hoch eingeschätzt:

> „Und das is mir dieses Jahr besonders aufgefallen, dass die (.) dass diese Projektwoche dazu führt, dass die: Lei:stungsunterschiede zwischen den Kindern ähm (.) kom- kompensiert werden" (HM, Transkr.05, Z.166-168).

Diese Äußerung stellt eine Parallele zu den in Unterkapitel 4.4 betrachteten exemplarischen Projekten in formellen Bildungskontexten dar, die feststellten, dass leistungsschwächere Schülerinnen und Schüler hier für sich Vorteile entwickeln können, welche die Lücke zu den MitschülerInnen verkleinern oder im besten Fall schließen können.

Als besonders relevant stufen die interviewten Lehrerinnen durchgehend die Bedeutung des Endprodukts für die Schülerinnen und Schüler ein (vgl. HM, Transkr.05, Z.594-596). Hier zeigt sich eine Parallele zum in 6.1.1.2 beschriebenen Typ, der die Relevanz von Anerkennung für die Schülerinnen und Schüler herausstellte. Die Expertinnen kennzeichnen dies als besonders wichtig und beziehen sich exemplarisch auf Präsentationen (vgl. AS, Transkr.04, Z.92-96 sowie HM, Transkr.05, Z.96-97) mit einer verbundenen Wertschätzung durch andere (vgl. HM, Transkr.05, Z.173-174).

In Projekten und Formen des freien Arbeitens sei auch bedeutsam, dass die Heranwachsenden selbstständig und diszipliniert arbeiten. Dies setzte aber voraus, dass die SchülerInnen dazu auch in der Lage seien (vgl. GR, Transkr.03, Z.501-503; AS, Transkr.04, Z.219 sowie HM, Transkr.05, Z.258). Während es einigen leichter falle, hätten andere durchaus auch Probleme mit solch selbstorganisiertem Arbeiten wie sie an der Schule vor allem durch Freiarbeit praktiziert wird:

> „Das is ne ne hohe Selbstdisziplin die se da an Tach legen müssen. Klappt nicht bei jedem, aber da hat man keinen Einfluss drauf" (GR, Transkr.03, Z.362-363).

Um die Heranwachsenden zu unterstützen werden Wochenpläne vorgegeben. Auch die Arbeit in der Gruppe soll die Orientierung erleichtern und das eigenständige Arbeiten fördern. Gruppen- und Partnerarbeit sind an dieser Schule also elementar, wie Hanne Meister (vgl. HM, Transkr.05, Z.38), Gabriele Reinbek (vgl. GR, Transkr.03, Z.204-205) und Ariane Stein thematisieren:

> „Wir arbeiten sehr selbstständig. (.) Und ähm: nach Plänen, nach Wochenplänen mit Stationen, in Gruppen. Die variieren, die Gruppen, leistungsorientiert, nach Tischgruppen, die sind äh gemischt Mädchen Jungen und da s- äh sitzen zusammen Leistungsträger und Leistungsschwächere" (AS, Transkr.04, Z.62-65).

Hier wird auch dem in 6.1.1.4 geäußerten Wunsch der Schülerinnen und Schüler zur Arbeit in Gruppen entsprochen. Widerstrebend ist allerdings, dass die Gruppen überwiegend durch die Lehrkräfte zusammengestellt werden, was auf Seiten der Schülerinnen und Schüler aber abgelehnt wird.

6.2.2 *(Digitale) Medien: Erfahrungen, professionelle Haltung und pädagogische Reaktionen*

In diesem Abschnitt geht es nun um den Bereich der (Digitalen) Medien. Hier wird Bezug genommen auf individuelle Erfahrungen, die professionelle Haltung, pädagogische Reaktionen und Interventionen an der Schule.

6.2.2.1 Eigener Medienumgang und Einstellungen

Bei allen drei befragten Lehrerinnen kristallisierte sich heraus, dass Digitale Medien für sie eine untergeordnete Rolle haben. Sie sind vorrangig Arbeitsmittel und auch nur in diesem Kontext relevant (vgl. GR, Transkr.03, Z.880-882 sowie AS, Transkr.04, Z.525-527). Insbesondere im privaten Kontext werden klassische Medien bevorzugt:

> „Und hab also- nutz das Handy nich wirklich groß. Ich spiele gar nicht. Irgendwelche Computerspiele. Fernsehen mhmm ((überlegend)) vielleicht komm ich ne Stunde am Tach so ab um neun mal so zum Entspannen. (4) Ich hör sehr viel Radio im Auto. @(2)@ (5) Ja. Das war es eigentlich. Ähm ich greife gern lieber nach nem guten Buch oder mache Sport" (AS, Transkr.04, Z.412-416).

Einstimmig wird signalisiert, dass alternativen Beschäftigungen, wie Sport oder dem Lesen eines Buches ein größerer Stellenwert zukomme. Generell werden neue Medien und insbesondere Digitale Spiele von den Lehrerinnen als weniger sinnvoll eingeschätzt. So formuliert Ariane Stein mit Blick auf ihre Schülerinnen und Schüler:

„Also diese diese ähm mo- modernen Medien ähm, hin vom Nitendo oder Playstation (2) ähm dass nimmt bei einigen Raum ein, aber es gibt v- doch: viele äh, die auch ne sinnvolle Freizeitbeschäftigung haben" (AS, Transkr.04, Z.343-345).

Den Lehrerinnen erschließt sich diese mediale Welt überwiegend aufgrund von fehlenden eigenen Erfahrungen nicht gänzlich. So wird das eigene Medienhandeln als „konservativ" charakterisiert:

„Alles, was so Arbeit is:, aber so freizeitmäßig bin ich wahrscheinlich ziemlich konservativ. (3) Wahrscheinlich medial langweilig" (AS, Transkr.04, Z.527-528).

Diese Bewertung verweist auf eine wahrgenommene Diskrepanz zwischen der eigenen Medienwelt und der der SchülerInnen. Dabei erkennen die Lehrerinnen hier aber durchaus eine Relevanz:

„Ich weiß allerdings, dass man das unbedingt wissen sollte" (GR, Transkr.03, Z.899-900).

Vor allem fehle es aber an Zeit, um sich selbst mit medialen Phänomenen ausführlicher beschäftigen zu können (vgl. z. B. HM, Transkr.05, Z.304-306), aber auch an eigenem Interesse (vgl. GR, Transkr.03, Z.893).

6.2.2.2 Medienhandeln der Schülerinnen und Schüler

Die Informantinnen schätzen, dass die elektronischen Medien bei allen ihren Schülerinnen und Schülern eine bedeutende Rolle im Alltag innehaben. Dabei werden das Fernsehen als klassisches Rezeptionsmedium und der Computer als digitales Kommunikationsmedium exemplarisch genannt. Bezüglich der Nutzungsintensität durch die SchülerInnen wird von allen drei Lehrerinnen das Handy hervorgehoben (vgl. GR, Transkr.03, Z.640-648 sowie AS, Transkr.04, Z.325-331). Besonders Hanne Meister sieht die Multifunktionalität des modernen Mobiltelefons als Grund dafür an, da es die Eigenschaften mehrerer elektronischer Medien, wie beispielsweise Spielkonsole, MP3-Player und Computer in sich vereint.

„[U]nd auch im Grunde Handy mit Handy kann man ja heutzutage auch das alles machen, was man mit ner Spielkonsole machen kann" (HM, Transkr.05, Z.307-308).

Dass Digitale Spiele allgemein bei den Schülerinnen und Schülern präsent seien, räumen die Expertinnen ein. Lediglich bezüglich der Nutzungsintensität unterscheiden sich die Aussagen sehr stark: Hanne Meister geht davon aus, dass die meisten ihrer Schülerinnen und Schüler Digitale Spiele spielen (vgl. HM, Transkr.05, Z.302-304). Ariane Stein vermutet, dass nur einige dies tun (vgl. AS, Transkr.04, Z.343-346) und Gabriele Reinbek geht davon aus, dass nur wenige sich mit diesem Medium regelmäßig beschäftigen (vgl. GR, Transkr.03, Z.734-736). Doch bei allen Informantinnen zeichnet sich bezüglich der Einschätzung des Medienumgangs der Schülerinnen und Schüler eine Relativierung des eigenen Wissens ab. Sie äußern, dass ihre Abwägung womöglich nicht fundiert genug seien (vgl. HM, Transkr.05, Z.323-324 sowie AS, Transkr.04, Z.348-349).

6.2.2.3 Pädagogische Reaktionen auf die Mediennutzung der Schülerinnen und Schüler sowie Nutzung und Thematisierung im Unterricht

So zeigen sich konträre Punkte: erstens ist den Lehrerinnen bewusst, dass Medien im Alltag ihrer SchülerInnen relevant seien, zweitens aber zeigen sich deutliche Unsicherheiten in Bezug auf Nutzungsintensitäten und -präferenzen, drittens fehlt es an Interesse und Zeit um eigene Erfahrungen zu machen.

Entsprechend finden zwar pädagogische Reaktionen statt, die aber nicht kohärent sind. So rangieren sie erstens zwischen Kontrolle, Reglementierung[108] und Verboten:

> „die d- d- die Mediennutzung (.) ja, ne wichtige Sache is, aber ähm (.) das ähm seh:::r (.) ja, wie soll ich das sagen, also die Kinder:: (.) sehr in b- in ihren Bann zieht, ja u:nd da: muss man manchmal auch dann (.) die Grenze setzen und es is halt nich zu kontrollieren, was die mit dem Ding machen" (HM, Transkr.05, Z.310-313).

In Hinblick auf die besondere Wichtigkeit des Handys, die die Lehrerinnen bei ihren SchülerInnen feststellen, wurde ein Handyverbot eingeführt (vgl. z. B. AS, Transkr.04

---

[108] Abgesehen von der Reglementierung in der Schule, wird davon ausgegangen, dass die Eltern überwiegend selbst den Umgang ihrer Kinder mit neuen Medien reglementieren (vgl. GR, Transkr.03, Z.618-619).

Z.325-326), da sie es „[s]tändig in diesem Schuljahr beim Wickel gehabt [haben]" (GR, Transkr.03, Z.646) und vom Unterricht abgelenkt gewesen seien.

Auch Disziplinarmaßnahmen und Gespräche mit Eltern benennen die Lehrerinnen als pädagogische Reaktionen auf „mediales Fehlverhalten", die aber nur in Einzelfällen Anwendung fänden (vgl. GR, Transkr.03, Z.590-593, Z.621-623 sowie HM, Transkr.05, Z.311-317).

Zweitens ist den Lehrkräften aber bewusst, dass eine lückenlose Kontrolle nicht zwangsläufig, insbesondere für die Jugendlichen selbst, als besonders geeignete Lösung erscheint:

> „Man kann se ja nun auch nur nicht hemmungslos, also kontrollieren. Das geht auch nicht. Das tut ihnen auch nicht gut" (GR, Transkr.03, Z.651-652).

Gabriele Reinbek knüpft deshalb an die im Kollegium präsenten bewahrpädagogischen Haltungen an und sucht nach sinnvolleren pädagogischen Möglichkeiten:

> „Und dann eben nicht mit erhobenem Zeigefinger, sondern eher, was kann man noch mit modernen Medien machen" (GR, Transkr.03, Z.696-697).

Weiterhin präsentiert sie Projektideen zur Integration Digitaler Medien in den Schulkontext, was zugleich die Bereitschaft zur „aktiven" Thematisierung signalisiert (vgl. dies., Z.698-700). Sowohl Gabriele Reinbek als auch Ariane Stein signalisieren an dieser Stelle den Willen der Zuhilfenahme externer Institutionen und Partner, wie beispielsweise dem Medienkompetenzzentrum der Medienanstalt Sachsen-Anhalt (MSA) im Rahmen eines geplanten Projektes (vgl. GR, Transkr.03, Z.694-696) bzw. auch in einer bereits durchgeführten Elternversammlung (vgl. AS, Transkr.04, Z.299-301 sowie GR, Transkr.03, Z.692-693).

Der Einsatz von Digitalen Medien im eigenen Unterricht beschränkt sich bei allen drei Lehrerinnen auf einige wenige Ausnahmen und ist beinahe ausschließlich einer erhofften Motivationsförderung geschuldet. Obwohl in jedem Klassenraum der Schule mindestens ein bis zwei feste Computerarbeitsplätze vorhanden sind, werden diese von den befragten Lehrerinnen nur in Freiarbeitsphasen zur Nutzung durch die SchülerInnen freigegeben. Besonders auffallend ist dabei auch die durchgehend starke Fixierung auf lernfördernde Bereicherungen des Unterrichts. Es werden nur Mittel eingesetzt, die ein Lernergebnis im Verständnis eines materialen Bildungsbegriffs versprechen. Exemplarisch skizziert Hanne Meister den Einsatz von Lernsoftware:

> „w- was ich auch gerne mag is wenn die: äh so in die Arbeit so versinken und das äh da: z- zum Beispiel brauch man Medien also wir ham auch was wir auch sehr gerne machen, sind die äh wir ham so Lernsoftware (.) für Englisch (.)" (HM, Transkr.05, Z.56-58).

Entgegen dieses eigenen Einsatzes Digitaler Medien werden beispielsweise von Ariane Stein die vergleichsweise „jungen" Honorarkräfte hervorgehoben, die im Unterricht überdurchschnittlich oft mediale Mittel nutzten:

> „Es gibt bei uns äh::: Honorarlehrer, die damit auch insgesamt arbeiten. Und mit dem Beamer allgemein. Also das Tafelbild gar nicht mehr nutzen. Dazu gehör ich nicht" (AS, Transkr.04, Z.385-386).

Alle drei interviewten Lehrerinnen beziehen sich hier auf die grundlegend vom eigenen Unterrichtstil differierenden Praktiken der Honorarlehrer[109].

Sind Digitale Medien selbst Unterrichtsgegenstand als Reaktion auf das Medienhandeln der SchülerInnen, so werden diese über klassische Medien thematisiert. Gabriele Reinbek setzte etwa eine Aufzeichnung einer Fernsehsendung ein:

> „Und ((einatmend)) das war ne Sendung, da gings um die Nutzung des Internets:. Und wie gläsern ist der Mensch damit. Und die war hochinteressant. (2) Selbst ich (.) dacht Oh Gott. [...] Und, das hatt ich dann hier gezeigt. (3) Da äh hatte ich das gleich genutzt, also man kann ja das °das° toll nutzen" (GR, Transkr.03, Z.634-640).

Auch Buchbesprechungen erscheinen als sinnvolles Mittel (vgl. GR, Transkr.03, Z.766-875).

---

[109] Honorarkräfte sind für die Freie Schule essentiell und aufgrund des begrenzten Schulbudgets derzeit ohne mögliche Ersatzoption durch Vollzeitkräfte.

6.2.3 Digital Game Development in der Schule: Hindernisse, Ansätze und Bedingungen

Nachdem bisher weitestgehend allgemeine persönliche und organisatorische Typen gebildet wurden, sollen nun Orientierungen typisiert werden, die direkt auf die Frage zur Nutzung der Projektmethode mit dem Ziel der Erstellung eines Digitalen Spiels im Schulkontext gefunden wurden.

Wie bereits festgestellt, sind Wissen und Erfahrung rund um Digitale Spiele bei den Informantinnen eher gering. So adaptieren Hanne Meister und Ariane Stein nicht, wie bei die Heranwachsenden (siehe Abschnitt 6.1.3), eigene (Spiel-) Erfahrung auf die mögliche Struktur von Digitalen Spielen:

> „Ja, wüsste ich jetzt im Einzelnen nicht. Die technischen Voraussetzungen. (.) ich weiß, dass es da Programmierer gibt" (AS, Transkr.04, Z.509-510).

> „@[I]ch hab da überhaupt keine Vorstellung@ ich hab mir da auch, °habe ich auch noch nie Jedanken drüber jemacht°.(2) Tja, keine Ahnung. (4) Also meine Medienkompetenz is da nich sehr weit entwickelt @(3)@ @in der Beziehung@" (HM, Transkr.05, Z.470-473).

> „@Also ich weiß ja, das alles auf Null und Eins basiert@ aber das is och, also so kann ich mir eigentlich überhaupt nich vorstellen, nee, gar nich. (.) Also Programmiersprache, aber wie und was also mhmh ((verneinend))" (HM, Transkr.05, Z.463-465).

Dies lässt sich unter anderem durch die festgestellte Tatsache begründen, dass Digitale Spiele in der (medialen) Beschäftigung der Lehrerinnen keine Relevanz haben.

Besonders prägnant trat auch ein materialer Bildungsgedanke hervor. Hanne Meister etwa verortet Digitale Spiele in diesem Kontext als Mittler von Lerninhalten. Für sie ist der Spielinhalt entscheidend, ob Digital Game Development sinnvoll sein könne:

> „Ich denke ähm (.) macht auch in- insofern: äh: äh würde das schon Sinn machen, wenn man ähm (.) n **ordentlichen** Inhalt verpackt. Also ich sach ma es gibt ja Computerspiele, die also, Lernsoftware in verschiedener Art und Weise" (HM, Transkr.05, Z.567-569).

Diesen auf Materialismus eingestellten Fokus unterstützt auch ihre Äußerung, dass sie derartige Methoden bereits auch im Unterricht genutzt hat. Sie führt als Beispiel ein im Sozialkundeunterricht entwickeltes Brettspiel an, welches lehrplanrelevante Inhalte transportieren sollte (vgl. dies., Z.570-572). Dass die alleinige Inhaltsvermittlung nicht die Hauptintention eines Projektes zur Erstellung eines Digitalen Spiels ist, sieht zu Beginn keine der drei Lehrerinnen. Vielmehr geht es ihnen um das „Lernen" der curricularen Inhalte.

Im Gesprächsverlauf entwickelten sich die Positionen der Lehrerinnen jedoch in unterschiedlicher Weise. Während Ariane Stein keinerlei Vorstellung vom möglichen Aufbau Digitaler Spiele und den benötigten Arbeitsschritten entwickelte, kam Hanne Meister durch Reflexion der zuvor im Interview getätigten Äußerungen zu einem Positionswechsel. Sie fokussiert nun auf die Struktur und geht dabei vom Regelsystem aus:

> „[W]as aber bei den Entwicklungen von Spielen wichtig is, is zu wissen, wie Spiele funktionieren, also A welche Regeln die ham, B wie man das umsetzen muss" (HM, Transkr.05, Z.582-584).

Gabriele Reinbek näherte sich der Struktur durch Überlegungen zu narrativen Elementen:

> „Naja, ne ne Geschichte. [...] [A]ber zumindest äh äh son roter Faden, dass man das man sowas ((einatmend)) ähm dass man sowas sich überlegt" (GR, Transkr.03, Z.926-929).

Beide Lehrerinnen benennen weiterhin exemplarische Fächer, die notwendig seien und bestimmte Bereiche von Digitalen Spielen tangierten, wie zum Beispiel das Fach Deutsch für Handlung, Textformulierung und notwendige Fragestellungen (vgl. GR, Transkr.03, Z.932-934 sowie Z.938-940) oder die Fächer Musik und Kunst für benötigte Gestaltung, grafische Effekte und musikalische Untermalung (vgl. HM, Transkr.05, Z.537-539). Gabriele Reinbek führt außerdem noch Mathematik, welche grundlegend sei, sowie Informatik an (vgl. GR, Transkr.03, Z.963-964 sowie Z.938-940).

Doch neben diesen strukturellen Überlegungen schwingt, insbesondere bei Hanne Meister, immer ein materialer Fokus mit. Beide nennen hier eine Vielzahl von Fächern, wie zum Beispiel Biologie und Geschichte, deren curriculare Inhalte sich als Spielgegenstand eigenen könnten (vgl. GR, Z.953-954).

Abschließend fasst Hanne Meister jedoch für sich zusammen:

> „[S]ag ich mal is das n ganzheitliches ne ganzheitliche Sache, wo unheimlich viel drin steckt und wenn man das: gemacht hat, da lernt man wahrscheinlich sehr viel. (.) Man lernt wahrscheinlich ähm (3) sowohl im technischen Bereich, wenn ich jetzt das mal so informatisch-, technischen Bereich (.) inhaltlich auch und äh (.) sehr viel Sozialkompetenz" (HM, Transkr.05, Z.587-591).

Zu den Bedingungen, die einen Rahmen für eine mögliche Umsetzung aufspannen könnten, geben die Lehrerinnen weitere Hinweise, die jedoch sehr verteilt zur Sprache kamen und deshalb hier kurz in Form einer Auflistung Erwähnung finden sollen:

- Als besonders relevant stuft Hanne Meister die *zeitlichen Dimensionen* ein und warnt vor schnell unterschätztem Aufwand. Sie geht davon aus, dass ein solches Vorhaben nicht unter 14 Tagen realisierbar sei (vgl. HM, Transkr.05, Z.603-607).
- Für eine Projektumsetzung kämen für Hanne Meister Jugendliche ab Klassenstufe 7 als potentielle *Zielgruppe* in Betracht. Erst ab diesem Alter seien, nach ihren Angaben, die Kompetenzen sowie die entwicklungspsychologische Stufe ausreichend (vgl. HM, Transkr.05, Z.608-611).
- Gabriele Reinbek sieht für die Umsetzung einen *Projektplan* als wichtige Grundlage (vgl. GR, Transkr.03, Z.1024-1025). Hier sei es besonders wichtig, jederzeit für die Schülerinnen und Schüler den Projektstand transparent darzustellen. Sie schlägt eine Liste vor, auf der ersichtlich werde, was bereits erledigt wäre und was die nächsten Schritte seien (vgl. dies., Z.1040-1042). Dies schätzt sie für die Orientierung der Schülerinnen und Schüler innerhalb des Projektes als fundamental ein (vgl. dies., Z.384-385).
- Hinsichtlich möglicher Themen des zu erstellenden Digitalen Spiels sei es wichtig, den Jugendlichen eine *Vorauswahl* zur Verfügung zu stellen. Diese erleichtere es, gemäß ihrer Erfahrung, dass die Heranwachsenden eigene Themen fänden (vgl. GR, Transkr.03, Z.1009-1011). Außerdem müssten im Rahmen des Vorhabens gewisse Vorgaben gemacht werden, die für Orientierung sorgen und ein damit verbundenes Sicherheitsgefühl vermitteln (vgl. dies., Z.1027-1031).

- Als ebenfalls bedeutsam charakterisiert Gabriele Reinbek *Gruppenarbeit* für das Projekt. Dabei könnten die Gruppen nach Interesse und persönlichen Gegebenheiten von den Schülerinnen und Schülern selbstständig gebildet werden. Die Gruppengröße müsse aber überschaubar sein, sodass sich die Arbeit in Kleingruppen anbieten könne (vgl. GR, Transkr.03, Z.1023-1024).
- Es müsse unbedingt gewährleistet werden, dass den Jugendlichen die Möglichkeit gegeben wird, *eigene Entscheidungen* zu treffen (vgl. GR, Transkr.03, Z.1031-1033). Dies entspricht auch dem Wunsch der SchülerInnen nach Entscheidungsfreiheit und entgegengebrachtem Vertrauen (siehe 6.1.1.3). Hier erscheint es Gabriele Reinbek sinnvoll, demokratisch mit Hilfe von Abstimmungen vorzugehen (vgl. dies., Z.1033-1035).
- Kritisch wird bezüglich eines arbeitsteiligen Vorgehens angemerkt, dass die erarbeiteten Teile später eventuell nicht zusammenpassen (vgl. GR, Transkr.03, Z.1036-1040). Hier bestehe die Gefahr, die SchülerInnen zu frustrieren, wenn das Projekt nicht *erfolgreich beendet* werden kann (vgl. dies., Z.1040-1042).
- Für ein Vorhaben dieser Art eigne sich, in einzelnen Bereichen, die Provokation von *Wettbewerbssituationen* (vgl. GR, Transkr.03, Z.1017-1019). Dieses Vorgehen sei bereits in ihrer bisherigen Unterrichtspraxis erfolgreich als funktionierendes Element verwendet worden, um die Jugendlichen zu motivieren (vgl. dies., Z.68-70).

Somit wird deutlich, dass, obwohl die Lehrerinnen selbst wenig bis keine eigenen Erfahrungen mit Digitalen Spielen haben, sie aufgrund von anders gelagerten Projekt- und Lehrerfahrungen diese auf ein solches Vorhaben abstrahieren und handlungsleitende Empfehlungen geben können.

7 Zusammenfassung und Herausstellung der Ansätze zur Implementierung

Um nun die Beantwortung unserer Eingangsfrage zu konkretisieren, fassen wir in diesem Kapitel unsere theoretischen und methodischen Ausführungen zusammen und stellen unter Zuhilfenahme der empirischen Befunde Ansatzpunkte und Anforderungen für die Implementierung von Digital Game Development als konstruktionistische Methode in einem formellen Lern- und Bildungssetting heraus.

7.1 Konstruktionistisches Erfahrungslernen als methodische Perspektive in unserer Zeit

Medien durchsetzen heutzutage alle Lebensbereiche. Diese werden nicht mehr nur rezipiert, wie es noch vor etwa zwanzig Jahren der Fall war, sondern der aktive Umgang durch Partizipation ist kennzeichnend – das Mit- und Selbstmachen ist für viele Heranwachsende selbstverständlich. Doch auch Globalisierung und Veränderungen der Arbeitsanforderungen können wir heute ausmachen. So ist es ganz deutlich: unsere Gesellschaft befindet sich im Umbruch und dies hat weitreichende Konsequenzen für das Leben des Einzelnen.

> „Längst ist deutlich geworden, dass sich die Moderne durch Diskontinuitäten hinsichtlich soziologischer, ökonomischer, politischer und kultureller Diskurse auszeichnet. Wie das Leben zu leben ist, wie man seinen Lebenslauf und seine Biographie zu gestalten hat, wird immer mehr den Standards sozialer Kodifizierung entzogen und immer mehr in die Handlungs- und Entscheidungsfreiheit des Einzelnen gelegt. Dieser kann sein Tun immer weniger mit Verweis auf tradierte Handlungsmuster rechtfertigen. Er wird in dem Sinne verantwortlich, als er auf Befragung, warum er etwas so entschieden hat und nicht anders, die Antwort selbst geben muss. Denn mit der fortschreitenden Individualisierung verliert der Rückzug auf konventionelle Antworten an Selbstverständlichkeit" (Jörissen/Marotzki 2009, S. 17f).

Unter dem Verständnis, dass Schule ihren Zweck in der Einführung junger Menschen in die Gesellschaft (vgl. dies., S. 28) hat, erscheint es konsequent, dass Schule auf diesen gesellschaftlichen Wandel reagieren muss. Das Ziel schulischer Bildung kann heutzutage demnach nicht in der bloßen Vermittlung von kanonisierten Inhalten liegen, sondern soll vielmehr jenen flexiblen Denkmodus bei den Heranwachsenden evozieren, den Papert als „bricolage" bezeichnete.

Einen Zugzwang hat auch die deutsche Bildungspolitik erkannt und strebt seit einigen Jahren die Veränderung von der rein materialen Input-Steuerung zu Output-Steuerung auf Basis von nationalen Bildungsstandards an. Dabei findet die Frage nach Lehr-/Lernmethoden allerdings seitens der Politik nur insofern Beachtung, als dass Lernen innerhalb für die SchülerInnen relevanter Erfahrungsräume als notwendig herausgehoben wird. An einer Konkretisierung mangelt es. So werden zwar wiederum Kompetenzmodelle und -stufen festgelegt, die für PädagogInnen, SchülerInnen und Eltern klar und verständlich sein sollen, die Methoden, mit denen diese erreicht werden sollen, bleiben jedoch unbenannt. Die Annahme aber, dass diese neuen Ziele durch alte Methoden überhaupt zu erreichen seien, erscheint paradox und als äußert fragwürdig. Wir haben unseren Blick daher auf das methodische Vorgehen gerichtet.

Gemäß unserem Verständnis von Bildung, die wir unter Berücksichtigung der gesellschaftlichen Veränderungen vor allem durch die Herausbildung eines flexiblen Denkmodus' und einer Pluralisierung der Welt- und Selbstsichten gekennzeichnet sehen, haben wir das konstruktionistische Erfahrungslernen als mögliche Methode exemplifiziert. Diese kann dem Wandel einer materialen Ausrichtung von Schule hin zu einer strukturalen Bildung Rechnung tragen und bietet durch den Ansatz der Projektmethode eine konkrete sowie erprobte Option zur Implementierung in einem schulischen Rahmen.

7.2 Digital Game Development als Handlungsrahmen

Es ist selbstverständlich, dass insbesondere auch die Digitalen Medien, die moderne Gesellschaftsprozesse heute prägen, in den Fokus gerückt werden müssen. Wir haben vorgeschlagen das Medium dabei aber nicht zum „bloßen" Gegenstand zu machen und somit Gefahr zu laufen wieder auf eine (wenn auch anders geartete) materiale Ebene zurückzufallen, sondern durch die Erstellung eines eigenen Medienprodukts eine strukturale Perspektive einzunehmen.

Es geht uns, wie Aufenanger (2005) es treffend forderte, nicht um „Lernen mit neuen Medien", sondern um „Neues Lernen mit Medien" (vgl. S. 157).

Digitale Spiele bieten hierfür, nach unserer Auffassung, einen besonders lohnenswerten Ausgangspunkt. Sie gehören zu jenen Digitalen Medien, die zum einen vor allem in der Jugendmedienkultur relevant sind, zum anderen in ihrem Produktionsprozess vergleichsweise komplex sind, sodass das „Selbstmachen" im Vergleich zu eigenen Videofilmen oder Webseiten zunächst schwierig erscheint. Dabei stellt sich Digital Game Development jedoch ob oder vielleicht gerade wegen dieser Komplexität als besonders geeignet im Sinne des konstruktionistischen Erfahrungslernens dar. Die einzelnen Entwicklungsstufen betonen immer wieder den Wechsel zwischen „Diving-In" und „Stepping-Out" und erfordern zudem einen kontinuierlichen Perspektivenwechsel zwischen dem Spieler-Ich und dem Entwickler-Ich.

Damit ist das Erstellen eines Digitalen Spiels auch ein Handlungsrahmen, in welchem vielfältige Prozesse ablaufen. Jene differenten Codes von Welt, die traditionell als kanonisierte Inhalte vorliegen, werden durch die Ansprache verschiedenster Fachdisziplinen innerhalb dieses ganzheitlichen, zusammenhängenden, anspruchsvollen und für die Heranwachsenden interessanten Feldes relevant. Tätigkeiten werden im Digital Game Development nicht um ihrer Selbst Willen ausgeführt, sondern stehen in klarem Sinnzusammenhang mit der Konstruktion, da sich die Arbeitsfelder aus der Struktur des Digitalen Spiels ergeben.

Zur Ausübung eben jener Tätigkeiten sind verschiedene digitale und nicht digitale Mittel notwendig, die nebeneinander stehen und sich nicht etwa gegenseitig ausschließen. Die Wahl der adäquaten Mittel ist dabei nicht festgelegt, es darf ausprobiert werden. Der Einsatz von Bleistift und Papier kann ebenso selbstverständlich sein, wie die Nutzung eines Grafiktabletts und eines Grafikbearbeitungsprogramms – je nachdem welche Herangehensweise im Konstruktionsprozess von den SchülerInnen selbst als geeignet empfunden wird. Neue mediale Techniken sind in diesem Sinne, wie Aufenanger (2005) es forderte, gleichberechtigte „Werk- und Denkzeuge [...], die Ansätze des problemorientierten Lernens unterstützen" (vgl. S. 153).

So geht es nicht ausschließlich darum, Strukturen eines Spiels und dessen „Gemachtheit" erfahrbar zu machen, sondern auch explizit um die Transzendierung von Welt- und Selbstsichten, den Aufbau flexibler Denkmodi und die Förderung von Medienliteralität.

7.3 Berücksichtigung der Wünsche und Horizonte der Heranwachsenden

Da in unserem pädagogischen Fokus die Heranwachsenden im Mittelpunkt aller Betrachtungen stehen, ist es selbstverständlich ihre Perspektiven und Wünsche zu berücksichtigen. In den von uns erhobenen Gruppendiskussionen zeigten sich diesbezüglich mehrere Aspekte, die bei einer möglichen Implementierung in Betracht gezogen werden müssen.

Das Spannungsfeld, in welchem ein solches Projekt verortet werden müsste, ergibt sich aus den sechs Hauptkomponenten, wie in Abbildung 12 dargestellt.

Abb.12: Spannungsfeld der zu berücksichtigenden Aspekte der Schülerinnen und Schüler

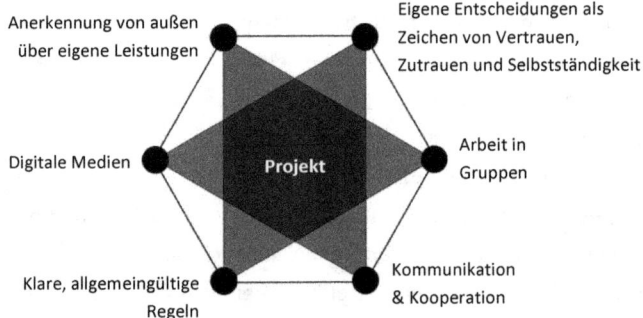

Quelle: Eigene Darstellung basierend auf den Ergebnissen der Erhebung.

Dabei stehen die Eckpunkte keineswegs separat, sondern beeinflussen einander. So ergibt sich das Spannungsfeld aus den Typen und deren wechselseitigen Beziehungen.

Digital Game Development als konstruktionistische (Projekt-) Methode berücksichtigt genuin diese Aspekte. Der Prozess selbst ist durch ein Ablaufmodell gekennzeichnet und gibt somit das von den Heranwachsenden gewünschte Orientierungssystem mit allgemein gültigen (Ablauf-) Regeln vor. Dabei engt es aber nicht die Entscheidungsräume der SchülerInnen ein, sondern fordert diese in vielerlei Hinsicht. Wie wir in Abschnitt 4.3.3 festgestellt haben, ist für Digital Game Development die Arbeit in Teams elementar. Dies erfordert aber auch die Festlegung von Verantwortungs- und Aufgabenbereichen. Somit wird das allgemeine Orientierungssystem durch eigene Entscheidungen bezüglich Zuständigkeiten und kleinteiliger Produktionsschritte stets konkretisiert. Diese müssen von der Gruppe und jedem einzelnen getragen werden, dafür ist Kommunikation unentbehrlich. Gerade auch bei arbeitsteiligem Vorgehen, wie es Digital Game Development nahelegt, ist Kooperation zwischen Einzelpersonen, Arbeitsgruppen und der Gesamtgruppe notwendig. So ist der gesamte Produktionsverlauf durch Aushandlungsprozesse gekennzeichnet.

Da es beim Game Development nun um die Erstellung eines Artefakts, nämlich eines Digitalen Spiels geht, das, wie Papert (1994) es formulierte „gezeigt, diskutiert, geprüft, erprobt und bewundert werden kann" (S. 158), werden Reaktionen von anderen auf das Produkt provoziert. Das selbstgeschaffene Spiel, das auf eigenen Entscheidungen auch hinsichtlich der (inhaltlichen/ludischen/narrativen/visuellen/ auditiven/sprachlichen) Gestaltung basiert, ist zudem ein Produkt, das sich eben durch seine vergleichsweise Exklusivität hinsichtlich des Selbstmachens in besonderer Weise von anderen Produkten unterscheidet. Es wird etwas geschaffen, das einzigartig ist und das nicht „jeder" machen kann. So kann der Wunsch der Heranwachsenden nach Aufmerksamkeit und Anerkennung durch etwas eigenständig Geleistetes befriedigt werden.

Zusammengefasst bietet Digital Game Development zugleich Orientierungs- und Entscheidungsräume, fokussiert auf die Arbeit in Gruppen, ist durch kontinuierliche kommunikative und kooperative Prozesse gekennzeichnet, hat ein Digitales Medium zum Gegenstand, referiert gleichzeitig auf die Nutzung vielfältiger digitaler Mittel (siehe Unterkapitel 7.2) und ermöglicht durch ein konkretes Artefakt auch die Bestätigung und Anerkennung der eigenen Leistungsfähigkeit von außen.

7.4 Berücksichtigung der Erfahrungen und Auffassungen der Lehrkräfte

Zur Implementierung von Digital Game Development reicht es aber nicht das Vorgehen nur an den SchülerInnen auszurichten. Auch die Lehrkräfte müssen in den Fokus gerückt werden, da sie diejenigen sein sollen, die die Heranwachsenden dabei begleiten. In den von uns durchgeführten Experteninterviews mit Lehrerinnen an einer Schule in freier Trägerschaft, die eine klare Freiarbeits- und Projektausrichtung hat, zeigten sich mehrere relevante Aspekte.

Am wichtigsten scheint es uns zunächst das eigene Rollenverständnis der Lehrkräfte in den Blick zu nehmen, denn bei den drei Lehrerinnen trat ein durchaus ambivalentes Verhältnis zu Tage. Einerseits haben sie eine stark materiale Einstellung, bei der es immer wieder darum geht, dass Lehrplaninhalte „geschafft" werden müssen und Methoden sowie Projekte ihre Sinnhaftigkeit einzig aus dem Inhalt bezögen. Andererseits schätzen sie jene Situationen, in denen sie nicht die Rolle eines Lehrers im Bild des „Nürnberger Trichters" übernehmen und gestehen ihren SchülerInnen Freiräume jedenfalls hinsichtlich zeitlichem Aufwand und Reihenfolge zu. Die Schwierigkeit dabei zeigt sich im Selbstverständnis, das durch die lehrplanbasierte Input-Steuerung evoziert wird: die Lehrerinnen sehen sich selbst als diejenigen, die alles wissen müssen. Sie bereiten die Inhalte auf, sodass SchülerInnen diese aufnehmen können – dies gilt sowohl für Frontalunterricht als auch für Freiarbeit und Projekte.

Besonders problematisch wird diese Rolle, wenn wir uns nun medialen Phänomenen, insbesondere Digitalen Spielen, zuwenden. Die eigenen Erfahrungen, das Wissen und auch das Interesse der Lehrerinnen sind hier eher gering, was im Übrigen auch mit den Befunden von Witting und Czauderna korrespondiert (siehe Abschnitt 4.2.3). In der Perspektive aber, dass sich die Lehrerinnen als „Inhaltsvermittler" verstehen, können sie hier überwiegend nicht an die mediale Lebenswelt ihrer SchülerInnen anknüpfen. Dabei ist ihnen die Relevanz durchaus bewusst, jedoch fallen sie zum einen im Sinne der Inhaltsorientierung etwa auf den bloßen Einsatz von Lernsoftware als Substitut für Frontalunterricht zurück oder thematisieren in bewahrpädagogischer Tradition ein mediales Phänomen selbst als Sachverhalt dessen „richtige" und „falsche" Nutzung transparent gemacht werden müsste. Generell sehen sie sich aber auch hier als nicht „kompetent" genug dafür und vertrauen auf externe Hilfestellung, wie beispielsweise durch Landesmedienanstalten.

Es bedarf zur Umsetzung von Digital Game Development als konstruktionistisches Erfahrungslernen im methodischen Rahmen der Projektmethode einer Transzendierung des Lehrerselbstverständnisses. Nicht mehr das materiale Wissen der Lehrkräfte ist in dieser Hinsicht maßgeblich, denn wie wir in Abschnitt 3.2.3 festgestellt haben, sind detaillierte Anleitungen für Verstehensprozesse ohnehin kontraproduktiv. Die LehrerInnen müssen hier eine Rolle als Helfer, Ratgeber, Koordinatoren, Moderatoren, Mediatoren und Motivatoren einnehmen. Natürlich schließt das nicht aus, dass LehrerInnen eigene Erfahrungen und Wissen in Bezug auf Digitale Spiele haben können, aber es ist eben nicht der ausschlaggebende Punkt. Vielmehr ist in dieser Hinsicht ihre Erfahrung mit Projekten und deren Organisation relevant, somit wird dem für die von uns befragten Lehrerinnen unbehaglichen Gefühl von Kontrollverlust und eigener „Inkompetenz" entgegnet. Es besteht eben kein Zwang mehr, wie beim sonst lehrplangesteuerten Unterricht, alle Inhalte selbst perfekt beherrschen zu müssen. Doch generell ist diese Thematik bei einer Implementierung sicher ein Punkt, der eines behutsamen Vorgehens bedarf, denn ein solcher Rollenwechsel ist sowohl für die LehrerInnen als auch die SchülerInnen konträr zur bisherigen Praxis und bedarf somit einer Thematisierung mit den Beteiligten im Vorfeld.
Alle weiteren Punkte, die in den Erhebungen mit den Lehrerinnen auftraten, ähneln den Typen, die wir bei den Heranwachsenden finden konnten (siehe Unterkapitel 7.3). Das betrifft etwa den Wunsch nach einer klaren Struktur hinsichtlich zeitlicher und personeller Aspekte, die Orientierung auf ein Produkt, das auch „wertvoll" sein soll, oder die Arbeit in Gruppen. Dem wird im Rahmen von Digital Game Development, wie bereits im vorigen Unterkapitel geschildert, genuin Rechnung getragen.

7.5 Struktur einer möglichen Praxisimplementierung

Um einen exemplarischen Vorschlag zur Implementierung in der Praxis zu erläutern, müssen wir an die erarbeiteten theoretischen und empirischen Befunde anknüpfen. Zunächst erinnern wir an Jenkins' Set an sozialen Fähigkeiten und kulturellen Kompetenzen sowie die damit einhergehenden Forderungen an die Schule, die in drei Kernfragen in Hinblick auf Pädagogik und Medienliteralität formuliert wurden (siehe Abschnitt 2.2.4). Deren Lösung kann, wie wir es in Abschnitt 4.1.2 dargelegt haben, in Verwendung der Projektmethode (siehe Abschnitt 3.2.4) unter Berücksichtigung der von uns herausgestellten Kernpunkte Deweys (siehe Abschnitt 3.2.2) und Paperts (siehe Abschnitt 3.2.3), liegen. Wir werden nachfolgend auf Basis dieser eine denkbare Struktur zu einem möglichen Vorgehen in der Praxis unter Rückbezug auf die Wünsche und Horizonte der Heranwachsenden sowie der Erfahrungen und Einstellungen der Lehrkräfte vorstellen.

Der erste Schritt der Projektmethode nach Gudjons ist die „Auswahl der Sachlage" mit den Merkmalen „Situationsbezug", „Orientierung an den Interessen der Beteiligten" und „Gesellschaftliche Praxisrelevanz". Wir würden diesen als *grundsätzliche Projektvorbereitung* bezeichnen. Die Problemstellung selbst ist hier bereits durch den Gegenstand der Digitalen Spiele vorgegeben. Dabei konnten wir aber zeigen, dass Digitale Spiele als systemische Phänomene ganzheitlich sowie interdisziplinär sind und sich somit als „echtes Problem", wie es in der Welt vorkommt, darstellen (siehe Unterkapitel 4.2 und 4.3). Die Erstellung Digitaler Spiele orientiert sich weiterhin an den Interessen Heranwachsender allgemein (siehe Abschnitt 4.2.2). Durch die Vielfältigkeit der Elemente eines Digitalen Spiels (siehe Abschnitt 4.3.2) können auch diejenigen Heranwachsenden angesprochen werden, die kein direktes Interesse an Digitalen Spielen selbst haben (wie zum Teil in Abschnitt 6.1.3 deutlich wurde), sich aber für Bereiche wie beispielsweise Musik, Kunst oder Sprache interessieren. Über die Wahl eines konkreten Spielthemas (etwa Autorennspiel oder Tierpflegesimulation) können die spezifischen Vorlieben der SchülerInnen zudem besonderen Eingang in das Projekt finden.

Als deutlicher problematischer ist an dieser Stelle die Haltung der Lehrkräfte zu charakterisieren (siehe Abschnitt 4.2.3 sowie Unterkapitel 6.2). In der Studie von Witting und Czauderna (2006a) zeigte nur die Hälfte der Befragten ein grundsätzliches Interesse am Thema (vgl. S. 9), wobei festgestellt wurde, dass je weniger eigene Erfahrungen die LehrerInnen mit Digitalen Spielen hatten, desto geringer ihr Interesse an der Thematik generell war (vgl. dies. S. 13). Auch in unserer Erhebung gaben die

Lehrerinnen zu verstehen, dass sie selbst nicht spielten, zeigten im Gesprächsverlauf jedoch grundsätzliches Interesse, welches aber zum einen dem zu erwartenden motivationalen Effekt auf Seiten der SchülerInnen geschuldet war und zum anderen auf die (gesellschaftlich-öffentliche) Relevanz des Phänomens referierte. Diese wahrgenommene Bedeutsamkeit rührt überwiegend von öffentlichen Diskussionen um Digitale Spiele und zum Teil auch deren pauschaler Stigmatisierung, wie etwa Schelhowe (2008) feststellte (vgl. S. 107), her, aber auch vom Wissen über die gleichzeitig wachsenden kulturellen und wirtschaftlichen Bedeutungen (siehe Abschnitt 4.2.1). Dieser Relevanzen waren sich SchülerInnen und LehrerInnen in unserer Erhebung weitestgehend bewusst (siehe Abschnitte 6.1.3 sowie 6.2.2 und 6.2.3).

Im zweiten Projektschritt, den Gudjons „Gemeinsame Entwicklung eines Planes zur Problemlösung" nennt, findet die *zielgerichtete Projektplanung* mit integrierter Steuerung der Absicht eines erfolgreichen Abschlusses statt. Dieser Projektplan wird von den Strukturen des Spiels sowie des Game Development Prozesses dominiert. Wenn aber, wir es feststellten, die Jugendlichen hier erfahrener sind als die Lehrkräfte (siehe Unterabschnitt 6.2.2.1), so zeichnet sich bereits eine deutliche Aufhebung klassischer Lehrer-Schüler-Rollenschemata ab. Das ist für uns in dem Sinne positiv, da die Gefahr von perfekt ausgearbeiteten Plänen, Vorgaben und Materialien durch LehrerInnen unwahrscheinlicher ist, als es sich in den Gesprächen bezüglich anderer Projekte darstellte (siehe Unterabschnitt 6.2.1.2), und eine echte Mitbestimmung des Projektgeschehens durch die SchülerInnen wahrscheinlicher macht. Somit ist es notwendig gemeinsam einen Plan auszuarbeiten und dabei zum einen das Vorwissen und die Vorstellungen der SchülerInnen zu berücksichtigen, was deren Wünschen nach Entscheidungsräumen und Vertrauen entspricht (siehe Unterabschnitt 6.1.1.3), und zum anderen die Erfahrungen der Lehrkräfte hinsichtlich Projektorganisation zu beachten.

Dennoch scheint es uns sinnvoll vor Projektbeginn einen gemeinsamen Konsens bezüglich Digitaler Spiele zu schaffen, da in unseren Gesprächen und Diskussionen bis auf den Schüler Captain America alle Vorstellungen hinsichtlich der Struktur eher vage waren, wobei sich die befragten Lehrerinnen aber auch manche SchülerInnen (zunächst) prinzipiell ratlos zeigten (siehe Abschnitte 6.1.3 und 6.2.3). Um einen Plan ausarbeiten zu können, ist es jedoch wichtig sich mit dem Gegenstand selbst zu beschäftigen und seine Struktur zu ergründen. In Bezug auf Digitale Spiele wären hier mehrere Ansatzpunkte denkbar, etwa der Besuch im Computerspielemuseum in Berlin, die Anfertigung von „Video Game (Film-)Essays" (vgl. Biermann 2009), das Ausprobieren von verschiedenen Digitalen Spielen, zum Beispiel auch mit Wettbewerbscharakter[110], oder der Einsatz von GameGame[111]. Erst, wenn ein prinzipielles Grundverständnis von Digitalen Spielen vorhanden ist, können nach Festlegung des Spielthemas und -genres, aus der Struktur die notwendigen Elemente und daraus die Schritte zu deren Erstellung abgeleitet werden. Dass diese ein weites Spektrum an Tätigkeiten erfordern, scheint sowohl den LehrerInnen (siehe Abschnitt 6.2.3) als auch den Jugendlichen (siehe Abschnitt 6.1.3) durchaus bewusst.

Bei der konkreten Projektplanung ist dann insbesondere Gudjons' Merkmal „Selbstorganisation und Selbstverantwortung" zu berücksichtigen. Die Lehrkraft muss sich hier von der herkömmlichen Rolle lösen und den SchülerInnen ein hohes Maß an Entscheidungsfreiheiten einräumen. Sie dürfen Verantwortung übernehmen. Auf Seiten der LehrerInnen ist diesbezüglich aufgrund der Befunde unserer Erhebung eine gesteigerte Unsicherheit zu erwarten, weshalb uns eine progressive Verlagerung der Verantwortungsbereiche zu den SchülerInnen im Projektverlauf sinnvoll erscheint. Generell erfordert ein solches Vorgehen konzeptionelles, organisatorisches, rücksichtsvolles, kreatives, kooperatives und planvolles Handeln auf Seiten von LehrerInnen und SchülerInnen. Alle Projektschritte und -etappen werden dabei nach Gudjons' Idee in einem Projektplan festgehalten. Diesen möchten wir im Fokus des Digital Game Development als Milestoneplan bezeichnen, in dem idealerweise wich-

---

[110] An der Otto-von-Guericke Universität Magdeburg wurde von und mit Studierenden ein so genannter „Videospiel-Hexathlon" durchgeführt. In diesem Format wurden Digitale Spiele verschiedenster Genres im Stationsbetrieb an einem Tag ausprobiert. Zusätzlich gab es ein Punktesystem über alle Spiele, das einer Ermittlung von Platzierungen im Wettbewerb diente. Durch die Vielfalt der Digitalen Spiele konnte eine breite Übersicht gegeben werden; das eigene Ausprobieren stand dabei im Mittelpunkt und der Wettbewerbscharakter schürte den Ehrgeiz. Ein solches oder ähnliches Format könnte sich auch in unserem Fokus anbieten.

[111] GameGame ist ein Brettspiel, das die Struktur von Digitalen Spielen und deren Entwicklung thematisiert. Es wurde von Järvinen im Rahmen seiner Dissertation (2008) entwickelt. GameGame ist auf Deutsch verfügbar: http://gamegame.blogs.com/gamegame/2007/05/gamegame_in_ger.html [zuletzt geprüft am 29.02.2012].

tige Etappenziele (Concept Draft, GDD, etc.) und/oder Spielversionen (Alpha, Beta, Master, GoldenMaster) festgeschrieben sind. Dieser Plan dient allen Beteiligten zur Orientierung und entspricht somit den Wünschen von Heranwachsenden (siehe Unterabschnitt 6.1.2.1) und Lehrkräften nach klaren Regeln, Strukturen und Verantwortlichkeiten (siehe Unterabschnitt 6.2.1.2).

Die „Handlungsorientierte Auseinandersetzung mit dem Problem" ist nach Gudjons der dritte Projektschritt und umfasst die eigentliche *Durchführung des Projekts* gemäß des gemeinsam erstellten Plans. Dieser Projektplan, das muss an dieser Stelle nochmals betont werden, ist kein starres Vorgabengefüge, sondern kann, darf und wird sich im Laufe des Projekts verändern. Gemäß des schematischen Verlaufs mit sequentieller und iterativer Dimension von Digital Game Development, wie wir in Abschnitt 4.3.3 dargelegt haben, sind Anpassungen sogar erwünscht und notwendig. Das Erstellen, Probieren, Bewerten und Justieren dient der Überprüfung, Optimierung und Verfeinerung des Produkts in einer Weise, die auch nicht von erfahrenen Spielentwicklern von vornherein abzusehen ist, sondern nur durch konkrete Erfahrungen im Prozess entstehen. Hier ist der Wechsel des Blickpunktes vom Entwickler zum Spieler, vom „Diving-In" zum „Stepping-Out" wichtig. Da hier enorme Bildungspotentiale liegen, sollte die (so weit als möglich) komplette Projektsteuerung und -durchführung in Hände der Heranwachsenden gelegt werden, was auch deren Wunsch nach eigener Aktivität entspricht (siehe Unterabschnitt 6.1.2.2). Dabei sind (fast) alle Arbeiten im Digital Game Development gruppenbasiert und stets durch Aushandlungs-, Kooperations- und Kollaborationsprozesse gekennzeichnet (siehe Abschnitt 4.3.3), was in unserer Erhebung sowohl von SchülerInnen (siehe Unterabschnitt 6.1.1.4) als auch Lehrerinnen (siehe Unterabschnitt 6.2.1.2) gewünscht wurde. Bei der Zusammenstellung der Gruppen sollten gemäß der Befunde unserer Erhebung die Präferenzen der Heranwachsenden berücksichtigt werden, um die Arbeitsatmosphäre angenehm zu gestalten. Dabei ist es für Digital Game Development unerlässlich eine Kommunikationskultur zu etablieren, in der tägliche Kurzbesprechungen in der Gesamtgruppe stattfinden. Besprechungsergebnisse, Probleme und Lösungen sollen, wie in Abschnitt 4.3.3 dargestellt, idealerweise (schriftlich) fixiert werden. Dazu bieten sich etwa Projekttagebücher, Portfolios oder auch Weblogs an.

Kennzeichnend ist nach Gudjons weiterhin das „Einbeziehen vieler Sinne". Im Digital Game Development wird dies vor allem dadurch offeriert, als dass die Vielfalt der strukturellen Elemente eines Digitalen Spiels auf sehr verschiedene Fachdisziplinen, Methoden und Techniken verweist, wie in Abschnitt 4.3.2 exemplarisch dargestellt. So ist deutlich, dass bei der Kreation und Bearbeitung auditiver Elemente andere Sinne, Mittel und Fähigkeiten angesprochen werden, als bei der Entwicklung einer Spielgeschichte.

Der letzte Projektschritt umfasst die *Produktpräsentation* und, dem Wesen von Schule entsprechend, eine *Bewertung* der SchülerInnen durch die Lehrkraft oder Lehrkräfte.

Wie auch Dewey und Papert feststellten (siehe Abschnitte 3.2.2 und 3.2.3), ist eine abschließende Produktpräsentation essentiell. Das Arbeitsergebnis muss konkret und von anderen begutachtbar sein. Im Digital Game Development ist dies das fertige Spiel. Es kann und soll von anderen, etwa MitschülerInnen, Lehrkräften, Freunden und Familienmitgliedern gespielt werden[112]. Dadurch wird eben jenes ehrliche Feedback aus dem eigenen sozialen Umfeld evoziert, das sich die Heranwachsenden in unserer Erhebung wünschten (siehe Unterabschnitt 6.1.1.2).

Obwohl wir einem herkömmlichen Benotungssystem prinzipiell kritisch gegenüberstehen, so ist uns doch bewusst, dass dies als wesentliches Merkmal von Schule nicht außen vor gelassen werden kann, sofern die Möglichkeiten der Implementierung jedenfalls realistisch sein sollen. Jedoch wären Ansätze wie Klassenarbeiten, in denen die Produktionsschritte zu wiederholen sind, oder die (ausschließliche) Bewertung des entstandenen Spiels unserem Bildungsverständnis und der gesamten Anlage eines solchen Projekts vollständig gegenläufig. Stattdessen sollten die Prozesse der Erstellung in den Blick genommen werden. Ist eine Bewertung notwendig, so können nur diese eine Grundlage bieten. Fragen, die der Lehrkraft hier Aufschluss

---

[112] Dies hat neben der hier beschriebenen Funktion auch den Effekt, dass sich Lehrkräfte und Eltern mit Digitalen Spielen auseinandersetzen und eröffnet diesen einen anderen Zugang zur Thematik, da hier eine Verbindung auf ganz persönlicher Ebene geschaffen wird.

geben könnten, wären beispielsweise „Wie war das Vorgehen?", „Welche Veränderungen wurden im Laufe der Zeit vorgenommen?" oder „Wie und warum wurden welche Entscheidungen getroffen?". Hilfreich neben der permanenten Beobachtung der Prozesse können dabei auch die Dokumentationen, Projekttagebücher, Portfolios, Weblogs und vor allem persönliche Gespräche mit den SchülerInnen sein.

Zusammenfassend lassen sich diese grundlegenden Schritte und Ansatzpunkte in nachfolgender Übersicht darstellen:

Abb.13: Projektschritte und Ansatzpunkte bei der Implementierung von Digital Game Development in ein schulisches Setting

Grundsätzliche Projektvorbereitung
- „Echte" Problemstellung, die ganzheitlich und interdisziplinär ist
- Referenz auf Interessen aus der Alltagswelt
- Kulturelle, wirtschaftliche und öffentliche Relevanz

Zielgerichtete Projektplanung
- Wissen über Strukturen des Gegenstands
- Verschiebung klassischer Lehrer-Schüler-Rollenschemata
- Erstellung eines grundlegenden Milestoneplans

Durchführung des Projekts
- Flexibilität des Projektplans
- Eigenverantwortung und Aktivität der Heranwachsenden
- Sequentielle und iterative Dimensionen mit „Diving-In" und „Stepping-Out"
- Gruppenarbeit
- Aushandlung, Kollaboration und Kommunikation
- Dokumentation der einzelnen Schritte, Probleme und Lösungen

Präsentation und Bewertung
- Konkretes Produkt vorstellen und zugänglich machen
- „Echtes" Feedback aus sozialem Umfeld
- Bewertung durch Lehrkräfte auf Basis der Prozesse

Quelle: Eigene Darstellung.

Diese Struktur zur Implementierung kann sicher nur eine Orientierung für die Praxis bieten, da immer die konkreten Gegebenheiten der jeweiligen Institution mit deren Beteiligten zu berücksichtigen sind. Dennoch bieten diese Projektschritte und die darunter gefassten Ansatzpunkte ein recht umfassendes Bild einer möglichen Umsetzung auf formell-struktureller Ebene.

8 Schlussbemerkungen

Wir haben gezeigt, dass Digital Game Development im Sinne eines konstruktionistischen Projekts, das vor allem auf Erfahrung, Interesse und Selbstbestimmung referiert, den Gedanken zu einer Bildung, wie sie heute notwendig ist, vollständig folgt. Es regt Selbst-, Welt- und Technikreflexionen an und trägt zum Aufbau eben jener flexibler Denkmodi und (Medien-) Literalität bei, die als notwendig angesehen werden, um heute und in Zukunft an Gesellschaft, Kommunikation sowie Arbeitswelt teilhaben und diese gestalten zu können.

Es bleibt in diesem Sinne zu beobachten, inwiefern sich Veränderungen im deutschen Bildungssystem in Zukunft zeigen und wie diese an den Schulen aufgenommen und umgesetzt werden. Mit der Einführung der nationalen Bildungsstandards wurden die Grundlagen zur Abkehr von einem materialen Bildungsverständnis bereits geschaffen, wie wir jedoch feststellten, ohne dabei die methodische Praxis in den Blickpunkt zu rücken. Das haben wir hier an einem ausgewählten Gegenstandsbereich getan. Es ist uns wichtig zu betonen, dass wir Digital Game Development als Projektmethode nicht als *die* Antwort auf Fragen zu heutiger formeller Bildung verstanden wissen wollen – wohl aber als *eine* mögliche Antwort. Die dargestellten Ansätze bieten einen Rahmen, der als Vororientierung für eine mögliche praktische Umsetzung dienen kann. Dabei muss aber deutlich sein, dass zum einen die Horizonte, Einstellungen und bisherigen Erfahrungen aller beteiligten Personen sowie auch die Gegebenheiten an der jeweiligen Institution in die konkrete Projektkonzeption einbezogen werden müssen, zum anderen sollen und müssen stets aktuelle gesellschaftliche, technische und mediale Entwicklungen berücksichtigt werden.

Im Fokus weiterer Forschung wäre es interessant den informellen Produktionsgruppen und Moddingteams weitere Aufmerksamkeit zu widmen, da deren Vorgehen neue oder auch andere Ansatzpunkte offenbaren könnte. Ideal wäre in dieser Perspektive sicher die Begleitung eines solchen Teams von Anfang an über alle Produktionsstadien. Für einen möglichen Transfer in ein formelles Setting wären jedoch immer die bildungspolitischen und institutionellen Begebenheiten zu beachten.

Aber auch die Durchführung eines Game Development Projekts in einem formellen Bildungskontext stellt eine lohnende Perspektive dar. Die daraus resultierenden Erfahrungen können richtungsweisend sein und den von uns erörterten Rahmen konkretisieren.

Weiterhin wäre es aus unserer Sicht wichtig zu ergründen, inwiefern solche Ansätze in die Lehrerausbildung integriert werden können. Gerade ein Projektansatz wie der unsere, der nicht vor allem auf die Erarbeitung von kanonisierten Inhalten ausgerichtet ist, sondern die Heranwachsenden zu „bricoleurs" machen will, ist heutzutage in der Ausbildung von Lehrkräften so gut wie nicht vorhanden. Hier wiederum schließt sich der Kreis. Denn nur, wenn die Lehr-/Lernmethoden gerade auch in der formellen Bildung neu gedacht werden, kann Schule das leisten, was sie sollte: Heranwachsende dazu befähigen sich heute und in Zukunft selbstständig, kritisch, kompetent und flexibel in der Welt bewegen und Gesellschaft (mit-) gestalten zu können.

I Literaturverzeichnis

Ackermann, Edith K. (1991): From De-contextualized to Situated Knowledge. Revisiting Piaget's Water-Level Experiment. In: Harel, Idit / Papert, Seymour (Hg.): Constructionism. Research reports and essays, 1985-1990. By the Epistomology & Learning Research Group. Norwood, New Jersey: Ablex Publishing, S. 269-294. Online: http://web.media.mit.edu/~edith/publications/1991-From %20decontextua%20.pdf [zuletzt geprüft am 29.02.2012].

Ackermann, Edith K. (1993): Tools for constructive learning. Rethinking interactivity: Massachusetts Institute of Technology. Media Laboratory. Epistemology and Learning Group (Epistemology & Learning Memo No. 15). Cambridge, Massachusetts. Online: http://web.media.mit.edu/~edith/ publications/1993-tools%20for.const.%20E&L.pdf [zuletzt geprüft am 29.02.2012].

Ackermann, Edith K. (2004): Constructing knowledge and transforming the world. In: Tokoro, Mario / Steels, Luc (Hg.): A learning zone of one's own. Sharing representations and flow in collaborative learning environments. Amsterdam, Berlin, Oxford, Tokyo, Washington, DC: IOS Press, S. 15-37. Online: http://web.media.mit.edu/~edith/publications/2004-Constructing_Knowledge.pdf [zuletzt geprüft am 29.02.2012].

Aufenanger, Stefan (2005): Schule auf dem Weg in die Wissensgesellschaft. Die Rolle neuer Medien in schulischen Lehr- und Lernprozessen. In: Kleber, Hubert (Hg.): Perspektiven der Medienpädagogik in Wissenschaft und Bildungspraxis. München: Kopaed, S. 149-160.

Baacke, Dieter (1973): Kommunikation und Kompetenz. Grundlegung einer Didaktik der Kommunikation und ihrer Medien. München: Juventa-Verl.

Baacke, Dieter (1999): Medienkompetenz als zentrales Operationsfeld von Projekten. In: Baacke, Dieter / Kornblum, Susanne / Lauffer, Jürgen / Mikos, Lothar / Thiele, Günter A. (Hg.) u.a.: Handbuch Medien: Medienkompetenz - Modelle und Projekte. Bonn: Bundeszentrale für politische Bildung. S. 31-35.

Benjamin, Walter (2002a): Das Kunstwerk im Zeitalter seiner technischen Reproduzierbarkeit. In: Benjamin, Walter (Hg.): Medienästhetische Schriften. Frankfurt am Main: Suhrkamp (Suhrkamp-Taschenbuch Wissenschaft, 1601), S. 351-383.

Benjamin, Walter (2002b): Der Autor als Produzent. Ansprache im Institut zum Studium des Fascismus in Paris am 27. April 1934. In: Benjamin, Walter (Hg.): Medienästhetische Schriften. Frankfurt am Main: Suhrkamp (Suhrkamp-Taschenbuch Wissenschaft, 1601), S. 231-247.

Berg, Achim (2008): Gaming-Markt in Deutschland. BITKOM Bundesverband Informationswirtschaft, Telekommunikation und neue Medien e.V. Dokument zur Pressekonferenz vom 19.08.2008. Berlin. Online: http://www.bitkom.org/60376.aspx?url=bitkom_praesentation_ gaming_190808.pdf [zuletzt geprüft am 29.02.2012].

Biermann, Ralf (2009): Video Game (Film-)Essays. Der (etwas andere) Einsatz von Computerspielen zur Unterstützung von Lernprozessen. In: MedienPädagogik. Zeitschrift für Theorie und Praxis der Medienbildung. (Themenheft 15/16: Computerspiele und Videogames in formellen und informellen Bildungskontexten). Online: http://www.medienpaed.com/15/biermann0902.pdf [zuletzt geprüft am 29.02.2012].

Biermann, Ralf / Fromme, Johannes / Unger, Alexander (2010): Digitale Spiele und Spielkulturen im Wandel. Zur Entstehung und Entwicklung partizipativer und kreativ-produktiver Nutzungsformen. In: Ganguin, Sonja / Hoffmann, Bernward (Hg.): Digitale Spielkultur. München: Kopaed (43), S. 61-78.

BITKOM (Bundesverband Informationswirtschaft, Telekommunikation und neue Medien e.V.) (2010): BITKOM fordert Ende der Kreidezeit in Schulen. Berlin. Online: http://www.bitkom.org/65938_65922.aspx [zuletzt geprüft am 29.02.2012].

Bohnsack, Ralf / Nentwig-Gesemann, Iris / Nohl, Arnd-Michael (2007): Die dokumentarische Methode und ihre Forschungspraxis. 2. erweiterte und aktualisierte Auflage. Wiesbaden: VS Verlag für Sozialwissenschaften (GWV).

Bohnsack, Ralf / Nohl, Arnd-Michael (2007): Exemplarische Textinterpretation: Die Sequenzanalyse der dokumentarischen Methode. In: Bohnsack, Ralf / Nentwig-Gesemann, Iris / Nohl, Arnd-Michael (Hg.): Die dokumentarische Methode und ihre Forschungspraxis. 2. erweiterte und aktualisierte Auflage. Wiesbaden: VS Verlag für Sozialwissenschaften (GWV), S. 303-307.

Bohnsack, Ralf / Przyborski, Aglaja / Schäffer, Burkhard (2006): Einleitung. Gruppendiskussion als Methode rekonstruktiver Sozialforschung. In: Bohnsack, Ralf / Przyborski, Aglaja / Schäffer, Burkhard (Hg.): Das Gruppendiskussionsverfahren in der Forschungspraxis. Opladen: Verlag Barbara Budrich, S. 7-22.

Bohnsack, Ralf / Przyborski, Aglaja (2006): Diskursorganisation, Gesprächsanalyse und die Methode der Gruppendiskussion. In: Bohnsack, Ralf / Przyborski, Aglaja / Schäffer, Burkhard (Hg.): Das Gruppen-diskussionsverfahren in der Forschungspraxis. Opladen: Verlag Barbara Budrich, S. 233-248.

Brecht, Berthold (2008): Der Rundfunk als Kommunikationsapparat. Rede über die Funktion des Rundfunks. In: Pias, Claus / Vogl, Joseph / Engell, Lorenz / Fahle, Oliver / Neitzel, Britta (Hg.): Kursbuch Medienkultur. Die maßgeblichen Theorien von Brecht bis Baudrillard. 6. Aufl. München: DVA, S. 259-263.

Bundesministerium für Bildung und Forschung (2001): Das informelle Lernen. Die internationale Erschließung einer bisher vernachlässigten Grundform menschlichen Lernens für das lebenslange Lernen aller. Berlin. Online: http://www.bmbf.de/pub/das_informelle_lernen.pdf [zuletzt geprüft am 29.02.2012].

Bundesministerium für Bildung und Forschung (2009a [2007]): Zur Entwicklung nationaler Bildungsstandards. Eine Expertise. Unveränderter Nachdruck. Bonn, Berlin (Bildungsforschung Band 1).

Bundesministerium für Bildung und Forschung (2009b): Schavan: „Medienbildung ist unverzichtbar". Studie zu „Kompetenzen in einer digital geprägten Kultur" in Bonn vorgestellt. Pressemitteilung vom 18.05.2009. Berlin. Online: http://www.bmbf.de/_media/press/pm_20090518-110.pdf [zuletzt geprüft am 29.02.2012].

Caillois, Roger (1982): Die Spiele und die Menschen. Maske und Rausch. Übersetzt von Sigrid von Massenbach. Frankfurt am Main, Berlin, Wien: Ullstein.

Computerspielemuseum (2011): Willkommen im Computerspielemuseum. Berlin. Online: http://www.computerspielemuseum.de [zuletzt geprüft am 29.02.2012].

Crawford, Chris (1997): The Art of Computer Game Design. Online-Version der Originalausgabe (1984) Berkeley: McGrawHill/Osborne Media. Vancouver: Washington State University. Online: http://www.stanford.edu/class/sts145/Library/Crawford%20on%20Game%20Design.pdf [zuletzt geprüft am 29.02.2012].

Darnstädt, Thomas (2010): Ein Abgrund von Förderalismus. In: Der Spiegel (Heft 27/2010), S. 56-67. Online: http://www.spiegel.de/spiegel/print/d-71261419.html [zuletzt geprüft am 29.02.2012].

Deutscher Kulturrat (2009): Computerspiele sind nicht mehr nur ein Wirtschaftsgut, sondern auch ein Kulturgut. Pressemitteilung vom 17.08.2009. Berlin. Online: http://www.kulturrat.de/detail.php?detail=1630&rubrik=2 [zuletzt geprüft am 29.02.2012].

Deutsches PISA-Konsortium (2001): PISA 2000. Basiskompetenzen von Schülerinnen und Schülern im internationalen Vergleich. Opladen: Leske + Budrich.

Dewey, John (1994a): Die Ziele der Erziehung. Kapitel 8 aus: Dewey, John (1930): Demokratie und Erziehung. Übersetzt von Erich Hylla. Breslau, Braunschweig: Georg Westermann Verlag. S. 137-151. In: Schreier, Helmut (Hg.): John Dewey. Erziehung durch und für Erfahrung. Eingeleitet, ausgewählt und kommentiert von Helmut Schreier. 2. Aufl. Stuttgart: Klett-Cotta, S. 128-140.

Dewey, John (1994b): Einige abschließende Bemerkungen. Aus: Dewey, John (1951): Wie Wir Denken. Eine Untersuchung über die Beziehungen des reflektiven Denkens zum Prozeß der Erziehung. Übersetzt von Alice Burgeni, mit einer Einleitung von Leopold Deuel. Zürich: Morgarten Verlag, S. 229-241. In: Schreier, Helmut (Hg.): John Dewey. Erziehung durch und für Erfahrung. Eingeleitet, ausgewählt und kommentiert von Helmut Schreier. 2. Aufl. Stuttgart: Klett-Cotta, S. 93-101.

Dewey, John (1994c): Erfahrung und Denken. Kapitel 11 aus: Dewey, John (1930): Demokratie und Erziehung. Übersetzt von Erich Hylla. Breslau, Braunschweig: Georg Westermann Verlag. S. 186-203. In: Schreier, Helmut (Hg.): John Dewey. Erziehung durch und für Erfahrung. Eingeleitet, ausgewählt und kommentiert von Helmut Schreier. 2. Aufl. Stuttgart: Klett-Cotta, S. 140-154.

Dewey, John (1997): Democracy and Education. An introduction to the philosophy of education. New York: Free Press.

Drieschner, Elmar (2009): Bildungsstandards praktisch. Perspektiven kompetenzorientierten Lehrens und Lernens. Wiesbaden: VS Verlag für Sozialwissenschaften / GWV Fachverlage GmbH.

Electronic Arts GmbH / Jung v. Matt / GEE Magazin (Hg.) (2006): Spielplatz Deutschland. EA-Studie. Band 4. Hamburg. Online: http://presse.ea.de/bibliothek/forschung-bibliothek/ea-studien/?DOWNLOADID=/wp-content/uploads/2010/08/773_EA_Studien_Band_4.pdf&pm=1 [zuletzt geprüft am 29.02.2012].

Enzensberger, Hans Magnus (2008): Baukasten zu einer Theorie der Medien. In: Pias, Claus / Vogl, Joseph / Engell, Lorenz / Fahle, Oliver / Neitzel, Britta (Hg.): Kursbuch Medienkultur. Die maßgeblichen Theorien von Brecht bis Baudrillard. 6. Aufl. München: DVA, S. 264-278.

Feurzeig, Wallace (2010): Toward a Culture of Creativity. A Personal Perspective on Logo's Early Years and Ongoing Potential. In: International Journal of Computers for Mathematical Learning (15). Cambridge, Massachusetts: Springer, S. 257-265.

Fileccia, Marco / Fromme, Johannes / Wiemken, Jens (2010): Computerspiele und virtuelle Welten als Reflexionsgegenstand von Unterricht. Unter Mitarbeit von Marten Fütterer, Florian Kiefer und Tim Kirchner. Düsseldorf: LfM (Landesanstalt für Medien Nordrhein-Westfalen). (LfM-Dokumentation; Band 39). Online: http://lfmpublikationen.lfm-nrw.de/catalog/downloadproducts/LfM_Dokumentation_39_Online_Computerspiele.pdf [zuletzt geprüft am 29.02.2012].

Firestone, Charles M. (1993): Foreword. In: Aufderheide, Patricia / Firestone, Charles M. (Hg.): Media Literacy. A report of the National Leadership Conference on Media Literacy, The Aspen Institute Wye Center, Queenstown, Maryland, December 7-9, 1992. Queenstown: Aspen Inst. (Communications and society), S. 6-8.

Fromme, Johannes (2002): Mediensozialisation und Medienpädagogik. Zum Verhältnis von informellem und organisiertem Lernen mit Computer und Internet. In: Paus-Haase, Ingrid / Lampert, Claudia / Süss, Daniel (Hg.): Medienpädagogik in der Kommunikationswissenschaft: Positionen, Perspektiven, Potenziale. Wiesbaden: Westdeutscher Verlag. S. 155-168.

Fromme, Johannes (2006): Zwischen Immersion und Distanz. Lern- und Bildungspotenziale von Computerspielen. In: Kaminski, Winfred / Lorber, Manfred (Hg.): Clash of realities. Computerspiele und soziale Wirklichkeit. 1. International Computer Game Conference Cologne, 22. - 24.3.2006. München: Kopaed (EA-Studie, 5), S. 177-209.

Fromme, Johannes / Jörissen, Benjamin (2010): Medienbildung und Medienkompetenz. Berührungspunkte und Differenzen nicht ineinander überführbarer Konzepte. In: merz. medien+erziehung. Zeitschrift für Medienpädagogik. 54 (5), München: JFF – Institut für Medienpädagogik in Forschung und Praxis, S. 46-54.

Fromme, Johannes / Jörissen, Benjamin / Unger, Alexander (2008): Bildungspotenziale digitaler Spiele und Spielkulturen. In: MedienPädagogik. Zeitschrift für Theorie und Praxis der Medienbildung (Nr. 15/16: Computerspiele und Videogames in formellen und informellen Bildungskontexten). Online: http://www.medienpaed.com/15/fromme0812.pdf [zuletzt geprüft am 29.02.2012].

Fullerton, Tracy (2008): Game Design Workshop. A Playcentric Approach to Creating Innovative Games. Unter Mitarbeit von Christopher Swain und Steven S. Hoffman. 2. Auflage. Amsterdam, Boston, et al.: Morgan Kaufmann Publishers; Elsevier.

Gee, James Paul (2008): Learning and Games. In: Salen, Katie (Hg.): The Ecology of Games. Connecting, Youth, Games, and Learning. Cambridge (Massachusetts): The MIT Press, S. 21-40.

Gudjons, Herbert (2008): Handlungsorientiert lehren und lernen. Schüleraktivierung, Selbsttätigkeit, Projektarbeit. 7., aktualisierte Auflage. Bad Heilbrunn: Klinkhardt.

Hillbrandt, Christian / Sintzen-Königsfeld, Wilhelm (2009): Schulentwicklung durch Standardisierung. Anmerkungen zur Entwicklung von Schule durch Bildungsstandards aus historischer und aktueller Sicht. In: Helsper, Werner / Hillbrandt, Christian / Schwarz, Thomas (Hg.): Schule und Bildung im Wandel. Anthologie historischer und aktueller Perspektiven. Wiesbaden: VS Verlag für Sozialwissenschaften, S. 15-35.

Hobbs, Renee (1996): Expanding The Concept Of Literacy. In: Kubey, Robert (Hg.): Media Literacy in the Information Age. New York: Transaction Press. Online: http://jcp.proscenia.net/publications/articles_mlr/ hobbs/expanding.html [zuletzt geprüft am 29.02.2012].

Hugger, Kai-Uwe (2008): Medienkompetenz. In: Sander, Uwe / Gross, Friederike von / Hugger, Kai-Uwe (Hg.): Handbuch Medienpädagogik. Wiesbaden: VS Verlag für Sozialwissenschaften / GWV Fachverlage GmbH, S. 93-99.

Initiative Keine Bildung ohne Medien (2009): Medienpädagogisches Manifest. Ludwigsburg. Online: http://www.keine-bildung-ohne-medien.de/medienpaedagogisches-manifest.pdf [zuletzt geprüft am 16.09.2011].

Initiative Keine Bildung ohne Medien (2010): Umfrage schülerVZ - Medien in der Schule. Auswertung offene Fragen. Unter Mitarbeit von Christoph Eisemann, Anja Hartung, Bianca Meise, Lucia Müller und Wolfgang Reißmann. Hg. v. Initiative Keine Bildung ohne Medien. Leipzig. Online: http://www.keine-bildung-ohne-medien.de/presse/svz-auswertung_offene-fragen.pdf [zuletzt geprüft am 29.02.2012].

Järvinen, Aki (2008): Games without Frontiers. Theories and Methods for Game Studies and Design. Dissertation. University of Tampere, Tampere. Humanistinen tiedekunta - Faculty of Humanities. Online: http://acta.uta.fi/haekokoversio.php?id=11046 [zuletzt geprüft am 29.02.2012].

Jenkins, Henry (2006): Confronting the Challenges of Participatory Culture. Media Education for the 21st Century. An occasional paper on digital media and learning. Unter Mitarbeit von Katie Clinton, Ravi Purushotma, Alice J. Robison und Margaret Weigel. Chicago. Online: http://digitallearning.macfound.org/atf/cf/%7B7E45C7E0-A3E0-4B89-AC9C-E807E1B0AE4E%7D/JENKINS_WHITE_PAPER.PDF [zuletzt geprüft am 29.02.2012].

Jenkins, Henry (2011): About Me. Who the &%&# Is Henry Jenkins?. Online: http://www.henryjenkins.org/aboutme.html [zuletzt geprüft am 29.02.2012].

Jörges, Hans-Ulrich (2011): Das föderale Bildungssystem (Radiobeitrag; radio eins Bildungsgipfel, Kommentar). radio eins vom rbb, 25.08.2011, 08:10 Uhr. Online: http://download.radioeins.de/mp3/_programm/7/20110825/0810_kommentar.mp3 [zuletzt geprüft am 16.09.2011].

Jörissen, Benjamin (2007): Informelle Lernkulturen in Online-Communities. Mediale Rahmungen und rituelle Gestaltungsweisen. In: Wulf, Christoph / Ferrin, Nino / Wagner-Willi, Monika / Jörissen, Benjamin / Mattig, Ruprecht / Göhlich, Michael: Lernkulturen im Umbruch. Wiesbaden: VS Verlag für Sozialwissenschaften / GWV Fachverlage GmbH, S. 184-219.

Jörissen, Benjamin / Marotzki, Winfried (2008): Neue Bildungskulturen im »Web 2.0«. Artikulation, Partizipation, Syndikation. In: Gross, Friederike von / Marotzki, Winfried / Sander, Uwe (Hg.): Internet –Bildung – Gemeinschaft. Wiesbaden: VS Verlag für Sozialwissenschaften / GWV Fachverlage GmbH, S. 203-225.

Jörissen, Benjamin / Marotzki, Winfried (2009): Medienbildung. Eine Einführung. Theorie - Methoden - Analysen. Bad Heilbrunn: Klinkhardt.

Josting, Petra (2004): Kinder und narrative Bildschirmspiele. Eine Produkt- und Rezeptionsstudie am Beispiel einer Detektivgeschichte auf CD-ROM. Habilitationsschrift. Universität Bielefeld, 2002. München: Kopaed (Medien im Deutschunterricht. Beiträge zur Forschung. Band 1).

Joyce, Alexa / Gerhard, Paul (2009): How are digital games used in schools? Main results of the study. Synthesis report. Unter Mitarbeit von Patricia Wastiau, Caroline Kearney und Wouter van den Berghe. Brüssel: European Schoolnet. Online: http://games.eun.org/upload/gis-synthesis_report_en.pdf [zuletzt geprüft am 29.02.2012].

Joyce, Alexa / Gerhard, Paul / Debry, Maité (2009): How are digital games used in schools? Complete results of the study. Final report. Unter Mitarbeit von Patricia Wastiau, Caroline Kearney und Wouter van den Berghe. Brüssel: European Schoolnet. Online: http://games.eun.org/upload/gis-full_report_en.pdf [zuletzt geprüft am 29.02.2012].

Kafai, Yasmin B. (1995): Minds in Play. Computer Game Design as a Context for Children's Learning. Hillsdale: Lawrence Erlbaum Associates.

Keilhauer, Jan (2010): Ergebnisse der Umfrage auf schülerVZ zum Thema „Medien in der Schule". Quantifizierte Fragebereiche. Hg. v. Initiative Keine Bildung ohne Medien. Leipzig. Online: http://www.keine-bildung-ohne-medien.de/presse/svz-auswertung_quantifizierte-fragebereiche.pdf [zuletzt geprüft am 29.02.2012].

Klimmt, Christoph (2006): Computerspielen als Handlung. Dimensionen und Determinanten des Erlebens interaktiver Unterhaltungsangebote. Köln: Halem.

Knizia, Reiner (2004): The Design and Testing of the Board Game. Lord of the Rings. In: Katie Salen und Eric Zimmerman (Hg.): Rules of play. Game design fundamentals. Cambridge, Massachusetts: MIT Press, S. 22-27.

Landesverwaltungsamt Sachsen-Anhalt (2011): Genehmigung von empirischen Untersuchungen und Befragungen an öffentlichen Schulen in Sachsen-Anhalt. Halle (Saale). Online: http://www.sachsen-anhalt.de/index.php?id=18362 [zuletzt geprüft am 29.02.2012].

Laukkanen, Tero (2005): Modding Scenes. Introduction to user-created content in computer gaming. Featuring case studies of "Half-Life", "The Sims" & "Grand Theft Auto III / Vice City" modding scenes. Tampere: University of Tampere Hypermedia Laboratory. Online: http://tampub.uta.fi/tup/951-44-6448-6.pdf [zuletzt geprüft am 29.02.2012].

Lenhart, Amanda / Madden, Mary (2005): Teen Content Creators and Consumers. More than half of online teens have created content for the internet; and most teen downloaders think that getting free music files is easy to do. Pew Internet & American Life Project. Washington D.C.: Pew Internet & American Life Project. Online: http://www.pewinternet.org/~/media//%20Files/Reports/ 2005/PIP_Teens_Content_Creation.pdf.pdf [zuletzt geprüft am 29.02.2012].

LfM (Landesanstalt für Medien Nordrhein-Westfalen) (Hg.) (2010): Best-Practice-Kompass. Computerspiele im Unterricht. Lehrerhandbuch. Düsseldorf. Online: http://lfmpublikationen.lfm-nrw.de/catalog/ downloadproducts/BestPracticeKompass_Computerspiele_Web.pdf [zuletzt geprüft am 29.02.2012].

LISA (Landesinstitut für Schulqualität und Lehrerbildung Sachsen-Anhalt) (Hg.) (2008): Kompetenzentwicklung und Unterrichtsqualität. Grundsatzband. Erprobungsfassung vom 10.12.2008. Online: http://www.bildung-lsa.de/pool/RRL_Lehrplaene/Erprobung/lpsksgrndse.pdf [zuletzt geprüft am 29.02.2012].

Livingstone, Sonia (2004): What is media literacy? London: media culture online. Online: http://www.mediaculture-online.de/fileadmin/bibliothek/livingstone_medialiteracy/livingstone_ medialiteracy.pdf [zuletzt geprüft am 29.02.2012].

Loh, Christian / Byun, Jae Hwan (2009): Modding Neverwinter Nights Into Serious Games. In: Gibson, David / Baek, Youngkyun (Hg.): Digital Simulations for Improving Education. Learning Through Artificial Teaching Environments. Hershey, PA: IGI-Global. Information Science Reference, S. 408-426. Online: http://www.csloh.com/research/pdf/2008_Loh_Byun.pdf [zuletzt geprüft am 29.02.2012].

Luca, Renate / Aufenanger, Stefan (2007): Geschlechtersensible Medienkompetenzförderung. Mediennutzung und Medienkompetenz von Mädchen und Jungen sowie medienpädagogische Handlungsmöglichkeiten. Berlin: Vistas-Verl. (Schriftenreihe Medienforschung der Landesanstalt für Medien Nordrhein-Westfalen, 58).

Marotzki, Winfried / Jörissen, Benjamin (2008): Wissen, Artikulation und Biographie: theoretische Aspekte einer Strukturalen Medienbildung. In: Fromme, Johannes / Sesink, Werner (Hg.): Pädagogische Medientheorie. Wiesbaden: VS Verlag für Sozialwissenschaften / GWV Fachverlage GmbH, S. 51-70.

Meuser, Michael / Nagel, Ulrike (1997): Das ExpertInneninterview. Wissenssoziologische Voraussetzungen und methodische Durchführung. In: Friebertshäuser, Barbara / Prengel, Annedore (Hg.): Handbuch qualitative Forschungsmethoden in der Erziehungswissenschaft. Weinheim, München: Juventa-Verl, S. 481-491.

Meuser, Michael / Nagel, Ulrike (2005): ExpertInneninterviews - vielfach erprobt, wenig bedacht. Ein Beitrag zur qualitativen Methodendiskussion. In: Bogner, Alexander / Littig, Beate / Menz, Wolfgang (Hg.): Das Experteninterview. Theorie, Methode, Anwendung. 2. Aufl. Wiesbaden: VS Verl. für Sozialwiss, S. 71-93.

Mierau, Fritz (1972): Tatsache und Tendenz. Der „operierende" Schriftsteller Sergej Tretjakow. In: Tretjakow, Sergej M. / Mierau, Fritz (Hg.): Lyrik. Dramatik. Prosa. Leipzig: Verlag Philipp Reclam jun., S. 421-526.

Ministerium der Justiz des Landes Sachsen-Anhalt (2005): Schulgesetz des Landes Sachsen-Anhalt. SchulG LSA (Fassung vom 11.08.2005). Online: http://www.landesrecht.sachsen-anhalt.de/jportal/?quelle=jlink&query=SchulG+ST+%C2%A7+71&psml=bssahprod.psml&max=true [zuletzt geprüft am 29.02.2012].

Mitgutsch, Konstantin (2008): Lernen durch Erfahrung. Über Bruchlinien im Vollzug des Lernens. In: Mitgutsch, Konstantin / Sattler, Elisabeth / Westphal, Kristin / Breinbauer, Ines Maria (Hg.): Dem Lernen auf der Spur. Die pädagogische Perspektive. 1. Aufl. Stuttgart: Klett-Cotta, S. 263–277.

Mittelstraß, Jürgen (2002): Bildung und ethische Maße. In: Killius, Nelson / Kluge, Jürgen / Reisch, Linda: Die Zukunft der Bildung. Frankfurt am Main: Suhrkamp. S. 151-170.

Mörig, Barbara (2006): Digitale Medien im Unterricht an bayerischen Schulen. Medienbildung - Medienerziehung und informationstechnische Bildung in der Schule. Auszug aus der Bekanntmachung des Bayerischen Staatsministeriums für Unterricht. Hg. v. Staatsinstitut für Schulqualität und Bildungsforschung München. München. Online: http://www.medieninfo.bayern.de/download.asp?DownloadFileID=38c70803a73a7400a6d354a7954b0b39 [zuletzt geprüft am 29.02.2012].

mpfs (Medienpädagogischer Forschungsverbund Südwest) (Hg.) (2009): JIM 2009. Jugend, Information, (Multi-) Media. Basisstudie zum Medienumgang 12- bis 19-Jähriger in Deutschland. Stuttgart. Online: http://www.mpfs.de/fileadmin/JIM-pdf09/JIM-Studie2009.pdf [zuletzt geprüft am 29.02.2012].

mpfs (Medienpädagogischer Forschungsverbund Südwest) (Hg.) (2010a): KIM 2010. Kinder + Medien, Computer + Internet. Basisuntersuchung zum Medienumgang 6- bis 13-Jähriger in Deutschland. Stuttgart. Online: http://www.mpfs.de/fileadmin/KIM-pdf10/KIM2010.pdf [zuletzt geprüft am 29.02.2012].

mpfs (Medienpädagogischer Forschungsverbund Südwest) (Hg.) (2010b): JIM 2010. Jugend, Information, (Multi-) Media. Basisstudie zum Medienumgang 12- bis 19-Jähriger in Deutschland. Stuttgart. Online: http://www.mpfs.de/fileadmin/JIM-pdf10/JIM2010.pdf [zuletzt geprüft am 29.02.2012].

Nohl, Arnd-Michael (2006): Interview und dokumentarische Methode. Anleitungen für die Forschungspraxis. 1. Aufl. s.l: VS Verlag für Sozialwissenschaften (GWV).

Papert, Seymour (1991): Situating Constructionism. In: Harel, Idit / Papert, Seymour (Hg.): Constructionism. Research reports and essays, 1985-1990. By the Epistomology & Learning Research Group. Norwood, New Jersey: Ablex Publishing, S. 1-12.

Papert, Seymour (1994): Revolution des Lernens. Kinder, Computer, Schule in einer digitalen Welt. Dt. von Brosche und Weigmann, Heidelberg. Hannover: Heise.

PWC (Price Waterhouse Coopers) (2010): Verschnaufpause. Deutsche Videospiel-Branche lahmt nach Erfolgsjahren. Pressemitteilung vom 12.08.2010. Frankfurt am Main. Online: http://www.pwc.de/de/pressemitteilungen/2010/verschnaufpause-deutsche-videospiel-branche-lahmt-nach-erfolgsjahren.jhtml [zuletzt geprüft am 29.02.2012].

Robertson, Judy / Howells, Cathrin (2007): Computer game design. Opportunities for Successful Learning. Online: http://judyrobertson.typepad.com/judy_robertson/files/RobertsonHowellsComputers EducationInPress.doc [zuletzt geprüft am 29.02.2012]. Auch erschienen in: Underwood, Jean D. M. / Tangney, Brendan (Hg.) (2008): Computers & Education (Issue 50, Vol. 2). DEVELOPMENT, DISRUPTION & DEBATE - Selected Contributions from the CAL 07 Conference. Elsevier S. 559-578.

Robertson, Judy / Nicholson, Keiron / Howells, Cathrin (2011a): About Adventure Author. Online: http://judyrobertson.typepad.com/adventure_author/about-adventure-author.html [zuletzt geprüft am 29.02.2012].

Robertson, Judy / Nicholson, Keiron / Howells, Cathrin (2011b): Teaching Materials. Online: http://judyrobertson.typepad.com/adventure_author/teaching-materials.html [zuletzt geprüft am 29.02.2012].

Salen, Katie / Zimmerman, Eric (2004): Rules of Play. Game Design Fundamentals. [Nachdr.]. Cambridge (Massachusetts): The MIT Press.

Schäffer, Burkhard (1996): Die Band. Stil und ästhetische Praxis im Jugendalter. Opladen: Leske und Budrich.

Schelhowe, Heidi (2007). Technologie, Imagination und Lernen. Grundlagen für Bildungsprozesse mit Digitalen Medien. Münster u.a., Waxmann.

Schelhowe, Heidi (2008): Digitale Medien als kulturelle Medien. Medien zum Be-Greifen wesentlicher Konzepte der Gegenwart. In: Fromme, Johannes / Sesink, Werner (Hg.): Pädagogische Medientheorie. Wiesbaden: VS Verlag für Sozialwissenschaften / GWV Fachverlage GmbH (Medienbildung und Gesellschaft, 6), S. 95-113.

Schell, Fred (2005): Aktive Medienarbeit. In: Hüther, Jürgen / Schorb, Bernd (Hg.): Grundbegriffe Medienpädagogik. 4., vollständig neu konzipierte Auflage. München: Kopaed, S. 9-17.

Schorb, Bernd (2008): Handlungsorientierte Medienpädagogik. In: Sander, Uwe / Gross, Friederike von / Hugger, Kai-Uwe (Hg.): Handbuch Medienpädagogik. Wiesbaden: VS Verlag für Sozialwissenschaften / GWV Fachverlage GmbH, S. 75-86.

Schreier, Helmut (Hg.) (1994a): John Dewey. Erziehung durch und für Erfahrung. Eingeleitet, ausgewählt und kommentiert von Helmut Schreier. 2. Aufl. Stuttgart: Klett-Cotta.

Schreier, Helmut (1994b): Demokratie und Erziehung. Kurzfassung des Werks John Deweys. In: Schreier, Helmut (Hg.): John Dewey. Erziehung durch und für Erfahrung. Eingeleitet, ausgewählt und kommentiert von Helmut Schreier. 2. Aufl. Stuttgart: Klett-Cotta, S. 102-127.

Schreier, Helmut (1994c): Zum Verhältnis von Praxis und Theorie in der instrumentalistischen Erziehungsphilosophie. In: Schreier, Helmut (Hg.): John Dewey. Erziehung durch und für Erfahrung. Eingeleitet, ausgewählt und kommentiert von Helmut Schreier. 2. Aufl. Stuttgart: Klett-Cotta, S. 67-74.

Seif El-Nasr, Magy / Smith, Brian K. (2006): Learning Trough Game Modding. In: CIE Computers in Entertainment, ACM, Vol. 4, No. 1 (Article 7). Online: http://www.personal.psu.edu/bks12/papers/p3b-el-nasr.pdf [zuletzt geprüft am 29.02.2012].

Squire, Kurt (2008): Open-Ended Video Games. A Model for Developing Learning for the Interactive Age. In: Katie Salen (Hg.): The Ecology of Games. Connecting, Youth, Games, and Learning. Cambridge (Massachusetts): The MIT Press, S. 167-198.

Stuart, Nancy M. (2007): Photographic Higher Education in the United States. In: Peres, Michael R. (Hg.): The Focal encyclopedia of photography. Digital imaging, theory and applications history and science. 4. Aufl. Amsterdam: Elsevier, S. 210-214.

Witting, Tanja / Czauderna, André (2006a): Informations- und Fortbildungsinteresse von Pädagogen und Eltern über Computer und Videospiele. Teil 1: Quantitative Fragebogenerhebung. Köln: Electronic Arts Deutschland (EA-Studien, Band 3). Online: http://presse.ea.de/bibliothek/forschung-bibliothek/ea-studien/? DOWNLOADID=/wp-content/uploads/2010/08/768_EA_Studien_Band_3.pdf&pm1 [zuletzt geprüft am 16.09.2011].

Witting, Tanja / Czauderna, André (2006b): Erhebung des Informations- und Fortbildungsinteresses von Pädagogen und Eltern. Teil 2: Qualitative Befragung. Fachhochschule Köln. Köln.

Zorn, Isabel (2010): Konstruktionstätigkeit mit Digitalen Medien. Eine qualitative Studie als Beitrag zur Medienbildung. Dissertation. Universität Bremen. Bremen.

Zorn, Isabel (2011): Zur konstitutiven Kraft Digitaler Medien. Bildungsrelevanz von Konstruktionstätigkeiten mit Digitalen Medien. In: Fromme, Johannes / Iske, Stefan / Marotzki, Winfried (Hg.): Medialität und Realität. Zur konstitutiven Kraft der Medien. Wiesbaden: VS Verl. für Sozialwissenschaften, S. 177-192.

II Anhang

Anhang A: Transkriptionsglossar und Transkriptionsabruf

I1/ I2	Interviewer/in
Oborg	Beispiel für Codenamen der InterviewpartnerIn
(.)	Pause bis zu einer Sekunde
(2)	Anzahl der Sekunden, die eine Pause dauert
nein	betont
<u>nein</u>	laut (in Relation zur üblichen Lautstärke des Sprechers)
°nee°	sehr leise (in Relation zur üblichen Lautstärke des Sprechers)
§hallo§	verstellte Stimme
//mmmh//	Signal des Zuhörens
viellei-	Abbruch eines Wortes
auch –	Abbruch eines Satzes
oh=ne	Wortverschleifung
nei::n	Dehnung; die Häufigkeit von ':' entspricht etwa der Länge der Dehnung
(doch)	Unsicherheit bei der Transkription, schwer verständliche Äußerungen
(...)	unverständliche Äußerungen
...	Auslassung der Zitation
((stöhnt))	Kommentar bzw. Anmerkungen zu parasprachlichen, nicht-verbalen oder gesprächsexternen Ereignissen
@nein@	lachend gesprochen
@(.)@	kurzes Auflachen
@(3)@	3 Sekunden Lachen

Die Transkriptionen sind im Internet abrufbar unter:
http://www.ibidem-verlag.de/downloads/9783838203737.zip

Transkriptionsglossar nach Bohnsack/Nentwig-Gesemann/Nohl 2007, S. 373f sowie Zorn 2010, S. 488, erweiterte Version.

Anhang B: Exemplarisches Vorgehen bei der Auswertung

In diesem Abschnitt wird kurz an exemplarischem Datenmaterial aus der Erhebung visualisiert, wie wir als Forscherteam die Auswertung mit der in Unterkapitel 5.3 beschriebenen Vorgehensweise durchgeführt haben. Als Beispiel soll uns der folgende Ausschnitt der Transkription der Gruppendiskussion 01 (Z.9-36) vom 05.07.2011 mit drei Schülern und einer Schülerin der siebenten Klassenstufe von Schule B dienen. Diese Verschriftlichung folgt bereits der Intention des thematischen Vergleichs und enthält nur relevante Abschnitte der exemplarischen Gruppendiskussion, weshalb hier nicht näher auf den Schritt der Identifizierung zu transkribierender Abschnitte eingegangen werden soll, den wie empfohlen beide beteiligten Forscher durchgeführt haben:

```
 9   Silensor:  Ich find
10   Step:                Manchmal sind die Lehrer laut.
11   Silensor:  Ich find
12   Dragon:             Also am Anfang heben sie erstmal die Hand, also.
13   Silensor:  Ja
14   Step:      Am Anfang ist erst mal Handzeichen.
15   Silensor:  Außer (...) der geht dann auf (...)
16   Step:                Ja.
17   Oborg:               Ja.
18   Dragon:              Ja.
19   Dragon:    Bei Herrn Schreiner müss'mer aufsteh'n.
20   Oborg:     Neunzig Minuten is zu lange.
21   Step:      Manchmal langweilig.
22   Dragon:    @Hmmm@
23   Oborg:     @(.)@ Öfters.
24   Step:                @(3)@
25   Dragon:              @(3)@
26   Silensor:            @(3)@
27   Oborg:               @(3)@
28   Step:      Ja, was'n noch? (2) Manchmal auch -
29   Dragon:           Gibt bei Frau Reinbek erst mal ne zehnminütige Ansprache oder so.
30   Silensor:            Ja.
31   Dragon:    Mindestens.
32   Silensor:  Und wenn du irgendwas gemacht hast –
33   Dragon:    Ja::.
34   Silensor:            @(2)@
35   Dragon:    Ja, oder wenn irgend so ne Besp- äh irgendwie wenn man irgendwas machen oder
36   Step:                Organisatorisches, da redet sie immer ne halbe Stunde lang oder so
```

Im ersten Schritt wird die formulierende Interpretation vorgenommen (siehe Tabelle 5). Dabei ist in kursiver Schrift die thematische Gliederung vermerkt und direkt folgend die detaillierte formulierende Interpretation. In der Tabelle zu Beginn die Zeilennummern, OT steht für Oberthema, UT steht für Unterthema, UUT für Unterunterthema (vgl. Bohnsack/Nohl 2007, S. 314).

Im zweiten Schritt wird anschließend die reflektierende Interpretation durchgeführt, welche zum Ziel die Rekonstruktion des Orientierungsrahmens hat. Diese wird ermöglicht in der Analyse der Bearbeitung der im vorhergehenden Schritt festgestellten Themen durch den Informanten (vgl. Nohl 2006, S. 78), bzw. die „interaktiv hergestellte[n] Sequenzen von Redebeiträgen" (Bohnsack/Nohl 2007, S. 315) in der Gruppe (siehe Unterkapitel 5.3). Dabei werden die Themen aus der formulierende Interpretation übernommen und um die Bezüge, der Übersicht halber in unterstrichener Form ergänzt (siehe Tabelle 5). Bei den Experteninterviews ergeben sich an dieser Stelle zwei Teilschritte, die Textsortentrennung und die anschließende semantische Interpretation, auf deren Skizzierung an dieser Stelle jedoch verzichtet werden kann, da die visuelle Aufbereitung im gleichen Stil erfolgt.

Tab.5: Exemplarische Auswertung: formulierende und reflektierende Interpretation.

Zeile	Thema	
9-36	OT	*Skizzierung eines normalen Unterrichtsstartes*
10	UT	*Lautstärke der Lehrer.*
		Für Step ist die Lautstärke bei den Begrüßungen nicht immer angemessen. Step unterbricht Silensor in der anfänglichen Überlegungsphase mit einer das Thema nicht unmittelbar betreffenden Aussage. Keiner der Anwesenden nimmt auf diese Bezug. Stattdessen greift Silensor seine initiierenden Worte erneut im Anschluss auf.
12-14	UT	*Handzeichen der Lehrer als Ersatz der Schulklingel*
		Dragon und Step thematisieren das Handzeichen des Lehrers als offiziellen Unterrichtsbeginn. Silensor stimmt dem zu. Dragon unterbricht den zweiten Versuch eines themenrelevanten Einstiegs durch Silensor, den zuvor Step schon unterbrach. Dragon elaboriert die an der Schule standardisierte Begrüßung und Signalisierung des Unterrichtbeginns. Dabei erfährt er verbale Zustimmung von Silensor und Step. Oborg enthält sich an dieser Stelle.
15-19	UUT	*Spezieller Fall der Begrüßung bei einem der Lehrer*
		Silensor bringt einen der Lehrer ins Gespräch und gibt zu verstehen, dass dieser die sonst übliche Begrüßung nicht wie der Rest der Kollegen abhält. Alle weiteren Gruppenmitglieder bestätigen dies. Dragon bringt darüber hinaus Details zum Vorgehen in die Diskussion. Silensor greift nun die von ihm zu Beginn intendierte Thematisierung einer speziellen Lehrkraft auf und erfährt breite Zustimmung durch die gesamte Gruppe. Dragon ergänzt hier den Namen des Lehrers und präzisiert das Vorgehen. Keiner der Anwesenden nimmt hierauf Bezug.
20-27	UT	*Dauer des Unterrichts und Empfinden*
		Oborg stuft die 90-minütige Unterrichtsdauer als zu lange ein. Des Öfteren entstehen so langweilige Momente in der Praxis, wie Step ergänzt und die weiteren ihr anschließend zustimmen. Oborg verbalisiert gleich im Anschluss ohne Pause eine völlig differierende Thematik. Alle seiner Mitschüler geben breite Zustimmung und lachen gemeinsam. Die Stimmung in der Gruppe lockert sich zunehmend auf und signalisiert bezugnehmende Passagen.

28-36		UUT	Spezieller Fall der Begrüßung bei einem der Lehrer
			Dragon thematisiert den langandauernden Unterrichtsbeginn bei einer der Lehrerinnen. Die Gruppe stimmt dem zu und schätzt die Zeit dafür aber höher ein. Als Beispiel nennt Dragon eine Besprechung. Step gibt als Beispiel organisatorische Angelegenheiten an, die von der Lehrerin gern ausführlich dargelegt und diskutiert werden. Step gibt eine nachdenkend wirkende Äußerung in die Gruppe, die die weiteren Informanten zu weiteren Themen bringen kann. Zugleich wird sie unterbrochen von Dragon, der den speziellen Fall einer Lehrerin zum Ausdruck bringt. Silensor stimmt hier zu - die anderen enthalten sich zunächst. Anschließend kommt durch Silensor zum Ausdruck, dass diese Problematik aber subjektiv und speziell Dragon betreffend andere Ausmaße hat. Dragon stimmt hier zu und Silensor reagiert belustigt. Anschließend ergänzt Dragon, dass besagte Lehrerin auch sonst oft längere Besprechungen führt. Step präzisiert an dieser Stelle, dass dies in der Regel organisatorische Angelegenheiten betrifft.

Quelle: Eigene Darstellung auf Grundlage des Transkripts 01, Z.9-36.

Im Anschluss daran erfolgt zuerst die sinngenetische Typenbildung, welche eine Abstrahierung der zuvor rekonstruierten Orientierungsrahmen leistet und diese mit den Orientierungsrahmen der anderen Informanten kontrastiert, um übergreifende Klassen bzw. Typen zu finden (vgl. Nohl S. 88). Aus dem gewählten Beispielmaterial der Gruppendiskussion 01 an Schule B lässt sich für eine Veranschaulichung nur die Thematik der sinnvollen Dauer von Unterrichtseinheiten nutzen. Vergleicht man die hier ersichtlichen Orientierungen mit denen der anderen Informanten über alle Gruppendiskussionen und Experteninterviews, lassen sich auf Seiten der SchülerInnen zwei Grundhaltungen ausmachen. Zum einen vertreten die SchülerInnen der Schule B mit einer 90-minütigen Unterrichtspraxis überwiegend die Auffassung, dass die Unterrichtsdauer unpassend sei. Am Beispielmaterial wird die Dauer als zu lang erklärt, die Gruppe ist sich dabei in dieser Auslegung einig. Auch die andere Gruppe dieser Schule passt zu diesem Typus. Charakterisierend und widersprüchlich zugleich erscheint bei den SchülerInnen die Diskrepanz von der ablehnenden Haltung zur vorherrschenden Unterrichtsdauer und gleichzeitigen Zustimmung der dadurch hervorgerufenen längeren Pausen. Leider findet keine direkte Auseinandersetzung diese Thematik in den Gruppendiskussionen statt. Die zweite Grundhaltung lässt sich bei Vergleich der Orientierungsrahmen des Beispielmaterials und denen der Gruppendiskussionen an Schule A ausmachen. Hier herrscht die Auffassung, die Unterrichtsdauer sei lang genug, gleichzeitig aber werden gern unplanmäßige Kürzungen in den Stunden begrüßt. Exemplarisch genannt seien hier die in diesem Sommer thematisierten Limitierungen auf 30-minütigen Unterricht in den Nachmittagsstunden. Ablehnend werden gleichzeitig die zu kurzen Pausen beurteilt.

Auf Seiten der Lehrer kann hier nur ein Typus aufgezeigt werden, da sich an der zweiten Schule trotz vorheriger Vereinbarung am Interviewtag keine Lehrkraft zu einem Interview bewegen ließ. An Schule B vertraten alle Lehrerinnen denselben Typus bezüglich der Dauer von Unterrichts-einheiten. Sie vertreten alle geschlossen die konzeptionelle Idee der Schule, nach welcher nur längerer Unterricht als der übliche 45-minütige sinnvoll sei, auch wenn eine der Lehrerinnen darauf hinweist, dass neunzigminütiger Unterricht sehr viel mehr Leistung von der Lehrkraft abfordert. Im Rahmen dieser Arbeit können wir die Begründung dieser Auffassung allerdings nicht berücksichtigen, da alle befragten Lehrerinnen im Trägerverein der Schule tätig sind und parallel am Aufbau der Schule beteiligt waren. Darüberhinaus ist es an dieser Stelle interessant, dass keine der Lehrerinnen die oben festgestellte, komplett ihrer Haltung entgegengesetzte, ablehnende Auffassung des 90-minütigen Unterrichts ihrer SchülerInnen aufgrund von Unwissenheit thematisierten oder auch nicht thematisieren wollten.

Den letzten Schritt in der Auswertung nach der dokumentarischen Methode stellt die soziogenetische Typenbildung dar. Da diese den Sinn hat, die sozialen Zusammenhänge aufzudecken, nach denen „die [...] [zuvor] sinngenetisch typisierten Orientierungsrahmen in Verbindung stehen" (Nohl 2006, S. 90), halten wir dies an dieser Stelle wie Nohl (2006). Dieser geht davon aus, dass die „Frage nach der Soziogenese dieser Orientierungsrahmen [...] [nicht] im Rahmen der sinngenetischen Typenbildung [...] beantwortet werden [kann]" (ebd.) und auch nicht immer notwendig ist. Da die erfolgten Rückschlüsse für die Erarbeitung von Ansatzpunkten von uns als ausreichend eingestuft werden, auch ohne soziogenetische Typenbildung gültig und die tiefsten sozialen Zusammenhänge an dieser Stelle nicht notwendig sind, verzichten wir auf diesen Schritt.

Anhang C: Leitfaden der Experteninterviews

Themenblock A:
- Alltägliche Unterrichtsstunde beschreiben
  - Vorbereitung und Maßgaben
  - Verlauf
  - Eigene Rolle
  - Aktivität der SchülerInnen
  - Positive und negative Aspekte

- Projektwochen beschreiben
  - Themenwahl
  - Organisation
  - Verlauf
  - Einbindung anderer LehrerInnen
  - Einbindung SchülerInnen

Themenblock B:
- Erfahrungen mit Digitalen Spielen
  - Professionell (als LehrerIn)
  - Privat

- Denkbare Verknüpfung mit Schulfächern allgemein

- Entwicklung von Digitalen Spielen in Schule
  - Horizont und Vorstellung von Struktur
  - Fächerverknüpfung
  - Organisation
  - Potentielle Schwierigkeiten und Hürden, deren Behebung/Umgehung

Abonnement

Hiermit abonniere ich die **Magdeburger Schriftenreihe zur Medienbildung** (ISSN 2194-1130)**,** herausgegeben von Johannes Fromme und Winfried Marotzki,

- ❏ ab Band # 1
- ❏ ab Band # ___
  - ❏ Außerdem bestelle ich folgende der bereits erschienenen Bände:
    #___, ___, ___, ___, ___, ___, ___, ___, ___, ___,

- ❏ ab der nächsten Neuerscheinung
  - ❏ Außerdem bestelle ich folgende der bereits erschienenen Bände:
    #___, ___, ___, ___, ___, ___, ___, ___, ___, ___,

- ❏ 1 Ausgabe pro Band   ODER   ❏ ___ Ausgaben pro Band

Bitte senden Sie meine Bücher zur versandkostenfreien Lieferung innerhalb Deutschlands an folgende Anschrift:

Vorname, Name: _____

Straße, Hausnr.: _____

PLZ, Ort: _____

*Tel. (für Rückfragen):*_____ *Datum, Unterschrift:* _____

Zahlungsart

- ❏ *ich möchte per Rechnung zahlen*
- ❏ *ich möchte per Lastschrift zahlen*

bei Zahlung per Lastschrift bitte ausfüllen:

Kontoinhaber: _____

Kreditinstitut: _____

Kontonummer: _____ Bankleitzahl: _____

Hiermit ermächtige ich jederzeit widerruflich den ***ibidem***-Verlag, die fälligen Zahlungen für mein Abonnement der **Magdeburger Schriftenreihe zur Medienbildung** von meinem oben genannten Konto per Lastschrift abzubuchen.

Datum, Unterschrift: _____

Abonnementformular entweder **per Fax** senden an: **0511 / 262 2201** oder 0711 / 800 1889
oder als **Brief** an: *ibidem*-Verlag, Leuschnerstr. 40, 30457 Hannover oder
als e-mail an: ibidem@ibidem-verlag.de

ibidem-Verlag

Melchiorstr. 15

D-70439 Stuttgart

info@ibidem-verlag.de

www.ibidem-verlag.de
www.ibidem.eu
www.edition-noema.de
www.autorenbetreuung.de

www.ingramcontent.com/pod-product-compliance
Lightning Source LLC
Chambersburg PA
CBHW051811230426
43672CB00012B/2688